改訂

板書&イラストで
よくわかる

365日の
全授業

小学校国語

4年下

河合啓志 編著
国語"夢"塾 協力

明治図書

INTRODUCTION

はじめに

　小学校の国語科の授業時数は，1年で306時間，2年で315時間，3・4年で245時間，5・6年で175時間と定められており，時間割を見れば毎日のように国語の授業があるはずです。

　日々の授業の積み重ねが子どもを伸ばします。これだけの時間を使って子どもたちに国語の力を身に付けさせることが求められています。忙しい中，ゼロから教材研究を重ね，毎単元・毎時間の授業を組み立てていくのは至難の業です。特に，若い先生にとっては学校生活すべてがはじめてのことばかりでしょう。

　そこで，下記を目指して本書を企画しました。

▶　朝，授業前にパッと目を通すことでいい授業ができるようになる本
▶　365日，国語の全授業が詰まっている本
▶　この1冊さえ手元に置いておけば安心！と思っていただける本

　工夫したのは，下記の3点です。

❖　**板書例を実物イメージのまま掲載！**
　　〜実際の板書イメージを大切に授業が見通せる〜

❖　**授業の流れを4コマのイラストでビジュアルに！**
　　〜今日の授業はココが肝！　教師のメイン発問・指示が分かる〜

❖　**今日の授業のポイント**
　　〜ちょっと先輩が「今日はココが注意」とささやくようなアドバイス〜

　まずは，本書から先生方に国語授業の楽しさやコツを知っていただき，「話したくて，聞きたくて，書きたくて，読みたくてたまらない！」……そんな子どもたちがいる「夢の国語教室」が全国に広がることを願っています。

編著者一同　岩崎直哉（1年）宍戸寛昌（2年）藤井大助（3年）
河合啓志（4年）小林康宏（5年）大江雅之（6年）

本書の使い方

本時の準備物を押さえる
授業に必要な準備物を明記しています。

今日の授業の注意点が分かる
今日の授業のポイントは？
気を付けるべき点は？
そして，苦手さのある子がいる時にどう配慮するか，など配慮点をまとめてあります。
授業の要所を確認できます。

［練習］見立てる／言葉の意味が分かること
1／7時間
準備物：全文の拡大コピー

●単元のめあてをしっかりと確認すること
　この単元は，二つの教材を使って説明文の要旨をとらえるための学習です。「単元のめあて」「学習する教材」「学習する手順」などを子どもと十分共有してから学習をはじめましょう。

●教材の位置付け
　「見立てる」は，題名の前に書かれているように，「言葉の意味が分かること」の学習に生かすための「練習教材」として位置付けられています。これまで身に付けてきたことを振り返りながら，要旨をとらえるための基礎をしっかりと学んでいくようにしましょう。振り返りでは，教科書p.12〜の「四年生で学んだこと」を読んだり，これまで習ってきた学習用語を確認したりします。

◇「見立てる」の構成表

構成	初め	中	終わり
段落	①	②③④⑤	⑥
要点			
大事な語や文			

❶単元のめあてや学習手順を確認する

「文章の要旨をとらえ，考えたことを伝え合おう」というめあてで「見立てる」と「言葉の意味が分かること」の二つの説明文をこれから読んでいきましょう。

単元の扉を開き，単元名やリード文を読みながら「今日から二つの説明文を読んで，筆者が伝えたいことはどんなことなのかをとらえる学習をしていきます」と話し，単元のめあてや学習手順を確認する。その際，教科書p.12〜の「四年生で学んだこと」を読んだり，これまで習った「筆者」「段落」「要点」「要約」といった学習用語を確かめたりする。

❷「要旨」という学習用語を学ぶ

「要旨」ってどういうことだろう。

「要旨」とは筆者が文章で取り上げている内容の中心となる事柄や，それについての筆者の考えの中心となる事柄のことです。

この単元で学ぶ「要旨」という学習用語の確認をする。教科書p.52欄外に用語の解説があるが，「説明文を通して筆者が私たちにどうしても伝えたいと考えていること」と説明してもよいだろう。

76　［練習］見立てる／言葉の意味が分かること

授業の流れが分かる
1時間の授業の流れを4コマのイラストで示しています。本時でメインとなる教師の指示・発問は （色付き吹き出し）で示しています。**ココが今日の授業の肝です！**

本時の目標と評価を押さえる
本時の主な目標と評価内容を示しています。

忙しい！
でも，
いい授業がしたい！

授業準備の時間がないぞ…。

▼

『365日の全授業』は一目で授業づくりが分かる！

急いで確認！

▼

深くていい授業

読みが深まりましたね。

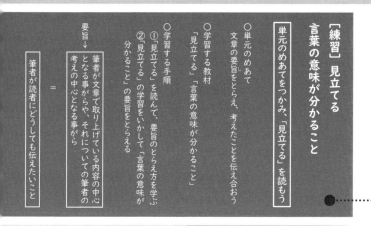

❸「見立てる」を読んで内容をつかむ

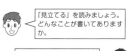「見立てる」を読みましょう。どんなことが書いてありますか。

あや取りのことが書いてあります。

想像力のことが書いてあります。

教師がゆっくりと範読した後，子どもたちに何度も声に出して読ませ，およその内容をつかませる。短い文章なので繰り返し読ませることが大事である。読む時も何も考えずに読むのではなく，「どんな内容なのか」「筆者が伝えたいことってどんなことなのだろうか」を頭に置きながら読むようにさせる。また，黒板とは別のところに全文を拡大コピーしたものを掲示し，書き込めるようにする。

❹段落の要点をまとめ，構成を整理する

各段落の要点をまとめましょう。大事だと思われる語や文はどこでしょうか。教科書に線を引いてみましょう。

形式段落を確認してから，大事だと思われる語や文に線を引かせ，各段落の要点をまとめていく。その際，なぜその語や文が大事だと思ったかを言わせる。「〜だ。」とか「〜である。」とかという断定的な文末の箇所や繰り返し出てくる言葉などに気付いていたら取り上げる。それから「初め」「中」「終わり」の構成を整理し，次時にはこのことをもとに要旨をまとめていく学習をすることを予告して授業を終える。

板書が分かる
実際の板書イメージで，記す内容や書き方を示しています。具体的な授業の様子がイメージできます。

本書の使い方　5

CONTENTS

目次

購入者特典について
本書の特典は，右のQRコード，または下記URLより無料でダウンロードできます。

URL　　　：https://meijitosho.co.jp/462428#supportinfo
ユーザー名：462428
パスワード：365KOKUGO4

はじめに

本書の使い方

第1章　授業づくりのポイント

1　指導内容と指導上の留意点 …………………………………………… 010
2　資質・能力をはぐくむ学習評価 ……………………………………… 014
3　国語教師の授業アップデート術 ……………………………………… 018

第2章　365日の全授業　4年下

気持ちの変化に着目して読み，感想を書こう

ごんぎつね
[コラム] 言葉を分類しよう …………………………………………… 022
(12時間)

漢字を正しく使おう …………………………………………………… 046
(2時間)

秋の楽しみ ……………………………………………………………… 052
(2時間)

役わりをいしきしながら話し合おう

クラスみんなで決めるには …………………………………………… 058
(8時間)

中心となる語や文を見つけて要約し，調べたことを書こう

未来につなぐ工芸品
工芸品のみりょくを伝えよう
（12時間）
076

慣用句
（2時間）
102

短歌・俳句に親しもう（二）
（1時間）
108

漢字の広場④
（2時間）
112

つながりを見つけながら読み，おもしろいと思ったことを話し合おう

友情のかべ新聞
（8時間）
116

理由や例を挙げて，考えを書こう

もしものときにそなえよう
（10時間）
134

冬の楽しみ
（2時間）
156

詩の楽しみ方を見つけよう

自分だけの詩集を作ろう
（4時間）
162

書くときに使おう

言葉から連想を広げて
（2時間）
172

熟語の意味
（2時間）
178

漢字の広場⑤
（2時間）
184

きょうみをもったことを中心に，しょうかいしよう

風船でうちゅうへ ————————————— 190
（8時間）

言葉について考えよう

つながりに気をつけよう ————————————— 208
（4時間）

言葉を選んで詩を書き，友達と読み合おう

心が動いたことを言葉に ————————————— 218
（7時間）

調べて分かったことを話そう

調べて話そう，生活調査隊 ————————————— 234
（8時間）

読んで考えたことを，友達と伝え合おう

スワンレイクのほとりで ————————————— 252
（7時間）

漢字の広場⑥ ————————————— 268
（2時間）

四年生をふり返って ————————————— 274
（1時間）

＊本書の構成は，光村図書出版株式会社の教科書を参考にしています。

第**1**章

授業づくりのポイント

I 指導内容と指導上の留意点

① 下巻の収録内容

単元名	教材名	時数
気持ちの変化に着目して読み，感想を書こう	ごんぎつね [コラム] 言葉を分類しよう	12
	漢字を正しく使おう	2
	秋の楽しみ	2
役わりをいしきしながら話し合おう	クラスみんなで決めるには	8
中心となる語や文を見つけて要約し，調べたことを書こう	未来につなぐ工芸品 工芸品のみりょくを伝えよう	12
	慣用句	2
	短歌・俳句に親しもう（二）	1
	漢字の広場④	2
つながりを見つけながら読み，おもしろいと思ったことを話し合おう	友情のかべ新聞	8
理由や例を挙げて，考えを書こう	もしものときにそなえよう	10
	冬の楽しみ	2
詩の楽しみ方を見つけよう	自分だけの詩集を作ろう	4
書くときに使おう	言葉から連想を広げて	2
	熟語の意味	2
	漢字の広場⑤	2
きょうみをもったことを中心に，しょうかいしよう	風船でうちゅうへ	8
言葉について考えよう	つながりに気をつけよう	4
言葉を選んで詩を書き，友達と読み合おう	心が動いたことを言葉に	7
調べて分かったことを話そう	調べて話そう，生活調査隊	8
読んで考えたことを，友達と伝え合おう	スワンレイクのほとりで	7
	漢字の広場⑥	2
	四年生をふり返って	1

2 指導のポイント

知識及び技能

　4年生の夏休みを過ぎると，子どもは大きく成長すると言われます。それまでとは，子どもたちの雰囲気も少し変わってきます。先生と子ども，親と子どもといった大人と子どものかかわりが中心だった子どもたちが，子ども同士のかかわりを深めていく時期です。いわゆる「高学年」の始まりです。それとともに，学級経営の仕方も少し変えていかなければいけません。子どもたちが自分で考え，自分で判断し，自分たちで実行する場を増やすことで，自立した個が成長します。そして，次第に抽象的な思考力が育成されていきます。

　このような時期には抽象的な語彙を獲得させることが大切です。例えば，「スワンレイクのほとりで」では，「物語の印象」について学習します。授業では「『印象』とは，見たり聞いたりした時に，深く心に感じ取られたもののことを言います」などと「印象」の言葉の意味を確認します。そして，「『スワンレイクのほとりで』はどのような印象をもちましたか？」「どうしてそんな印象をもったのでしょう？」などと子どもに問いながら，「印象」という言葉のイメージを豊かにします。さらに，新しい物語に出合った時に，「どのような印象をもちましたか？」と問うことで，確実に語彙を定着させます。このように，「印象」などの抽象的な言葉を教え，教師が授業中に何度も使うことで，語彙を豊かにすることが大切です。また，国語の学習に用いられる言葉を獲得することも大切です。例えば，「ごんぎつね」では，「情景」という言葉を学習します。これらは，国語の学習用語です。国語の学習用語も教え，何度も授業中に教師が意図的に使うことで，語彙として定着します。

　語彙が豊かな人は，豊かに考えることができます。子どもたちには多くの語彙を獲得させたいものです。そして，語彙を獲得させるには，その言葉を教えた後に，授業中や日常に教師が何度も意図的に使うことが大切です。教師は，子どもたちにとって少しでも分かりやすいようにという優しさから，難しい言葉を平易な言葉へ置き換えてしまうことが多いです。しかし，そうすることで子どもたちが語彙を獲得するチャンスを奪っているのかもしれません。教師が，日頃から，意図的に，抽象的な言語を使うことが大切です。

思考力，判断力，表現力等

①話すこと・聞くこと

　学習指導要領では，「目的や進め方を確認し，司会などの役割を果たしながら話し合い，互いの意見の共通点や相違点に着目して，考えをまとめること」とあります。4年生では，話し合いの目的や目指す到達点を意識して話し合うことが大切です。また，司会者，提案者，参加者などのそれぞれの役割を意識して，話題に沿って話し合うことが求められます。

　例えば，「クラスみんなで決めるには」では，司会や提案者，参加者などの役割を決めて話し合う学習をします。司会の子どもは，話し合いの目的と議題をはっきり示したり，出された意

見や議決の仕方を整理したりすることなどの役割を学習します。参加者は賛成や反対など，自分の立場をはっきりして意見を述べるなどの役割を学習します。このような経験を通して，立場や役割を意識した話し合いの仕方を習得し，客観的に考える力を育成していきます。

②書くこと

「書くこと」では，報告・記録・説明・意見などの《説明的な文章》を書く学習と，日記・手紙，詩などの《文学的な文章》を書く学習が設定されています。4年生では，《説明的な文章》として，事実を分かりやすく伝えることを目標に「新聞」を，理由や例を挙げて考えを伝えることを目標に「説明文」を，自分の考えを正しく伝えることを目標に「感想」を書きます。《実用的な文章・文学的な文章》では，気持ちを伝えるための「詩」と，自分の思いを読む人に伝えるために「感想」を書きます。

学習指導要領では，「材料を比較したり分類したりして，伝えたいことを明確に」し，「内容のまとまりで段落をつくったり，段落相互の関係に注意したりして，文章の構成を考え」て書くこととあります。「知識及び技能」「話すこと・聞くこと」同様に，全体の大枠を意識して構成を考えて，文章を書く力をつけることが求められます。書く時に全体を意識するためには，説明文や物語を学習する時に，全体を意識することが重要です。説明文の学習では，筆者の考えと具体例のつながりを学習し，文章構成をまとめます。筆者の文章構成の意図を想像することで，自分が書く時の文章構成を深く考えることができます。また，物語で設定場面と結末場面の中心人物の変容を考えることで，物語全体から物事を考える力を育み，全体を見る力を養うことができます。これらの取り組みを積み重ねることで，自分が伝えたいことを相手に分かりやすく伝えるための「書くこと」の工夫を考えることにつながります。

例えば，「工芸品のみりょくを伝えよう」では，「未来につなぐ工芸品」の学習を踏まえて伝統工芸のよさをリーフレットにまとめる活動を行います。「未来につなぐ工芸品」の学習では，筆者の考えと文章構成を明らかにし，要約する学習を行います。そして，「工芸品のみりょくを伝えよう」では，「未来につなぐ工芸品」の要約の仕方を活用して，図書館にある伝統工芸について書かれている本を自分で要約します。「未来につなぐ工芸品」の学習が深ければ深いほど，よりよいリーフレットに仕上げることができます。「読むこと」を充実させることで，論理的で分かりやすい文章を書く力を育むことができるのです。

③読むこと

「読むこと」では，説明的文章と文学的文章を学習します。どちらも，構造と内容の把握，精査・解釈，考えの形成，共有という展開で学習が進められます。特に，精査・解釈において，説明文では要約を学習し，物語では登場人物の気持ちの変化を学習します。ここでも，「知識及び技能」「話すこと・聞くこと」「書くこと」同様に，一つの段落や一つの場面だけでなく，

文章全体から中心となる言葉を見付け，考えを深めることが求められています。

　4年生の説明文では，「思いやりのデザイン」「アップとルーズで伝える」「パンフレットを読もう」「未来につなぐ工芸品」「風船でうちゅうへ」を学習します。4年生で重要な学習となるのが要約です。「未来につなぐ工芸品」では，筆者が伝えたいことを表す中心となる言葉を見付け，文章全体を要約します。要約をするためには，筆者が伝えたいことをとらえ，それにつながる重要な言葉を見付けることが大切です。

　物語では，「白いぼうし」「一つの花」「ごんぎつね」「友情のかべ新聞」「スワンレイクのほとりで」を学習します。4年生で重要な学習となるのが，出来事と関連付けながら人物の気持ちの変化を読み取ることです。設定場面と結末場面を比較するなど，場面と場面を結び付けたり比較したりしながら，人物の気持ちの変化をとらえます。「ごんぎつね」では，言動や修飾語，心情を表す言葉，情景から，ごんや兵十の心情を読み取ります。特に，1場面から6場面のごんの心情の変化を読み取るなど，物語全体から登場人物の心情の変化を読み取ることが重要となります。高学年になるにつれて，物語は難しくなっていきますが，一つの物語を学習するのに費やすことができる時間が限られてきます。物語全体から人物の変容を読み深める学習を積み重ねることで，物語全体を読み深める力を育んでいくことが大切です。また，4年生では，意見を交流することを積み重ねることで，友達の解釈の違いを楽しみ，仲間とともに読みを深めていくことを楽しむ体験を味わわせたいものです。

3　苦手さのある子どもへの配慮

　4年生では，比較したり分類したりする活動が多くあります。比較したり分類したりする学習では，板書で整理しながらまとめることが有効です。Xチャートやピラミッドチャートなどのシンキングツールを活用して板書にまとめるなど，比較や分類の結果を可視化することで，苦手さのある子にも分かりやすくすることができます。「書くこと」を苦手にしている児童は多いものです。苦手な児童には，成果物のサンプルを複数提示することが効果的です。例えば，新聞を書く学習では，教師が作成したいくつかの新聞の原稿を示すことで，それを真似ながら書くことができます。文章の書き始め方や言葉の使い方などを真似ることで，すべての児童が書きやすくなります。「読むこと」の学習では，教師の発問で授業を構成することが多くあります。算数では，問題の見通しの時間に解決の方略や方向性を検討する時間がありますが，国語では児童に発問をそのまま丸投げしてしまうことが多々あります。国語でも，発問の後に，「会話文から読み取ろう」「1場面と2場面を比較しよう」などと発問の解決につながる見通しをもつ場面を設定することで，すべての児童が見通しをもって考えることができるようになります。

第1章　授業づくりのポイント　13

2 資質・能力をはぐくむ学習評価

■ 2017年学習指導要領改訂を踏まえた学習評価

　今回の改訂で，子どもたちに育てることが求められているものは「資質・能力」です。

　では，学習指導要領で示されている資質・能力とは一体何でしょうか。学習指導要領解説を見ると資質・能力は次のように説明されています。

　ア　「何を理解しているか，何ができるか（生きて働く「知識・技能」の習得）」
　イ　「理解していること・できることをどう使うか（未知の状況にも対応できる「思考力・判断力・表現力等」の育成）」
　ウ　「どのように社会・世界と関わり，よりよい人生を送るか（学びを人生や社会に生かそうとする「学びに向かう力・人間性等」の涵養）

　読んでみると，資質・能力とは，「何ができるか」「どう使うか」「よりよい人生を送るか」といった言葉に示されているように，授業で学習したことがその時間の中で完結してしまうのではなく，その後も生かしていくことを志向するものであることが見えてきます。

　ここで，国語の授業を思い浮かべてみましょう。

　4年「ごんぎつね」の最後の場面，ごんを撃ってしまった兵十は「ごん，おまいだったのか，いつも，くりをくれたのは。」とごんに語りかけます。ごんはぐったりと目をつぶったままうなずきます。そこで，私たちは，「ぐったりと目をつぶったままうなずいたごんはどんな気持ちだったのだろう」という学習課題を設定し，ごんの嬉しさ，切なさについて読み深めていきます。教室は，ごんの嬉しさ，切なさへの共感に包まれます。

　ただし，この授業の評価が，登場人物の気持ちの想像だけにとどまっていたとすると，資質・能力の育成がなされたとは言い難いのです。

　「子どもたちは本時を通して，何ができるようになったのでしょうか。」

　この問いに対して答えられるような授業，そして評価規準が設計されていなければならないでしょう。

　例えば，子どもが，まとめに「兵十のごんに対する呼び方が，それまで『ぬすっとぎつね』と悪い言い方をしていたのが『おまい』っていう友達に言うような言い方に変わったので，友達のように思ってもらえてごんはうれしかった」ということをノートに書いていれば，この子は，名前の呼び方の比較をすることで登場人物の心情の変化を想像することができるようにな

ったことを見取ることができます。

　当然，子どもが「名前の呼び方の変化を比較する」という見方・考え方を働かせるためには，教師の働きかけが必要となります。

　授業の位置付けにもよりますが，1時間の活動の中で，子どもたちが学習課題を達成することとともに，何をできるようにさせたいのかを具体化して，授業を設計し，評価の俎上に載せていくことが，資質・能力の育成を目指す授業づくりでは大変重要です。

②「知識・技能」にかかわる指導と評価

　「知識・技能」にかかわる評価について，国立教育政策研究所教育課程研究センターが出している「『指導と評価の一体化』のための学習評価に関する参考資料」（以下，参考資料）には以下のように記載されています。

　　「知識・技能」の評価は，各教科等における学習の過程を通した知識及び技能の習得状況について評価を行うとともに，それらを既有の知識及び技能と関連付けたり活用したりする中で，他の学習や生活の場面でも活用できる程度に概念等を理解したり，技能を習得したりしているかについても評価するものである。

　「知識及び技能の習得状況（下線：筆者）について評価を行う」という箇所は，これまでもよく行われてきたことだと思います。例えば，ひんぱんに行っている漢字テストなどは，その典型です。

　一方で「他の学習や生活の場面でも活用できる程度に概念等を理解」という点については，あまりなじみがないという先生も多いかも知れません。要するに，知識・技能の点においても，「何ができるようになるか」ということが大切にされているということです。

　では，実際には，子どもたちのどのような姿を見取っていけばよいのでしょうか。

　大まかに言えば，子どもが学んだ知識・技能を，実際に用いる場面を設ける，例えば，文章を書いて，自分の意見の説明をするという場面を設けるということが挙げられます。

　案内の手紙を書く活動を行う3年上「気持ちをこめて，『来てください』」の教材を学習していく場面を例にとって説明します。

　授業の中で，敬体と常体が混在している手紙，常体だけの手紙，敬体だけの手紙を比較させるなどをして，知識・技能の指導事項「丁寧な言葉を使うとともに，敬体と常体との違いに注意しながら書くこと。」（(1)キ）を指導します。

　その授業の中で，子どもは敬体を使って，案内の手紙の一部を書いたとします。

　子どもが書いたものから，学んだ知識・技能を，実際に用いる姿をとらえ，評価していくことができます。

第1章　授業づくりのポイント　15

3 「思考・判断・表現」にかかわる指導と評価

　国語科の場合は，これまで「話すこと・聞くこと」「書くこと」「読むこと」という領域での評価でしたが，まとめて，「思考・判断・表現」となりました。そうなると評価の在り方がずいぶんと変わるのではないかという不安をもってしまいます。

　けれども，「思考・判断・表現」というのは，〔知識及び技能〕と〔思考力，判断力，表現力等〕という二つの内容のまとまりのうちの一つであり，〔思考力，判断力，表現力等〕のまとまりが，さらに，「A話すこと・聞くこと」と「B書くこと」と「C読むこと」の三つに分けられているわけです。つまり，これまでの三領域がもう一つ上の階層の〔思考力，判断力，表現力等〕で束ねられているということなので，「思考・判断・表現」で評価していくといっても新たな評価項目を設定するというわけではなくて，具体的には各領域で評価をしていくということですので，評価の在り方は従来と変わりはないのです。

　「思考・判断・表現」にかかわる評価について，参考資料には以下のように記載されています。

　　「思考・判断・表現」の評価は，各教科等の知識及び技能を活用して課題を解決する等のために必要な思考力，判断力，表現力等を身に付けているかを評価するものである。
　　「思考・判断・表現」におけるこのような考え方は，従前の「思考・判断・表現」の観点においても重視してきたものである。

　この箇所からも，「思考・判断・表現」に関する指導や評価はこれまで同様でよいというニュアンスが感じ取れます。けれども，何から何までこれまでと変わりなくということになると，指導要領改訂の趣旨から外れてしまうでしょう。やはり，「主体的・対話的で深い学び」の視点から授業を設計し，子どもが，思考・判断・表現する場面を意図的に設定して指導，評価すべきでしょう。また，評価につながる言語活動としても，話し合いや，自分の考えを書くといった表現活動を積極的に行い，それらの様子を集めたポートフォリオを作るなど，子どもの「思考・判断・表現」のよさを様々な点から見取る工夫が必要になります。

4 「主体的に学習に取り組む態度」の評価の方法と工夫

　「主体的に学習に取り組む態度」にかかわる評価について，参考資料には以下のように記載されています。

　　「主体的に学習に取り組む態度」の評価に際しては，単に継続的な行動や積極的な発言を行うなど，性格や行動面の傾向を評価するということではなく，各教科等の「主体的に学習に取り組む態度」に係る観点の趣旨に照らして，知識及び技能を習得したり，思考力，判断力，表現力等を身に付けたりするために，自らの学習状況を把握し，学習の進め方について試行錯誤するなど

自らの学習を調整しながら，学ぼうとしているかどうかという意思的な側面を評価することが重要である。

引用箇所の前半に記載されている「単に継続的な行動や積極的な発言を行うなど，性格や行動面の傾向を評価するということではなく」というのは，毎時間ノートをこまめにとっているとか，授業中に挙手が多いとか，性格や行動の傾向が一時的に表れた姿を評価の対象にするのではないということです。

では一体，何を評価するのでしょうか。

参考資料では，「『主体的に学習に取り組む態度』の評価規準の設定の仕方」の箇所に以下のように記載されています。

①粘り強さ〈積極的に，進んで，粘り強く等〉
②自らの学習の調整〈学習の見通しをもって，学習課題に沿って，今までの学習を生かして等〉
③他の２観点において重点とする内容（特に，粘り強さを発揮してほしい内容）
④当該単元の具体的な言語活動（自らの学習の調整が必要となる具体的な言語活動）

参考資料には，評価規準の設定例として「進んで，登場人物の気持ちの変化について，場面の移り変わりと結び付けて具体的に想像し，学習課題に沿って，感じたことや考えたことを文章にまとめようとしている」とありますが，私たちが授業をつくっていく時に特に考えていくべきは上の①と②でしょう。

子どもが粘り強さを発揮したり，自らの学習の調整をしたりするためにはどのような授業を構想し，何をどのように評価するのかの実践と工夫を重ねることが必要となります。

5 子どもの学びに生きる評価の工夫

評価は何のために行うのでしょうか。

通知表を付けるためでしょうか。もちろん，学期末の評定の資料に使うという目的もあるでしょう。けれども，もっと大切なことが二つあると思います。

一つは，私たちの授業改善でしょう。本時に見取った子どもたちの学習状況から授業を振り返り，より質の高い授業につなげていくことができるでしょう。また，次時の授業の内容を考える際の参考にもなるでしょう。二つは，子どもが一層輝くためでしょう。子どものよさを見取り，子どもに返すことで，その子の自信につなげることができます。また，課題を見取った際には，適切な支援を図ることで，その子の力は伸びていきます。前もって子どもと評価規準の共有をしたり，多様な評価場面を設定し，評価を行う等の工夫をしたりすることで，評価を通して，一人一人のよさを引き出し，一層輝かせていくことを目指したいです。

第1章 授業づくりのポイント 17

3 国語教師の授業アップデート術

　改訂された学習指導要領では「主体的・対話的で深い学び」という授業改善の新しい視点が示されました。そして，学校には1人1台のタブレットPCが導入され，新しい教科書には新しい教材と新しい指導法が入るなど，教育界には日々新しいものが流れ込んできます。そこで，ここでは，授業をアップデートする視点を幾つか紹介します。アップデートは，とある日突然すべてのことがまったく新しいものに切り替わるわけではありません。これまでの方法をちょっといいものに上書きし続けるだけです。まずは気軽に始めてみてください。

■ タブレットPC（iPad）の活用

1人1台のタブレットPCで授業はどう変わるか

　GIGAスクール構想により，配備されたタブレットPC。あまり構えず「ちょっと見た目が新しい文房具」という意識で付き合ってみるとよいでしょう。例えば，"付箋"は便利な文房具です。1枚ごとにアイデアを書き出して「視覚化」し，類比や対比をしながら並べ替えて「分類」「整理」をするなど，情報を具体物として操作できるよさがあります。しかし，個別に配付する手間，操作に必要なスペース，貼り終わった後の処理などの面倒に思える部分があるのも事実です。そこで，これらの操作をタブレットPCで代用してみてはどうでしょう。台紙の配付も集約も整理もあっという間ですし，子どもが指先で直感的に操作できる操作性のよさはもちろん，電子黒板やプロジェクターを使えば簡単に全員の記録を見せることもできます。もちろん写真を撮って記録をする必要もなく，そのまま次の授業で続けることができます。また，作文の下書きをワープロソフトで書かせてみてはどうでしょう。鉛筆とは異なり，間違えた時や言葉を付け足したい時にすぐ直せるので，子どもは自由な表現に集中することができます。あとは印刷して清書するだけです。このように，タブレットPCだからと構えず，現行の教具をちょっとよくする使い方から始めてみましょう。

プロジェクターを併用すると板書はどう変わるか

　教師が授業を行ううえで必須の教具は何かと問われた時に，まず挙がるのは黒板でしょう。一口に板書といっても，そこには「集中」「収集」「整理」「焦点化」「強調」「補完」といった様々な機能が集約されています。中でも「集中」や「強調」といった機能はICTの得意分野です。プロジェクターや大画面モニターを利用した動画やプレゼンテーションの提示は教材への没入度を高め，学習内容の理解を深める効果が期待できます。また，1人1台のタブレット

PCを使えば，意見の「収集」「整理」を短時間で美しく板書で見せることもできます。このように，単機能に特化すると優秀なのですが，ICTだけを用いて授業を進めることは避けるべきです。なぜなら，板書が本来もっている学びの基地として役割が果たせないからです。学びの基地とは，1時間の授業の流れや子どもの活動の足跡が残ることを意味します。パッパッと切り替わるスライドを目で追うだけでは，今何をやっているのか，先ほど何を学んだのか，子どもが自分のペースで振り返ることができなくなります。また，ノートに視写する手間がなければ，記憶として頭に残る割合も減ってしまうのです。ですから，ICTを併用した板書では，何を書き，どこにICTを使うか，これまで以上に授業者のねらいを明確にしていく必要があるのです。

2 学びを深める「思考ツール」の活用

思考ツール（シンキングツール）とは，情報を整理したり思考をクリアにしたりすることで，多角的・多面的な見方を可能にする図表群を表します。国語授業をアップデートするためにまずオススメするのは，手順を流れで整理する「ステップ・チャート」と，情報を軸で整理する「マトリックス」です。国語の板書は縦書きを基本とされてきたため，右から左に進む巻物のようになり，文脈も含めた理解が必要になります。そこで，枠囲みと矢印を使って順番を整理すると，それだけで理解しやすくなります。また，子どもの意見を集約する時に，十字の線を引いてそれぞれの属性に合わせて整理するだけで，共通点が見えやすくなります。このように普段の板書に適切な思考ツールを取り入れるだけで，構造化の度合いがぐんと高まるのです。

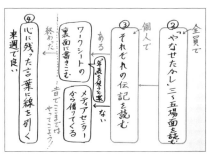

ステップ・チャート

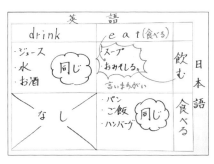

マトリックス

さらに，物語の読解では「プロット図」が役立ちます。物語のプロットを山型に示したもので，それぞれの場面における心情の上昇や下降が明確になるよさがあります。人物の心情を読み取ってからつくる心情曲線とは異なり，普遍的な物語の構成を単純化しているため，どの作品にも使いやすいことが特徴です。

まずは教師が授業の中で積極的に使い，思考ツールを子どもの身近なものにしていきましょう。そして，学年

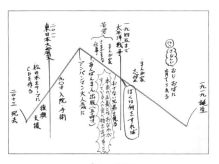

プロット図

第1章 授業づくりのポイント 19

の終わりには子ども自身が目的や場面に応じて選択し，活用できるようにするのがゴールです。

3 「ペア・グループ活動」の活用

　言語活動の充実が叫ばれた時に，多くの教室で「ペア対話」が取り入れられました。全体に発表する前に自信をつける，すべての子どもに表現の機会を与えるなど，簡単に取り組めるうえに効果が高い活動として今でもよく使われています。そのペア対話をアップデートするポイントを二つ紹介します。一つは「ペア対話」を世に知らしめた元筑波大学附属小学校の二瓶弘行先生が大切にされていた「"やめ"と言われるまで話し続ける」ことです。話し続けることは対話に対する構えをつくることにつながります。話題が尽きたら同じ話を繰り返してもよいから，とにかく話し続けることを子どもに指示します。もう一つは上越教育大学教授の赤坂真二先生がよく使われる「話のきっかけをつくる」ことです。例えば，知っている動物について話し合わせたい時には「隣の席の動物の専門家に聞いてみましょう」のような言葉を用いて促すことで，子どもは自然と相手に「訊く」構えが生まれます。どちらも効果は絶大です。

　グループ学習ではこれまで様々な手法が提案されてきましたが，国語授業のアップデートとして試してほしいのが"外向き花びら型グループ学習"です。机を合体させ，顔を向き合わせて行うのが通常のグループ学習ですが，これは机を花びらのように外側に向け，背中を内側に向けた形になります。一人学びの時は集中しやすいように外を向き，話し合いたい時には内側を向いて膝を寄せるようにします。子ども自身が学習のスタイルを選択でき，探究型の長時間にわたる学びにも対応できる，オススメの型です。

4 「マルチ知能・脳科学」の知見

　「個に応じた学び」は大切です。そして，本当の意味で個性に適した学習を考えるには，子どもがもつ複数の能力を見極める視点が必要です。それがハーバード大学のハワード・ガードナー教授が提唱する「マルチプル・インテリジェンス」です。「言語能力」や「空間能力」をはじめとした八つの能力を窓として見ることで，その子どもの個性や得意分野，興味に合わせて成長をサポートすることができます。例えば，説明文の読解をする際に，中心となる語句をうまく抜き出せない子どもがいたとします。「音感能力」が高いのであれば，リズムに合わせたり，特定の言葉だけ大きな声で言わせたりといった音読する場面を設けることで気付きが得られるかもしれません。「論理的・数学的能力」が高いのであれば，同じ言葉が繰り返される回数や配置に着目させることで規則性を見出すかもしれません。「人間関係・形成能力」が高ければ，友達と交流させることで答えを引き出していきます。八つすべては無理であれ，授業の方略を複数用意する効果的な視点となるでしょう。

第2章

365日の全授業　4年下

気持ちの変化に着目して読み，感想を書こう

ごんぎつね／
［コラム］言葉を分類しよう

12時間

１ 単元目標・評価

- 様子や行動，気持ちや性格を表す語句の量を増し，語彙を豊かにすることができる。（知識及び技能(1)オ）
- 登場人物の気持ちの変化や性格，情景について，場面の移り変わりと結び付けて具体的に想像することができる。（思考力，判断力，表現力等 C(1)エ）
- 文章を読んで理解したことに基づいて，感想や考えをもつことができる。（思考力，判断力，表現力等 C(1)オ）
- 言葉がもつよさに気付くとともに，幅広く読書をし，国語を大切にして，思いや考えを伝え合おうとする。（学びに向かう力，人間性等）

知識・技能	様子や行動，気持ちや性格を表す語句の量を増し，語彙を豊かにしている。((1)オ)
思考・判断・表現	「読むこと」において，登場人物の気持ちの変化や性格，情景について，場面の移り変わりと結び付けて具体的に想像している。(C(1)エ) 「読むこと」において，文章を読んで理解したことに基づいて，感想や考えをもっている。(C(1)オ)
主体的に学習に取り組む態度	学習の見通しをもって，読んで考えたことを話し合い，一人一人の感じ方などに違いがあることを積極的に気付こうとしている。

２ 単元のポイント

教材の特徴

「ごんぎつね」は，理解してもらえないが兵十に近付きたいごんの心情が，ごんの言動の他に情景描写とともに丁寧に描かれているのが特徴的である。ごんの行動や心のつぶやき，兵十とのかかわりを中心に展開され，ごんの心情変化をとらえやすい作品である。

言語活動

「あらすじ」「登場人物の人物像」「登場人物の心情変化」などを記述した「ごんぎつねガイドブック」を市立図書館に展示し，来館者に紹介するという言語活動を選択する。市立図書館の来館者に，端的に紹介するために，互いの感じ方の違いも表れやすい言語活動である。

22　ごんぎつね／［コラム］言葉を分類しよう

3 学習指導計画（全12時間）

次	時	目標	学習活動
一	1	• これからの学習のイメージをつかみ，学習計画を立てることができる。	○「ごんぎつねガイドブック」のモデル提示から，単元の学習計画を考える。
二	2	• 物語の大体をつかみ，自分なりの感想を書くことができる。	○「ごんぎつね」の全体像をつかむために，「ごんぎつね」を通読し，感想をもつ。
	3	• 「時」「場所」「人物」の視点から，あらすじの構成について考えることができる。	○「ごんぎつねガイドブック」を作成することを見通し，お話のあらすじを紹介することができるようにするために，登場人物の行動や会話について考える。
	4	• あらすじの下書きの記述の仕方を考えることができる。	○「ごんぎつねガイドブック」を作成することを見通し，お話のあらすじを紹介することができるようにするために，あらすじを記述する。
	5	• 叙述をもとに，ごんの人物像について考えることができる。	○「ごんぎつねガイドブック」を作成することを見通し，登場人物の人物像を紹介することができるようにするために，登場人物の行動や会話について考える。
	6	• 叙述をもとに，兵十の人物像と下書きの仕方について考えることができる。	○「ごんぎつねガイドブック」を作成することを見通し，登場人物の人物像を紹介することができるようにするために，登場人物の行動や会話について考える。
	7	• 叙述をもとに，ごんの「いたずら」「後悔」「つぐない」などの心情変化と感想について考えることができる。	○「ごんぎつねガイドブック」を作成することを見通し，ごんの心情変化と感想について紹介することができるようにするために，登場人物の行動や会話について考える。
	8	• 叙述をもとに，目をつぶったままうなずくごんまでの心情変化と感想について考えることができる。	○「ごんぎつねガイドブック」を作成することを見通し，目をつぶったままうなずくごんまでの心情変化と感想について紹介することができるようにするために，登場人物の行動や会話について考える。
三	9・10	• 「ごんぎつねガイドブック」の下書きを推敲し，清書することができる。	○「ごんぎつねガイドブック」を作成するために，書きためてきたあらすじ・人物像・心情変化の下書きを友達同士で見せ合い，よいところや改善点について交流していく。また，友達同士で交流し合ったことを生かして，「ごんぎつねガイドブック」を完成させる。
	11	• 友達が書いた「ごんぎつねガイドブック」を読み合い，感想を書いて伝えることができる。	○お互いの読みの違いを交流し合うことができるように，「ごんぎつねガイドブック」を読み合い，感想を述べ合う。
	12	• 言葉の分類について理解し，適切に使用することができる。	○「物や事を表す言葉」「動きを表す言葉」「様子を表す言葉」について，仲間分けしたり，言葉集めをしたりする。

1 ごんぎつね

12時間

準備物：黒板掲示用資料

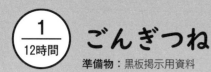

● モデルを提示する

「『ごんぎつねガイドブック』を書きます」と言っても，何をどのように書いてよいのか，子どもたちは学習の全体像をイメージすることができません。そこで，教師がモデルを提示することで，子どもたちのガイドブックを書きたい気持ちが高まったり，ガイドブックの具体的なイメージをつかんだりすることができます。

● 学習計画を立てる

「ごんぎつねガイドブック」を書くためには，どのように学習を進めていくのかを考えさせていきましょう。子どもたちは，モデルを見ることで，ごんぎつねガイドブックに「あらすじ」「人物像」「心情変化」「感想」等の観点を記述しようという学習計画を立てていくことが予想されます。

ガイドブック見本

ごんぎつねガイドブックを作成するためには，あらすじ，人物像，心情変化，感想に注目するとよい

❶ 図書館からの手紙を読む

実は，○○図書館からお手紙が来ました。

え，どんなお手紙かな？

お手紙を読んでください。お願いします！

図書館からのお手紙を読みます！

事前に図書館に，「ごんぎつねガイドブック」を展示させてもらいたいことと手紙を書くことをお願いしたい。例えば，「○○小学校のみなさん，はじめまして。○○図書館の□□です。これから，みなさんがごんぎつねのお勉強をすると先生から聞きました。ぜひ，○○図書館に，みんながお勉強して作った『ごんぎつねガイドブック』を展示させてくれませんか？　よろしくお願いいたします」のような手紙である。

❷ ガイドブックのモデルを提示する

ガイドブックを書いてみたいけれど，いきなりは無理です…書き方を学習したいわ！

実は，ガイドブックを作りました。見たいですか？

見たいです！
早く見たいです！

子どもたちの「書きたい！」を引き出したい。教師が「『ごんぎつねガイドブック』を書きますか？」と投げかけると，「書いてみたいけど，いきなりは無理だよ！」「書き方を学習したい！」というような反応が出ると予想される。「実は，ガイドブックを作ったけど，見たいですか？」と話すと，意欲的に「見たい！　見たい！」「早く見せてよ！」と話す子どもたちの姿が見られそうである。

本時の目標	・これからの学習のイメージをつかみ，学習計画を立てることができる。	本時の評価	・これからの学習のイメージをつかみ，学習計画を立てている。

ごんぎつね　学習計画を立てよう

◇図書館からのお手紙
「図書館にごんぎつねガイドブックを展示させてくれませんか？」

◇ごんぎつねガイドブックのモデルを見て気づいたこと
・あらすじ
・ごんと兵十の人物像
・ごんの心情変化と感想

◇学習計画
○全文を読む
○あらすじ
○ごんと兵十の人物像
○ごんの心情変化と感想
○ガイドブックの下書き
○ガイドブックのすいこう
○ガイドブックの清書
○ガイドブックを読み合う

❸ガイドブックでの気付きを交流する

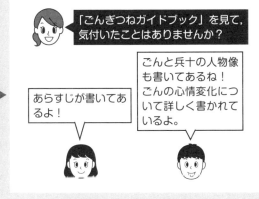

❹単元の学習計画を立てる

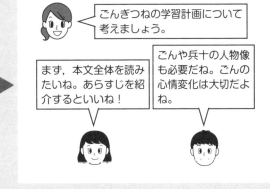

「『ごんぎつねガイドブック』を見て，気付いたことはありませんか？」と問う。子どもたちから，「あらすじが書いてあるよ！」「ごんと兵十の人物像も書いてあるね！」「ごんの心情変化について詳しく書かれているよ！」等の反応が予想される。モデルを見て，「あらすじ」「ごんと兵十の人物像」「ごんの心情変化と感想」の３点は必ず取り上げていきたい。

学習計画を決める際，子どもたちの興味・関心も受け入れながら決めていくようにしたい。ただし，「あらすじ」「ごんと兵十の人物像」「ごんの心情変化と感想」の三つの視点は絶対に落とさないような学習計画を立てたい。学習計画→通読→あらすじ→ごんと兵十の人物像→ごんの心情変化と感想→下書き→推敲→清書→共有等の単元の流れを学級全員で共通理解を図っていく。

2 ごんぎつね
12時間

準備物：なし

● **感想を交流する**

物語を初めて読む時の感想を大切に扱っていきたいものです。初めて読んだ時と数時間学習した後とでは，感想の質に変容が見られることでしょう。自分自身や仲間の感想の変容に気付くことができるようにするために，初発の感想を交流します。感想を記述したり，交流したりする中で話の流れを大まかにとらえることもできます。

● **語句の意味を確認する**

語句の意味を一つ一つ理解することは，言葉と言葉のつながりを発見するために必要不可欠なものです。少しでも疑問に思った語句があれば，交流で出し合い，辞書を用いるなどして，一つ一つの意味を確認していきましょう。

> 自分と仲間の感想の共通点・相い点について考えながら交流するとよい

❶ごんぎつねを通読する

「これから，ごんぎつねを読みます。後で，感想を交流し合うので，自分なりの感想をもって聞いてください。」

「早く，ごんぎつねを読みたい…」

図書館からの手紙や「ごんぎつねガイドブック」のモデル提示により，子どもたちのごんぎつねを読む目的意識や必要感，意欲が高まってきているであろう。「早く，ごんぎつねを読みたいな！」という声が聞こえてきそうである。「これから，ごんぎつねを読みます。後で，感想を交流し合うので，自分なりの感想をもって聞いてください」のように，見通しをもたせてから読み聞かせをする。

❷辞書で理解の難しい言葉を確認する

「ごんぎつねを読んで，難しい言葉がたくさん出てきましたね。分からない言葉は，ありませんか？」

「『かみしも』が分からないです！」

「『お歯黒』って何ですか？」

ごんぎつねの教材文には，難しい語句がたくさん出てくる。今後，「あらすじ」「人物像」「心情変化」「感想」をとらえていく時に，語句の理解は大変重要になる。子どもたちに，意味が分からない語句を挙げさせ，辞書を用いるなどして，一つ一つの意味を確認していく。意味が分かりにくい語句については，学級全員で確認し，共通理解を図るようにする。

| 本時の目標 | ・物語の大体をつかみ、自分なりの感想を書くことができる。 | 本時の評価 | ・物語の大体をつかみ、自分なりの感想を書いている。 |

ごんぎつね

ごんぎつねの感想を交流しよう

◇全文を読む→自分なりの感想をもつ

◇意味をかくにんしたい語句
・お歯黒
・かみしも
・お念仏

◇ごんぎつねの感想
・菜種がらのほしてあるのへ火をつけて悪いいたずらをするきつねだなと思った
・いわし・くり・松たけなどをつぐないに何度も持っていっていったところが心に残った
・ごんが、兵十にうたれてしまって、ごんも兵十も悲しかったのかな?
・兵十にうたれたごんの気持ちを話し合ってみたいな

---

❸ごんぎつねを読んだ感想を記述する

「ごんぎつねを読んだ感想をノートに書きましょう。」

「ごんは、最初、いたずらばかりしていたのに、なぜ、つぐないをするようになったのか不思議に思いました。」
「兵十にうたれて、うなずいたごんの場面が印象に残りました。」

初めて作品を読んだ時に、自分が感じたことを初発の感想として記述しておくことは重要である。単元を通して、自分の読みがどのように変容していくのかを味わうことができる単元にしたい。仮に最初の感想が浅いものであったとしても、ガイドブックを記述する時に考えが深まっていれば、大きな成長である。感想の記述を❹の感想の交流につなげていく。

❹ごんぎつねを読んだ感想を交流する

「ごんぎつねを読んだ感想を交流しましょう。」

「いたずらばかりしていたごんが、なぜ、いわしやくりを届けるようになったんだろうか? みんなで話し合ってみたい!」

「兵十にうたれて、うなずいたごんの気持ちは複雑なんだろうな…」

物語の感想をもち、交流することは、お話の流れを大まかにとらえていないとできない。通読を通して、お話の流れを大まかにとらえていく必要がある。感想を交流し合うことで、一人一人の感じ方の違いが見られる。「自分と友達の感想は、〇〇のところは似ているけれど、△△の部分は少し違いがあるな」など、友達との共通点や相違点に気付くことができたら最高である。

ごんぎつね

3／12時間　準備物：なし

● あらすじの書き方を考える

　物語のあらすじを各場面の「時」「場所」「人物」の大切な表現を押さえて一〜二文で表します。各場面の一〜二文のあらすじを合わせると全文のあらすじになることを確認します。もし，あらすじの書き方を学習していなければ，既習の教材である「かさこじぞう」などを使い，あらすじの書き方の学習をするとよいでしょう。

● 「時」「場所」「人物」の移り変わりに着目する

　各場面の「いつ」「誰が」「どこで」「どうした」（基本形）を記述します。その時に，各場面の「時」「場所」「人物」の移り変わりをとらえることで，あらすじの記述につながっていきます。

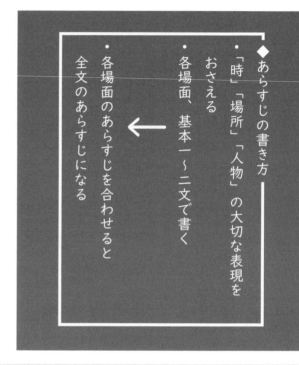

◆あらすじの書き方
・「時」「場所」「人物」の大切な表現をおさえる
・各場面、基本一〜二文で書く
・各場面のあらすじを合わせると全文のあらすじになる

❶ あらすじの書き方について考える

あらすじを書く時には，どんな言葉が必要でしょうか？

「時」「場所」「人物」「人物の行動」…？

　「ごんぎつねガイドブック」の「あらすじ」の学習に取り組む時に，「あらすじ」を書く観点を考える。既習事項を生かして，子どもたちから「時」「場所」「人物」「人物の行動」という反応が予想される。物語のあらすじは，各場面の「時」「場所」「人物」の大切な表現を押さえて，基本は一〜二文で表す。各場面の一〜二文のあらすじを合わせると全文のあらすじになることを確認する。

❷ 時の移り変わりについて考える

時を表す言葉を見付けて，時の移り変わりについて考えましょう。

１場面の前半から「昔，中山様というおとの様がおられた時代」と書いてあるよ。

「ある秋」「月のいいばん」もそうだね。順番に見ていくと，「十日ほどたって」もあるよ。

　時の移り変わりを考える前提として，ごんぎつねの設定場面を押さえる必要がある。ごんぎつねの「時」は，１場面の前半に記述されている「昔，中山様というおとの様がおられた時代」であることを確認する。「ある秋」→「十日ほどたって」→「次の日」→「次の日も，その次の日も」→「その次の日」→「月のいいばん」→「その明くる日」のような「時」の移り変わりをとらえたい。

| 本時の目標 | ・「時」「場所」「人物」の視点から，あらすじの構成について考えることができる。 | 本時の評価 | ・「時」「場所」「人物」の視点から，あらすじの構成について考えている。 |

ごんぎつね

ごんぎつねガイドブックを作るために，あらすじの書き方について考えよう

時・人物・場所・人物の行動

場面	時	人物	場所	人物の行動
前半一	昔	ごん	中山から少しはなれた山の中	いたずらばかりしていた
後半一	ある秋	ごん	村の小川のつつみ	兵十のとったうなぎをぬすむといういたずらをした
二	十日ほどたって	ごん 兵十 村の人	兵十の家 村の墓地 あなの中	兵十の母親のそうしきを見た いたずらしたことを後かいした
前半三	（数日内）××	ごん 兵十	兵十の家（赤い井戸）	兵十の家にいわしを投げ込んだ
後半三	その次の日次の日も，その次の日も	ごん 兵十	兵十の家（うら口）	自分のしたつぐないによって兵十がひどい目に合わされたことを知ったくりや松たけをつぐないに持っていった
四	その次の日	兵十	兵十の近くの道 吉兵衛の家	兵十と加助の会話を聞き，「引き合わないなあ」と思う
五	月のいいばん	ごん 加助	お城の近くの道 吉兵衛の家	
六	その明くる日	ごん 兵十	兵十の家	兵十の家へくりを持っていったが，兵十にうたれた

❸ 場所の移り変わりについて考える

　物語で設定されている「場所」は，1場面の前半に記述されている「中山から少しはなれた山の中」「あたりの村」であることを確認する。その後，「村の小川のつつみ」→「兵十の家」「村の墓地」「ごんのあな」→「兵十の家（赤い井戸）」→「兵十の家（裏口）」→「お城の近くの道」「吉兵衛の家」→「兵十の家」のような「場所」の移り変わりをとらえたい。

❹ 登場人物の行動について考える

　「ごんは，兵十のとったうなぎを盗むといういたずらをした」→「うなぎを盗んだことを後悔する」→「うなぎのつぐないとして，いわし売りからいわしを盗む」→「うなぎのつぐないとしてくりを届ける」→「くりや松たけを届ける」→「兵十と加助の会話を聞いて，『引き合わないなあ』と思う」→「兵十の家にくりを持っていったが，兵十にうたれてしまう」などの流れをとらえたい。

第3時　29

4 / 12時間 ごんぎつね

準備物：なし

● 場面ごとのあらすじを交流する

前時の「時」「場所」「人物」の移り変わりの学習を生かして，あらすじを記述します。必ずしも「時」「場所」「人物」の観点が入らないこともありますが，友達のあらすじのよさに気付き，自分の場面ごとのあらすじの記述に生かしていけたら最高です。

● あらすじの下書きを記述する

場面ごとのあらすじの交流が，ガイドブックを書くことにつながるという意識をもたせ，下書きを記述させていきます。「時」「場所」「人物」の観点を意識して記述しましょう。

◆あらすじの書き方
すべて使わないところもある！
・「時」「場所」「人物」の大切な表現をおさえる
・各場面，基本一〜二文で書く
・各場面のあらすじを合わせると全文のあらすじになる
・本文の流れに合わせて順番につなげる
・接続詞を必要に応じて使う
・重なり合った場合，言葉をけずる

❶ 場面ごとのあらすじを書く

「時」「場所」「人物」の観点を生かして，場面ごとのあらすじを書いてみましょう。

「ある秋，ごんが，村の小川のつつみで，兵十のとったうなぎを盗むといういたずらをした」という感じかな？

1場面前半は，大きな設定について記述されている。「昔，ごんが，中山から少し離れた山の中で，いたずらばかりしていた」，1場面後半は「ある秋，ごんが村の小川のつつみで，兵十のとったうなぎを盗むといういたずらをした」，2場面は「十日ほどたって，ごんは村で兵十の母親の葬式を見て，穴の中でうなぎを盗んだいたずらを後悔した」等とまとめられるとよい。

❷ 場面ごとのあらすじを交流する

場面ごとのあらすじを交流してみましょう！

私は，最後の場面を「その明くる日，ごんは，兵十の家へくりを持っていったが，兵十にうたれた」と書いたのですが，どうですか？ いいね！

「時」「場所」「人物」を意識して，場面ごとのあらすじを交流していきたい。例えば，4・5場面は「月のいいばん，ごんは，お城の近くの道で，兵十と加助の会話を聞き，『引き合わないなあ』と思った」，6場面は「その明くる日，ごんは，兵十の家へくりを持っていったが，兵十にうたれた」等とまとめられるとよい。

| 本時の目標 | ・あらすじの下書きの記述の仕方を考えることができる。 | 本時の評価 | ・あらすじの下書きの記述の仕方を考えている。 |

ごんぎつね

ごんぎつねガイドブックを作るために、あらすじの下書きを書いてみよう

時・人物・場所・人物の行動

場面	時	人物	場所	人物の行動
一 前半	昔	ごん	中山から少しはなれた山の中	いたずらばかりしていた
一 後半	ある秋	ごん	村の小川のつつみ	兵十のとったうなぎをぬすむといういたずらをした
二	十日ほどたって	ごん村の人	兵十の家村の墓地あなの中	兵十の母親のそうしきを見たいたずらしたことを後かいした
三 前半	（数日×内）	ごん兵十	兵十の家（赤い井戸）	兵十にいわしを投げ込みつぐないをした
三 後半	次の日もその次の日も	ごん兵十	兵十の家（うら口）	自分のしたつぐないによって兵十がひどい目に合わされたことを知ってくりや松たけをつぐないに持っていった
四	月のいいばん	兵十加助	お城の近くの道吉兵衛の家	兵十と加助の会話を聞き、「引き合わないなあ」と思う
五	その次の日もその次の日も	兵十	兵十の家	くりを持っていったが、兵十にうたれた
六	明くる日	兵十	兵十の家	

❸場面ごとのあらすじをつなぐ

 場面ごとのあらすじのつなぎ方を考えましょう！

場面ごとに書いたあらすじを、本文の流れに合わせて順番につなげていくとできるかな？

重なりが出る時には、必要のないところを削ろう。

❹あらすじの下書きを書く

 あらすじの下書きを書いてみましょう！

「時」「場所」「人物」を生かすと…4・5場面は、「月のいいばん、ごんは、お城の近くの道で、兵十と加助の会話を聞き、『引き合わないなあ』と思った」と書くといいかな？

  いいね！

　場面ごとのあらすじをつなげる時に、「場面ごとに書いたあらすじを、本文の流れに合わせて順番につなげていくこと」「接続詞を効果的に使うこと」「重なりが出る時には、必要のないところを削ること」などを意識させていく。イメージがわからない児童には、既習教材「かさこじぞう」等のあらすじの書き方を参考にして考えさせるという方法もある。

　あらすじのつなげ方の観点を意識して、場面ごとに書いたあらすじをつなげていきたい。「ごんぎつねガイドブック」につながる大切な段階であることを意識させていく。また、どうしても思い付かない場合には、「ペア交流」「1分間お散歩」などの時間を確保し、すらすらできている児童のノートを参考にさせるなどの方法もある。教師がヒントを出すことも必要になってくるかもしれない。

5 / 12時間　ごんぎつね
準備物：なし

●ごんの境遇について考える

　ごんは，「ひとりぼっちの小ぎつね」「昼でも夜でも，いたずらばかりしている」という1場面の前半に記述されている人物の設定については必ず押さえるようにしましょう。その際，「小ぎつね」という言葉を吟味させます。ごんは，自分のことを「わし」と呼んでいることから，「一人前の大人の小ぎつね」と考える方が自然です。もし，子どもなら「わし」とは呼ばないはずです。言葉にこだわることが大切です。

●ごんの行動・会話から人物像を考える

　ごんの「いたずら」「後悔」「つぐない」「うたれた」などの叙述をもとに，人物像を考えさせていきます。

> ごんの行動・会話・様子，兵十との関係性について考えるとよい
>
> ◇兵十に気づいてもらえないごん
> 　↓「神様にお礼を言うがいいよ」「うん」
> 　↓「～おれは引き合わないなあ」
> ◇兵十にうたれるごん
> 　↓「ごん，おまいだったのか～。」
> 　↓ぐったりと目をつぶったまま，うなずきました

❶ごんの境遇について考える

「ごんは，どんなきつねですか？」

「ひとりぼっちの小ぎつね」だよ！

「「小ぎつね」ということは，子どものきつねですね！」

「違うよ！　だってね，自分のことを「わし」と言っているよ！」

　「ひとりぼっちの小ぎつね」「昼でも夜でも，いたずらばかりしている」という1場面の前半に記述されている人物の設定については必ず押さえるようにしたい。ただし，「小ぎつね」というのは，「子ども」のきつねではない。なぜなら，ごんは，自分のことを「わし」と呼んでいるところがあるからだ。したがって，ごんは「一人前の小ぎつね」であるととらえたい。

❷ごんの行動・会話から人物像を考える

「ごんの行動・会話から人物像を考えましょう。ごんの人物像が分かる行動や会話に線を引きましょう。」

「見付けたよ！　畑へ入っていもをほり散らしたり，菜種がらのほしてあるのへ火をつけたり…のところからいたずらぎつねだということが分かります！」

　「畑へ入っていもをほり散らしたり，菜種がらのほしてあるのへ火をつけたりなどのいたずら」等の行動に関する叙述，「兵十は，おっかあにうなぎを食べさせることができなかった。そのまま，おっかあは，死んじゃったにちがいない」などという後悔している会話に関する叙述，いわし・くり・松たけなどのつぐないをしている行動に関する叙述にも注目させていきたい。

本時の目標	・叙述をもとに，ごんの人物像について考えることができる。	本時の評価	・叙述をもとに，ごんの人物像について考えている。

ごんぎつね

ごんの人物像について考えよう

◇ごんは、大人？子ども？
　↓
　ひとりぼっちの小ぎつね（大人）
　↓
　わし

◇ごんの人物像
◇兵十にいたずらをするごん
　↓
　びくの中の魚をぽんぽん投げこんだ
　↓
　頭をびくの中につっこんで、うなぎの頭を口にくわえた
◇兵十へのいたずらを後かいするごん
　↓
　「ははん、死んだのは、兵十のおっかあだ。」
　↓
　「兵十のおっかあは、うなぎが食べたいと言ったにちがいない。」
　↓
　「ちょっ、あんないたずらをしなけりゃよかった。」
◇兵十につぐないをするごん
　↓
　いわし・くり・松たけを持っていく
　↓
　土間にくりがかためて置いてある

❸ごんの人物像について交流する

ごんの人物像について交流しましょう！

- 兵十にいたずらをするごん
- 兵十へのいたずらを後悔するごん
- 兵十につぐないをするごん
- 兵十に気付いてもらえないごん
- 兵十にうたれるごん

「ごんの人物像について交流しましょう！」と投げかけると，「いたずら」「後悔」「つぐない」「気付いてもらえない」「うたれる」などの視点をもった反応が予想される。例えば，「兵十に気付いてもらえないごんです。その理由は，加助が『毎日，神様にお礼を言うがいいよ』と言った時に，兵十が『うん』と言ったからです」のように，人物像の根拠も明確にして交流していきたい。

❹ごんの人物像の中心文を書く

ごんの人物像の中心文を書いてみましょう！

 「ひとりぼっちの小ぎつね」は絶対書かないとならないね！

 「いたずら」「後悔」「つぐない」「うたれる」などは必要だね！

「ひとりぼっちの小ぎつね」「いたずら」「後悔」「つぐない」「うたれる」などの言葉を大切にしていきたい。「ごんぎつねガイドブック」につながる重要な段階であることを意識させていく。また，どうしても思い付かない場合には「ペア交流」「1分間お散歩」などの時間を確保し，すらすらできている児童のノートを参考にさせるなどの方法もある。時には，教師がヒントを出してもよい。

6 ごんぎつね

12時間　準備物：なし

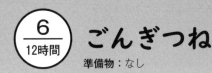

●兵十の人物像について考える

「兵十は今まで，おっかあと2人きりで，貧しい暮らしをしていて，おっかあが死んでからひとりぼっちになった」などの人物の設定については必ず押さえるようにしましょう。また，行動・様子・会話などの叙述をもとに人物像を考えていきます。

●ごんと兵十の人物関係について考える

ごんから見た兵十と兵十から見たごんなど，2人の人物関係について考えていきます。兵十から見たごんは，「最初，兵十はごんのことを憎いいたずらぎつねだと思っていると思う！　理由は，『うなぎをぬすみやがったあのごんぎつねめ』とあるからです」など，人物関係を本文の叙述をもとに理由付けをして考えていきたい。

> 兵十の行動・会話・様子、ごんとの関係性について考えるとよい

❶兵十の人物像を考える

兵十の行動・様子・会話から人物像を考えましょう。兵十の人物像が分かる行動・様子・会話に線を引きましょう。

「おれあ，このごろ，とても不思議なことがあるんだ」のところで，加助に不思議なことを相談しています。

「『おれあ，このごろ，とても不思議なことがあるんだ』のところで，加助に不思議なことを相談しているよ！」などの会話，「兵十は，火縄じゅうをばたりと取り落としました」などと自分がしたことを後悔しているなどの行動に注目させていく。また，「ぼろぼろの黒い着物」や赤さびで鉄の部分が赤くなった「赤い井戸」など，兵十の暮らしが貧しい様子にも注目させていきたい。

❷兵十の人物像について交流する

兵十の人物像について交流しましょう！

いつもは，赤いさつまいもみたいな元気のいい顔をしている…

今まで，お母さんと2人きりで，貧しくて，おっかあが死んだらひとりぼっちになった…

「兵十は今まで，おっかあと2人きりで，貧しい暮しをしていて，おっかあが死んでからひとりぼっちになった」などの人物の設定にかかわる意見が予想される。また，「ごん，おまいだったのか。いつも，くりをくれたのは」「兵十は，火縄じゅうをばたりと取り落としました」などと自分がしたことを後悔している行動・会話に関する叙述をとらえさせていきたい。

34　ごんぎつね／［コラム］言葉を分類しよう

本時の目標	・叙述をもとに、兵十の人物像と下書きの仕方について考えることができる。	本時の評価	・叙述をもとに、兵十の人物像と下書きの仕方について考えている。

ごんぎつね　兵十の人物像について考えよう

◇兵十の人物像
- ぼろぼろの黒い着物を着ている兵十
- うなぎをとられておこる兵十
- いつもは、赤いさつまいもみたいな元気のいい顔をしている兵十
- おっかあが死んでひとりぼっちになった兵十
- 麦をとぐ兵十
- いわし屋にぶんなぐられ、きずがついた兵十
- 加助に不思議なことを相談する兵十
- くりや松たけをとどけてくれたとは知らずにごんをうってしまった兵十

ごん
- 自分と同じひとりぼっちで、うなぎのいたずらのつぐないをする相手
→「おれと同じ、ひとりぼっちの兵十か。」
→毎日のようにくりや松たけをとどけている

⇔

兵十
- にくいいたずらぎつね
→「うなぎをぬすみやがったあのごんぎつねめ」
・くりや松たけをとどけてくれたとは知らずにうってしまった

❸ごんと兵十の人物関係について考える

ごんと兵十の人物関係について考えましょう！　ごんは兵十のことをどのように思っていますか？　兵十はごんのことをどのように思っていますか？

最初、兵十はごんのことを憎いいたずらぎつねだと思っていると思う！　理由は、「うなぎをぬすみやがったあのごんぎつねめ」とあるからです。

兵十から見たごんは、上記のような反応、ごんから見た兵十は、「自分と同じひとりぼっちで、うなぎのいたずらのつぐないをする相手だと思う。理由は、『おれと同じ、ひとりぼっちの兵十か』という文があることと、毎日のようにくりや松たけを届けているからです」などの反応が予想される。本文を根拠に、一人一人の読みをつくっていきたいものである。

❹ごんと兵十の人物像を下書きする

ごんと兵十の人物像の下書きをしましょう。

兵十は今まで、おっかあと2人きりで、まずしいくらしをしていて、おっかあが死んでからひとりぼっちになった…

前時や❶〜❸を意識して、ごんと兵十の人物像の下書きをしていく。「ごんぎつねガイドブック」につながる大切な段階であることを意識させていく。前時の板書をプロジェクターで映す（タブレットやPCで共有する）などの手立てもある。学習過程を生かして記述しているものを取り上げて、全体に紹介してもよい。

7 ごんぎつね
12時間
準備物：なし

● ごんのつぐないの変化について考える

　ごんは、兵十に対して「いわし→投げこむ」「くり→置いて帰る」「くり→持ってきてやる」「くり・松たけ→持っていく」「くり→土間にかためておく」などと、つぐないが変化していったことをとらえさせましょう。置き方が丁寧になったこと、置く場所や人との距離がだんだん近くなっていることが見えてきます。兵十に喜んでほしい、兵十に気付いてほしい、兵十と分かり合いたいなどと、同じつぐないでも気持ちがだんだん強くなっていることをとらえさせましょう。

● かげぼうしをふみふみ行く理由を考える

　4場面と5場面を比較すると、5場面の方がより距離が近くなっていて、「気付いてほしい」「話を聞きたい」気持ちが高まってきていることをとらえさせていきましょう。

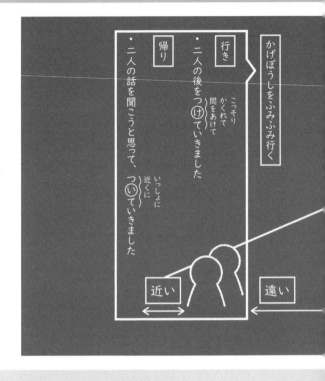

❶ ごんがいたずらをする理由を考える

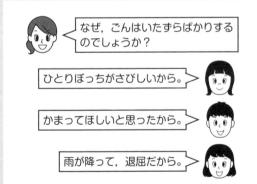

　「畑へ入っていもをほり散らす」「菜種がらのほしてあるのへ火をつける」「百姓家のうら手につるしてあるとんがらしをむしり取っていく」など、ごんがどんないたずらをしたのかをとらえさせる。ごんのいたずらは、百姓が育ててきた大切な作物をめちゃくちゃにする悪質なものであり、百姓にとっては、自分たちの苦労が水の泡になり、生活が脅かされるものであることもとらえさせたい。

❷ ごんが後悔した理由を考える

　表面的な考えしか出てこない場合、「ごんは、今までにも、菜種がらのほしてあるのへ火をつけるなどのいたずらをたくさんしてきたのではないですか？」と問い返すのも一つの方法である。ごんは、ひとりぼっちの小ぎつねで母親がいない。うなぎを盗んだことにより兵十の母親への思いを台なしにしてしまったことを後悔しているというような考えを引き出すことができたら最高である。

| 本時の目標 | ・叙述をもとに，ごんの「いたずら」「後悔」「つぐない」などの心情変化と感想について考えることができる。 | 本時の評価 | ・叙述をもとに，ごんの「いたずら」「後悔」「つぐない」などの心情変化と感想について考えている。 |

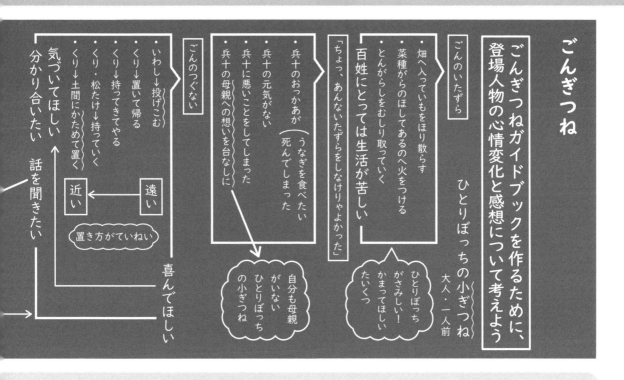

❸ ごんのつぐないの仕方の変化を考える

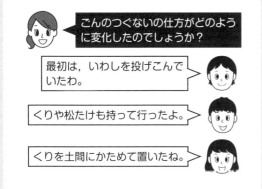

　「いわし→投げこむ」「くり→置いて帰る」「くり→持ってきてやる」「くり・松たけ→持っていく」「くり→土間にかためて置く」など，置き方が丁寧になったこと，置く場所や人との距離がだんだん近くなっていることが分かる。兵十と分かり合いたいと，同じつぐないでも，気持ちがだんだん強くなっていることをとらえさせたい。

❹ ごんがかげぼうしを…の理由を考える

 なぜ，ごんは兵十のかげぼうしをふみふみ行ったのでしょうか？

 くりや松たけを届けているのは自分だということに気付いてくれることに期待しているからだと思います！

　4場面の「二人の後をつけていきました」と5場面の「二人の話を聞こうと思って，ついていきました」を比較させていく。5場面の方がより距離が近くなっていて，「気付いてほしい」「話を聞きたい」気持ちが高まってきていることをとらえさせたい。

第7時　37

8 ごんぎつね
12時間

準備物：なし

● ごんの心情変化について考える

　ごんの心情変化をとらえるために，「ぐったりと目をつぶったままうなずいたごんは，どんなことを考えていたのでしょうか」という発問をします。「やっと分かってくれた」などのプラスの意見と「もっと早く気付いてくれれば」などのマイナスの意見が出るでしょう。その時，「そんなごんの思いを兵十が分かってくれたから，『うれしさ』でごんの気持ちをまとめていいのか」と問い返します。「うれしくもあり，悲しくもある」という意見を引き出し，まとめていきます。

● 兵十の視点から考える

　「なぜ，兵十は火縄銃をばたりと取り落としたのでしょうか？」と兵十の視点から考えさせることで，兵十の「後悔」の心情をとらえさせていきます。

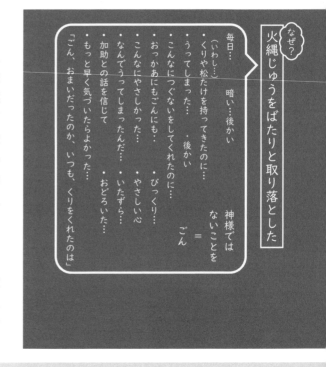

火縄じゅうをばたりと取り落とした　なぜ？

毎日…　暗い…後かい
（いわし…）くりや松たけを持ってきたのに…
うってしまった…・後かい
こんなにつぐないをしてくれたのに…
おっかあにもごんにも…
こんなにやさしかった…
なんてうってしまったんだ…
加助との話を信じて
もっと早く気付いたらよかった…
「ごん，おまいだったのか，いつも，くりをくれたのは」

ごん ＝ 神様ではないことを

・後かい　・びっくり　・やさしい心　・いたずら　・おどろいた…

❶ ごんが兵十の家へ行った理由を考える

なぜ，その明くる日も，ごんはくりを持って兵十のうちへ出かけたのでしょうか？

ひどいことをしてしまった申し訳ないというつぐないの気持ちかな？

それもあるし，本当の自分に気付いてほしいという気持ちもあるんじゃない？

❷ ぐったりと…なごんについて考える

ぐったりと目をつぶったままうなずいたごんは，どんなことを考えていたのでしょうか？

やっと分かってくれたという思いがあると思います！

どうして撃たれたの？　もっと早く気付いてくれればという思いもあるかな？

　「なぜ，その明くる日も，ごんはくりを持って兵十のうちへ出かけたのでしょうか？」は，ごんの「いたずら」「後悔」「つぐない」など本文全体の流れを見直すための発問である。「ひどいことをしてしまった」「申し訳ない」などのつぐないの気持ちや本当の自分に気付いてほしい気持ちなどを意見交流の中で出していきたい。

　この発問を通して，「やっと分かってくれた」などのプラスの意見と「どうして撃たれたの」「もっと早く気付いてくれれば」などのマイナスの意見が出されることが予想される。その時，「そんなごんの思いを兵十が分かってくれたから，『うれしさ』でごんの気持ちをまとめていいのか」と問い返す。「うれしくもあり，悲しくもある」というような意見を出したい。

| 本時の目標 | ・叙述をもとに，目をつぶったままうなずくごんまでの心情変化と感想について考えることができる。 | 本時の評価 | ・叙述をもとに，目をつぶったままうなずくごんまでの心情変化と感想について考えている。 |

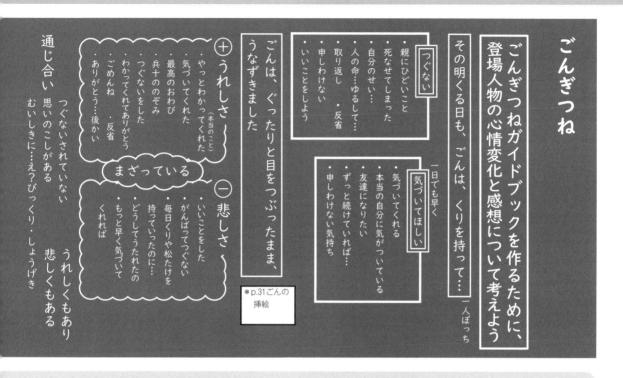

❸兵十が火縄銃を落とした理由を考える

　なぜ，兵十は火縄銃をばたりと取り落としたのでしょうか？

　こんなにつぐないをしてくれたのにという後悔の気持ちが大きいと思います！

　くりを届けてくれたのがごんだったことに気付き，本当の意味での「心の通じ合い」があったからだと思います！

「なぜ，兵十は火縄銃をばたりと取り落としたのでしょうか？」は，兵十の視点から考えるための発問である。「こんなにつぐないをしてくれたのに」などの「後悔」の気持ちをとらえさせたい。くりなどを届けてくれたのは，ごんだったことに衝撃を受け，本当の意味での「心の通じ合い」があったというような意見が出されることが予想される。

❹ガイドブックにごんの心情変化と感想を書く

　ごんの心情変化と感想の中心文を書きましょう。

　意見交流を生かして，中心文を書こう！ガイドブックの完成に近付いてきたね！

ぐったりと目をつぶったままうなずいた「くやしい気持ち」と「つぐないに気付いてもらえたうれしい気持ち」を記述することができるようにしていきたい。また，「2人の心のすれちがい」から「心の通じ合い」への心情変化が記述されるなど，「登場人物の性格や気持ちの変化」の観点に基づいて記述することができるようにしていく。

第8時　39

9・10 (12時間) ごんぎつね

準備物：上質紙（中厚）

● **ガイドブックのよさや工夫点を考える**

「あらすじ」「ごんと兵十の人物像」「ごんの心情変化と感想」などの単元を通して学習してきたことを，よさや工夫点としてとらえていけるとよいでしょう。また，一人一人がとらえたよさや工夫点を交流し，推敲につなげていきましょう。

● **下書きを推敲する**

「ごんぎつねガイドブック」をよりよくしたいという思いと図書館の来館者に見てほしいという意識を高め，「誤字脱字」「符号」関係はもちろん，友達の作品のよさや工夫点を自分の表現に取り入れて推敲できたらよいでしょう。

> 登場人物の行動・会話・様子を読む人に伝わりやすく整理して書くとよい
>
> ◇交流を生かして、よりよく「ごんぎつねガイドブック」を直してみよう
> ◇よいところ・直したところを生かして清書しよう

❶ 下書きを読み合い，工夫点を考える

よりよい「ごんぎつねガイドブック」にするために，お互いに下書きを読み合ってみましょう。

「いたずら」「後悔」「つぐない」などのキーワードをもとにあらすじを上手にまとめたね。

ごんの人物像を，教科書の言葉を上手に使って分かりやすくまとめたね！

　下書きを読み合うことで，友達のガイドブックのよさに目を向け，自分のガイドブックの推敲に生かせそうな表現を見付けさせたい。「いたずら」「後悔」「つぐない」などというキーワードに着目する子どももいるだろう。自分のガイドブックも友達のガイドブックもよりよくしていこうという意識をもたせて，読み合っていきたい。

❷ 友達の文章のよさ・工夫点を交流する

友達の「ごんぎつねガイドブック」のよいところや工夫しているところ，改善点を交流しましょう。

兵十の人物像について，行動や会話に注目していていいね！

ごんの心情変化の理由をもう少し詳しく知りたいね！

　主に，「符号」に関するミス，文章のねじれ，伝わりにくい表現等が，改善点の中心になるのではないかと考えられる。❶で発見したよさや工夫点，例えば，「構成」「分かりやすい表現」などをたくさん見付けて，「ごんぎつねガイドブック」をさらによくするという意味でも，自分の表現に取り入れることができたら最高である。

| 本時の目標 | ・「ごんぎつねガイドブック」の下書きを推敲し、清書することができる。 | 本時の評価 | ・「ごんぎつねガイドブック」の下書きを推敲し、清書している。 |

ごんぎつね

ごんぎつねガイドブックの下書きをよりよくしよう

◇よい点・工夫している点
○構成
・「あらすじ」
　↓「いたずら」「後かい」「つぐない」などのキーワードを書いている
○分かりやすい表現
　↓ごんの心情変化について、登場人物の行動・会話などをもとにして、理由などの説明がくわしく書かれている

◇直した方がよい点
・「あらすじ」の文章の後半を整理した方がよい
・符号
・誤字脱字
・接続詞
・文章のつながり

---

❸ 自分の下書きを推敲する

交流したことをもとに、自分の下書きを見直して、よりよくしましょう。

ごんの心情変化のここの部分が分かりにくかったので、○○さんのアドバイスを生かして直してみよう。

あらすじの後半の文を整理した方がいいね。

▶

❹ 下書きをもとに清書する

よりよく書けた下書きを生かして、清書しましょう。

ここに、読点が抜けていたから、しっかりと入れなければならないね。

さっき、直したところに気を付けて清書しよう。

　「さっき、○○さんが言っていた△△をもう少し詳しく書いてみようかな」等の内容面に関すること、「確かに、○○さんが言うように順番を逆にした方がいいかもしれない」等の構成面に関することの大きく２点について推敲する。友達の報告する文章を読んで、取り入れたい表現や視点があったら取り入れてよいことを伝え、その場で価値付けていきたい。

　「早くみんなに紹介したいな！」「どんな感想をもらえるのか楽しみ！」「最初は書き方がよく分からなかったけど、けっこう上手に書けたと思う」というような前向きな気持ちで清書に向かわせていきたい。単元の学習計画を意識して学習してきたので、清書に今までの学習を生かすことができたという達成感・成就感を味わわせたい。推敲してよくなった記述を見付けて、価値付けていく。

11/12時間 ごんぎつね

準備物：感想を書くカード

●感想の書き方を考える

「自分だったら，どんな感想を書いてもらえるとうれしいのか」「自分だったら，どんな感想を書いてもらえると，『ごんぎつねガイドブック』を書いてよかったと思えるのか」を手がかりに感想の書き方を考えていきます。例えば，「紹介してもらったメッセージを受け取ったよ」ということを表現できるようにしましょう。

●感想を書き，交流し合う

感想の書き方を考えた時に，みんなで共通理解を図った観点を意識して感想を書くようにする。そうすることで，本単元の達成感・成就感を味わうことができます。

```
◇単元のふり返り
・ガイドブックを書いてよかった！
・ガイドブックの紹介は楽しい！
・ガイドブックの書き方が分かった
・ガイドブックの気持ちを分かってもらえてうれしい
```

---

❶メッセージカードの書き方を考える

自分だったら，どんな感想を書いてもらえるとうれしいですか？

○○が分かりやすいなど，自分が書いたことが相手に伝わると嬉しいです。

全員が，「ごんぎつねガイドブック」を書いているので，書き手・読み手の両方の立場の気持ちが分かるはずである。導入で，自分がもらってうれしい感想の書き方に対する意識を高めたい。「○○が分かりやすいなど，自分が書いたことが相手に伝わったということだね」など，「紹介してもらったメッセージを受け取ったよ」ということを表現できるようにしたい。

❷ガイドブックを読み合い，感想を書く

「ごんぎつねガイドブック」を読んだ感想をカードに書きましょう。

書きたいことがいっぱいあるよ！

○○さんは，あらすじの説明の仕方が上手だよね！

どんな感想を書いてくれるのか楽しみだね！

例えば，❶で学習した「自分だったら，どんな感想を書いてもらえると嬉しいかな？」「自分だったら，どんな感想を書いてもらえると，『ごんぎつねガイドブック』を書いてよかったと思えるかな？」などの観点や「紹介してもらったメッセージを受け取ったよ」ということを示すなどの観点を意識するとよい。

| 本時の目標 | ・友達が書いた「ごんぎつねガイドブック」を読み合い、感想を書いて伝えることができる。 | 本時の評価 | ・友達が書いた「ごんぎつねガイドブック」を読み合い、感想を書いて伝えている。 |

ごんぎつね

メッセージカードを書いて、感想を交流しよう

◇ メッセージカードの書き方を考える
○「自分だったら、どんな感想を書いてもらえるとうれしいかな?」
○「自分だったら、どんな感想を書いてもらえると、『ごんぎつねガイドブック』を書いてよかったと思えるかな?」
◇「紹介してもらったメッセージを受け取ったよ!」
◇ メッセージカードに感想を書く
◇ 感想を交流する
◇「下書きを読んだときよりも、分かりやすくなっているよ」
「ごんの心情変化の部分が、くわしくて分かりやすいです」

❸ ガイドブックの感想を交流し合う

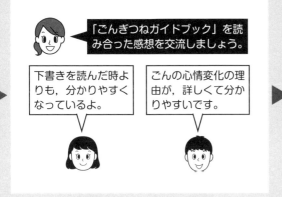

❹ 成長を実感できる振り返りをする

「ごんぎつねガイドブック」を書く学習をしてみてどうでしたか?

最初は、書き方が分からなかったけど、モデルを見たり、みんなで話し合ったりして、「ごんぎつねガイドブック」が書けたよ。

感想に、△△さんのごんの人物像の説明がとても分かりやすいと書いてもらえてうれしかったわ。

　例えば、「下書きを読んだ時よりも、分かりやすくなっているよ」など、前と比べてよりよくなったということや「ごんの心情変化の理由が、詳しくて分かりやすいです」など、内容面が充実していることなど、今までの学習を生かすことができたという達成感・成就感を味わわせたい。振り返りの場面では、教師からの価値付けはもちろん子ども同士でよさや工夫点を語り合えるとよい。

　「最初は、書き方が分からなかったけど、モデルを見たり、みんなで話し合ったりして、『ごんぎつねガイドブック』の書き方が分かった」という内容面の振り返りや「感想に、△△さんのごんの人物像の説明がとても分かりやすいと書いてもらえてうれしかった」という意欲面の振り返りが出されるとよい。今までの学習を生かすことができたという達成感・成就感を味わわせたい。

［コラム］言葉を分類しよう

準備物：なし

● **言葉の分類をとらえる**

便せん，博物館，音楽会などは「物や事を表す言葉」，立つ，すわる，書くなどは「動きを表す言葉」，うれしい，大きい，浅い，静かだなどは，「様子を表す言葉」であることを，言葉を分類することを通してとらえていきます。

● **言葉の分類をとらえる力を活用する**

本時では，全員が言葉の分類をとらえるだけではなく，文章中でも「言葉の分類をとらえる力」を活用できるようにしていきたいです。そのためには，「ごんぎつね」や言葉集めの中でも「物や事を表す言葉」「動きを表す言葉」「様子を表す言葉」を見つけたり，書き出したりできるようにしていきます。

◇言葉集めでは……
「物や事を表す言葉」→本・おすし・車・大会……
「動きを表す言葉」→走る・泳ぐ・笑う・飛ぶ……
「様子を表す言葉」→楽しい・おいしい・幸せだ……

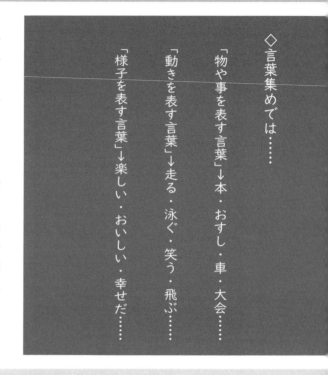

❶ **仲間分けをする①**

「立つ・すわる・書く・便せん」（と板書をする）

仲間外れはどれですか？

「便せん」が仲間外れだよ。「便せん」は，「物を表す言葉」だからだよね。他は，「動きを表す言葉」だね。

授業開始後，いきなり「立つ・すわる・書く・便せん」と板書し，今日は，このような言葉について学習することを伝える。板書を見て，子どもたちからの反応がない場合には，教師側から「仲間外れはどれですか？」と発問してもよい。子どもたちから出される「『便せん』が仲間外れだよ。『便せん』は，『物を表す言葉』だからだよね」「他は，『動きを表す言葉』だね」のような発言を称賛したい。

❷ **仲間分けをする②**

「便せん・博物館・音楽会・うれしい」（と板書とする）

仲間外れはどれですか？

「うれしい」が仲間外れで，「様子を表す言葉」だからだね。他は，「物や事を表す言葉」だね。

板書を見て子どもたちから反応がない場合には，教師側から「仲間外れはどれですか？」と発問してもよい。子どもたちから出される「『うれしい』が，仲間外れで，『様子を表す言葉』だからだね」「他は，『物や事を表す言葉』だね」のような発言を称賛したい。「物や事を表す言葉」「動きを表す言葉」「様子を表す言葉」とは，どのようなものかを理解できるようにしていく。

本時の目標	・言葉の分類について理解し，適切に使用することができる。	本時の評価	・言葉の分類について理解し，適切に使用している。

[コラム] 言葉を分類しよう

言葉の分類について考えよう

＊p.35上段6～11行目言葉の分類の例

◇ごんぎつねでは……

「物や事を表す言葉」→兵十・井戸・麦・けむり……

「動きを表す言葉」→歩く・のぞく・かくれる……

「様子を表す言葉」→赤い・青い・細い・元気だ……

❸言葉の分類をとらえる力を活用する①

ごんぎつねの中に「物や事を表す言葉」「動きを表す言葉」「様子を表す言葉」は出てきましたか？

「物や事を表す言葉」は，兵十・井戸・麦・けむりなどだね。「動きを表す言葉」は，歩く・のぞく・かくれるなどだね。「様子を表す言葉」は，赤い・青い・細い・元気だなどだね。

▶ 前時までに学習してきた「ごんぎつね」の学習材の中で，言葉の分類をとらえる力を活用していく。「『物や事を表す言葉』は，兵十・井戸・麦・けむりなどだね。『動きを表す言葉』は，歩く・のぞく・かくれるなどだね。『様子を表す言葉』は，赤い・青い・細い・元気だなどだね」等，子どもたち一人一人の考えや発見を大切にしながら，授業を進めていきたい。

❹言葉の分類をとらえる力を活用する②

他に，「物や事を表す言葉」「動きを表す言葉」「様子を表す言葉」で思い付く言葉は，ありますか？

「物や事を表す言葉」は，本・おすし・車・大会などだね。「動きを表す言葉」は，走る・泳ぐ・笑う・飛ぶなどだね。「様子を表す言葉」は，楽しい・おいしい・幸せだなどだね。

▶ 言葉集めをする中で，言葉の分類をとらえる力を活用していく。「『物や事を表す言葉』は，本・おすし・車・大会などだね。『動きを表す言葉』は，走る・泳ぐ・笑う・飛ぶなどだね。『様子を表す言葉』は，楽しい・おいしい・幸せだなどだね」等，子どもたち一人一人の考えや発見を大切にしながら，授業を進めていきたい。言葉集めができたという達成感を味わわせたい。

漢字を正しく使おう

2時間

1 単元目標・評価

- 漢字と仮名を用いた表記，送り仮名の付け方を理解して文や文章の中で使うことができる。（知識及び技能(1)ウ）
- 3年生までに配当されている漢字を読むことができる。また，3年生までに配当されている漢字を書き，文や文章の中で使うとともに，4年生に配当されている漢字を漸次書き，文や文章の中で使うことができる。（知識及び技能(1)エ）
- 言葉がもつよさに気付くとともに，幅広く読書をし，国語を大切にして，思いや考えを伝え合おうとする。（学びに向かう力，人間性等）

知識・技能	漢字と仮名を用いた表記，送り仮名の付け方を理解して文や文章の中で使っている。((1)ウ) 3年生までに配当されている漢字を読むことができる。また，3年生までに配当されている漢字を書き，文や文章の中で使うとともに，4年生に配当されている漢字を漸次書き，文や文章の中で使っている。((1)エ)
主体的に学習に取り組む態度	進んで同音異義語や送り仮名の付け方などについて理解し，これまでの学習を生かして，漢字を文や文章の中で使おうとしている。

2 単元のポイント

言語活動

　本単元では，同音異義語と送り仮名，いろいろな読み方をもつ漢字を扱いながら，漢字に親しむことが目標となる。しかし，漢字を正しく使うために，教師から一方的に教えるだけの学習になると，子どもたちも飽きてしまう。そこで，本単元では，できるだけ子どもたちが主体的に学習できるように，国語辞典の活用と短文作りを行う。

　タブレットの活用により，日常的に辞書を使う機会が減ってきている。楽しみながら辞書を活用することで，辞書に親しみを感じてほしい。短文作りは使える語彙力の育成にとても有効な学習方法である。意味を調べた後，文章にすることで，本当にその言葉の意味を理解することができる。短文作りは苦手な子どもが多いが，何度も練習することで，だんだんとできるようになる。継続して取り組みを続けさせたい。

46　漢字を正しく使おう

3 学習指導計画（全2時間）

次	時	目標	学習活動
一	1	・同音異義語について理解して文や文章の中で使うことができる。	○先生の問題を解く。 ○国語辞典から同音異義語を見付ける。 ○短文を作る。 ○問題を友達と交流する。
	2	・送り仮名の付け方を理解して文や文章の中で使うことができる。	○先生の問題を解く。 ○送り仮名の違いについて考える。 ○いろいろな読み方をもつ漢字を読む ○単元の振り返りを行う。

学びを発展させる

　本単元では，漢字を扱います。1時間目は同音異義語，2時間目は送り仮名といろいろな読み方をする漢字です。三つとも，調べてみるととてもたくさんの漢字があります。それぞれ，これからの国語の学習の中ではとても大切な学習です。同音異義語やいろいろな読み方をする漢字は，中学校でも学習しますし，送り仮名は中学校の文法につながります。しかし，授業の中で扱えるものには限りがあります。

　そこで，子どもたちが主体的に漢字を調べてみることが大切になります。国語辞典やインターネットを使うとてもたくさんの言葉が出てきます。自主学習などの自由な宿題で出してもいいかもしれません。下校の前の学級の時間に，「同音異義語クイズ」などを子どもたちに出させてもいいかもしれません。つまり，子どもたちが主体的に漢字に向き合い，遊びながら様々な漢字に出会っていく場づくりが重要です。

　「授業は学びの入り口」という言葉があります。授業ですべての学びを完結させるのではなく。授業を終えてから子どもたちの主体的な学びが始まるという考えです。そのためには，自由に学びを広げる場づくりと，子どもたちへの適切な支援が重要です。

　子どもたちが主体的に学びに向き合い，より多くの言葉に出会う国語の授業を，子どもたちと一緒に創り上げたいものです。

漢字を正しく使おう

準備物：なし

●国語辞典を使う

　本時では，国語辞典を使って同音異義語を探します。自分で知っている同音異義語があればそれを調べてもよいし，国語辞典をパラパラめくりながら偶然に発見するのもよいでしょう。自分で見付けた同音異義語は，いつまでも覚えているものです。その後，見付けた同音異義語を使って短文を作ります。「一文の中に，できるだけたくさんの同音異義語を入れるといいですね」などと声をかけ，子どもたちのやる気を高めます。

●問題を作る

　短文を作った後は，それを問題にして友達と交流します。友達に，自分が作った問題を解いてもらい，丸付けをし，友達の問題に回答し，丸付けをしてもらいます。友達が作った問題は，子どもたちにとっては身近で価値がある問題です。

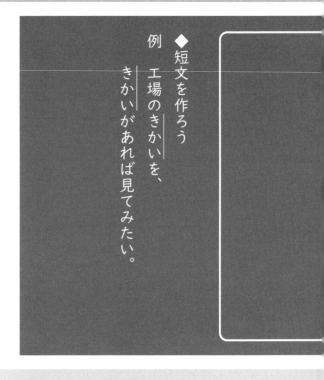

◆短文を作ろう
例　工場のきかいを、きかいがあれば見てみたい。

❶先生の問題を解く

❷国語辞典から同音異義語を見付ける

　まず，「英語いがいの言語も，いがいにかんたんだった。」などと問題を提示し，かなで書くと同じになる言葉に着目させる。そして，国語辞典で意味を引かせ，「以外…ある物事を除くこと／意外…思っていた状態と違っていること」などと，意味の違いについて確認する。「誰か短文を作れる人？」などと聞いて短文を作らせると，後の学習にもつながる。

　国語辞典を使って，同音異義語を探させる。知っている言葉があれば，それを調べさせてもよいし，国語辞典をパラパラとめくって見付けさせてもよい。見付けたものは，黒板に書かせるとよい。「開ける一空ける一明ける」などと書かせると分かりやすい。友達が見付けた言葉に付け加えさせてもよい。なかなか見付けられない子には，教科書p.36を参考にさせるとやりやすい。

本時の目標	本時の評価
・同音異義語について理解して文や文章の中で使うことができる。	・同音異義語について理解して文や文章の中で使っている。

漢字を正しく使おう

> かなで書くと同じになる言葉を見つけよう

◆下線部を漢字に書きかえよう

英語いがいの言語も、いがいにかんたんだった。
・以外…ある物事を除くこと
・意外…思っていた状態と違っていること

◆かなで書くと同じになる言葉を見つけよう

子どもが見つけた言葉を書く
空く―開く
機械―機会

---

❸ 短文を作る

みんなで見付けた言葉を使って、短文を作りましょう。
条件は三つ。
①一文であること。
②二つ以上使うこと。
③習っていない漢字はできるだけ使わないこと。

見付けた言葉を、できるだけたくさん使いたいな。

　見付けた同音異義語を使って短文作りを行う。自分が見付けたものでもよいし、黒板に書かれているものでもよい。この後、作った短文を使って問題にするため、できるだけ習った漢字で問題作りを行いたい。短文を作れない子は、教科書p.36の文章や国語辞典の例文を参考にさせる。また、グループで協力して短文を作らせるのもよい。

❹ 問題を友達と交流する

では、みんなが作った短文を問題にして友達と交流しましょう。

　最後に、各々が作った短文の同音異義語の部分をひらがなにして、問題文にする。タブレットを使って全体共有をしてもよいし、1人1枚の画用紙に問題を書き、交流してもよい。最後に、「みんなが間違いやすい問題はどれでしょう?」などと投げかけると、子どもたちの漢字を覚える意識が高まる。子どもたちが作った短文をもとに、テストを作ってもよい。

2 漢字を正しく使おう
（2時間）
準備物：なし

● 日本語を振り返る

　子どもたちは，毎日当たり前のように日本語を使っています。「書かない」「書きます」「書くとき」「書けば」などと，「書く」の活用については，日常で自由に使っています。しかし，それを意識して考えたことはありません。中学校に行くと，「書く」の五段活用などと学習しますが，本時では中学校の学習につながるように，送り仮名に着目します。つまり，自覚なく使っている日本語を振り返ることが本時の目標になります。「集まる」と「集める」も同じです。子どもたちは，日常で使い分けています。しかし，送り仮名のたった一文字が変わるだけで意味が大きく変わることに子どもたちは驚きます。自分たちが当たり前のように使っている日本語を振り返り，少し意識をすることが本時の大きな目標になります。

① 黒板を消す―板前のしゅぎょう
② 幸せな家族―幸い助かった
③ 料理の味見―正義の味方

❶先生の問題を解く

次の文に合う送り仮名を書きましょう。
①書□ない　②書□ます
③書□　　　④書□とき
⑤書□ば　　⑥書□！(命令)

同じ「書く」なのに送り仮名が変わるのかな。

①□ない　②□ます　③□
④□とき　⑤□ば　⑥□！(命令)
のように送り仮名が変わるものを見付けてみましょう。

　送り仮名が変わることに着目させるために，問題を出す。
①書□ない　②書□ます　③書□
④書□とき　⑤書□ば　⑥書□！(命令)
は「書く」の五段活用である。□に入る言葉に着目すると，「か，き，く，く，け，け」などとなり面白がる子どもも多い。他にも「飲む」「聞く」などがある。

❷送り仮名の違いについて考える

　「公園に集□る」という問題を提示し，□に入る二つの送り仮名を確認し，「集める」と「集まる」の意味の違いについて考える。
　教科書 p.37 の問題などを提示し，漢字と送り仮名を書かせ，意味の違いについて確認する。

本時の目標	・送り仮名の付け方を理解して文や文章の中で使うことができる。	本時の評価	・送り仮名の付け方を理解して文や文章の中で使っている。

漢字を正しく使おう

様々な漢字の問題に答えよう

◆送りがな①
① 書□ない　か
② 書□ます　き
③ 書□　　　く
④ 書□とき　く
⑤ 書□ば　　け
⑥ 書□！（命令）け

◆送りがな②
公園に集まる
公園に集める

◆いろいろな読み方をもつ漢字

---

❸ いろいろな読み方をもつ漢字を読む

漢字にはいろいろな読み方をする漢字があります。読んでみましょう。
① 黒板を消す―板前のしゅぎょう
② 幸せな家族―幸い助かった
③ 料理の味見―正義の味方
他にも見付けてみましょう。

　いろいろな読み方をする漢字の問題を出す。上記の他にも，
・電柱にぶつかる―古い柱時計
・長い物語―荷物をまとめる
・前例のない記録―昔話に例える
など，たくさんある。国語辞典を使い，子どもたちに見付けさせてもよい。

❹ 単元の振り返りを行う

これまで，「かなで書くと同じになる言葉」「送りがな」「いろいろな読み方をもつ漢字」について学習しました。心に残ったことやこれからがんばりたいことを交流しましょう。

　最後に，単元の振り返りを行う。本単元では，「かなで書くと同じになる言葉」「送りがな」「いろいろな読み方をもつ漢字」の三つを扱った。いずれも，誤答をしやすいものである。「心に残ったものを家でも調べてみましょう」などと，より漢字に親しむように子どもたちの関心を広げていきたい。

第2時　51

秋の楽しみ

（2時間）

1 単元目標・評価

- 言葉には性質や役割による語句のまとまりがあることを理解し，語彙を豊かにすることができる。（知識及び技能(1)オ）
- 経験したことや想像したことなどから書くことを選び，伝えたいことを明確にすることができる。（思考力，判断力，表現力等 B(1)ア）
- 言葉がもつよさに気付くとともに，幅広く読書をし，国語を大切にして，思いや考えを伝え合おうとする。（学びに向かう力，人間性等）

知識・技能	言葉には性質や役割による語句のまとまりがあることを理解し，語彙を豊かにしている。（(1)オ）
思考・判断・表現	「書くこと」において，経験したことや想像したことなどから書くことを選び，伝えたいことを明確にしている。（B(1)ア）
主体的に学習に取り組む態度	言葉がもつよさを認識するとともに，進んで読書をし，国語の大切さを自覚して思いや考えを伝え合おうとしている。

2 単元のポイント

教材の特徴

　本単元は，行事を通して語彙を豊かにすることが大きな目標となる。語彙を豊かにするとは，その言葉を知っているだけでは十分ではない。例えば，本単元では，「お月見」という言葉が扱われる。その言葉の意味を理解するだけでなく，お月見をしている時に聞こえてくる虫の声やお団子の味，すすきを揺らす風など，お月見をする時に五感で感じることを含めて理解することが求められる。つまり，言葉を知っているということは，言葉の意味とともに，言葉がもつ空気を五感で感じることが必要となる。しかし，住んでいる場所によっては体験できないこともある。写真や動画などの視覚教材や，お団子やすすきの実物を提示しながら，少しでもその言葉が身近に感じられるような工夫をしたい。お月見という言葉を授業で学んだ後，家に帰って「みんなでお月見をしよう！」と家族に声をかける姿があればうれしい。それは，言葉を通して子どもの世界を広げることになり，より実感を伴いながら言葉を増やしていくことにつながる。言葉がもつ伝統的な空気をも感じられる授業を目指していきたい。

52　秋の楽しみ

3 学習指導計画（全2時間）

次	時	目標	学習活動
一	1	• 秋の行事に関係する言葉を集めることができる。 • 秋の行事に興味をもとうとする。	○秋の行事にかかわる言葉を集める。 • 写真や実物を使い，秋の行事を紹介する。 • タブレットを使い，秋の行事にかかわる言葉を調べる。 • 調べたことをクイズにして出し合う。 • 秋の七草や短歌を紹介し，自分が好きな秋の行事を決める。
	2	• 好きな秋の行事について，手紙を書くことができる。 • 秋の行事に興味をもとうとする。	○好きな秋の行事について手紙を書く。 • 好きな行事について言葉を書き出す。 • 手紙を書く対象を決め，手紙の書き方を確認する。 • 手紙を書く。 • 友達と読み合う。

手紙を書く

　4年生の「季節の言葉」のコーナーでは，季節の行事を通して語彙を広げる学習をします。言語活動として，春は説明書を書き，夏は俳句を作りました。そして，秋は手紙を書きます。手紙の中に，秋の言葉を散りばめながら書くことが求められます。教科書の手紙の例でも，「たくさんのだしが出て」とあるだけで，秋祭りのイメージが広がります。このように，言葉には季節や行事のイメージを広げる役割があります。季節の語彙を豊かにして，その言葉を使って手紙を書くよさを感じられるような授業の展開が求められます。

　また，地域の行事の他に学校の行事にも季節を感じられるものがあります。秋に運動会や学芸会を実施する学校は，地域にとって運動会や学芸会が秋の風物詩になります。「徒競走」「玉入れ」「赤白帽」などの言葉も秋を感じられる言葉になるかもしれません。教科書に示されている行事や言葉を参考にしながら，学校のある地域の文化や行事から言葉を見付けていくことが大切です。

　手紙を書くためには相手意識が重要です。2時間目には，手紙を書く対象を決めます。学校によっては，地域の方を招いた秋祭りを実施することもあるでしょう。本単元では，手紙を書く学習をします。「運動会に地域の方を招く招待状を書こう」などと，運動会や秋祭りなどの行事に地域の方を招くための招待状を作る学習も可能です。実際に自分が書いた手紙が，相手に届くことは学びの動機の一つになります。

単元について　53

1 / 2時間 秋の楽しみ

準備物：黒板掲示用資料，タブレット，模造紙か画用紙

● おすすめの秋の言葉を紹介する

　言葉見付けをした後，おすすめの秋の言葉を決めて紹介します。次時にお手紙を書く時に，選んだ行事の楽しさも合わせて書かなくてはいけません。おすすめの秋の言葉を紹介し，それを聞き合うことで，行事や言葉のイメージが広がり，その行事でやりたいことや見たいことが明確になり，手紙が書きやすくなります。

● イメージマップを交流する

　❸のイメージマップの交流の時に，各グループのイメージマップを自由に見回る時間を設定することが有効です。その時に，班に1人は自分たちが書いたイメージマップを説明する人を決めることで，その言葉の意味を説明させることができます。

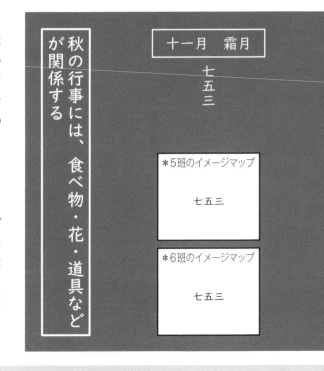

秋の行事には、食べ物・花・道具などが関係する

十一月　霜月

七五三

＊5班のイメージマップ

七五三

＊6班のイメージマップ

七五三

❶秋の行事を思い出す

> 9月から11月までが秋です。二つの短歌を紹介します。（写真を示して）秋にはこんな景色がたくさんあります。先生が秋の行事の写真などをまとめましたので，紹介します。

> 先生のおすすめの秋の言葉は，「月見だんご」です。夜が涼しくなって，虫の音を聞きながらお団子を食べたいからです。

　「秋の野に〜」「ちはやぶる〜」の二つの短歌を読み，その景色の写真を見せる。そして，「お月見」や「もみじがり」「秋祭り」などの写真を見せて，秋の行事を思い出させる。写真を見せたら，どんな秋の行事を知っているかを聞く。そして，教師が，「おすすめの秋の言葉」を紹介する。あとで子どもたちにも紹介させるので，見本として行う。おすすめの言葉とその理由について話をする。

❷秋の言葉を調べる

> タブレットを使って，行事につながる言葉を調べ，イメージマップを作りましょう。その言葉の意味が分かるような写真も探しましょう。あとで，その中からおすすめの秋の言葉を紹介してもらいます。

> ぼくの班は「お月見」が担当だね。

　班ごとに調べる行事を決め，タブレットを使って秋の行事につながる言葉とその意味を調べ，模造紙にイメージマップを書かせる。イメージマップを初めて書かせる場合は，書き方の説明をする。あとで，「おすすめの秋の言葉」を紹介することを伝える。タブレットが使えない場合は，本や資料を用意して，そこから言葉を探させる。

本時の目標	・秋の行事に関係する言葉を集めることができる。 ・秋の行事に興味をもとうとする。	本時の評価	・秋の行事に関係する言葉を集めている。 ・秋の行事に興味をもとうとしている。

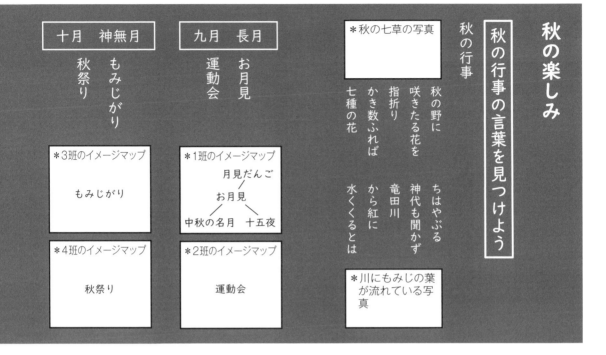

❸おすすめの言葉を紹介する

見付けた言葉の中から「おすすめの言葉」を決めましょう。どうしてその言葉がおすすめかも説明しましょう。

私は、「もみじがり」がおすすめです。もみじが散って、赤いじゅうたんのような秋の道を歩くのがおすすめだからです。

　班で「おすすめの秋の言葉」を決めて、紹介させる。可能なら、おすすめの秋の言葉と関連する写真を、タブレットで見せながら紹介させる。写真と言葉で秋の行事を感覚的にとらえることができる。また、イメージマップを見ながら、おすすめ以外の秋の言葉も紹介する。自由に各グループのイメージマップを見る時間を取ってもよい。

❹自分の好きな秋の行事を決める

次の時間に好きな行事の楽しさを知らせる手紙を書きます。どの行事が好きですか？

私は、家族にお月見の楽しさを伝えて、みんなでお月見したいな。

自分が選んだ行事について、お家で調べてきましょう。

　最後に、好きな秋の行事を聞き、次時に手紙を書くことを確認する。時間があれば、教科書に掲載されている二つの短歌や、秋の七草をみんなで音読してもよい。秋の七草は春の七草に比べるとあまり知られていないので、覚えさせてもよい。宿題として、自分が選んだ秋の行事について調べさせておくことで、手紙を書く時に書きやすくなる。

秋の楽しみ

2／2時間

準備物：黒板掲示用資料，タブレット

●二つの手紙を比較する

手紙を書く前に，よりよい手紙の書き方を考えるため，二つの手紙を比較する学習をします。比較を通して，手紙を書く型と具体的な一文があることで，よりイメージが豊かになることを明らかにします。秋の言葉がたくさん散りばめられることで，読み手のわくわく感が高まります。手紙を書く時にも，「秋の言葉を二つ以上使うこと」などと制限を加えることで，より豊かな手紙に仕上がります。言葉の「イメージを豊かにする力」に気付かせたいです。

●手紙の型を示す

自分の力だけでは手紙を書くのが難しい子のために，手紙を書く型を示すのは有効です。しかし，あまり型にこだわることなく，自由に書くことができるのならばそれに越したことはありません。

季節の言葉を使うとイメージが広がりやすい

手紙の書き方
① 秋の行事をしょうかいする
② 秋の行事の言葉を使って，イメージしやすいようにする

・お元気ですか
・秋の行事の説明
　↓具体的なものがあるとイメージしやすい
・「だし」の話がある

---

❶行事の楽しさを交流する

前時に自分が手紙で伝える行事を決めましたね。その行事にはどんな楽しさがありますか？

ぼくは「秋祭り」を選びました。夜店で焼きそばとかを買って食べるのが楽しいです。

自分が手紙に書く行事を確認する。前時に書いたイメージマップを黒板に掲示することで，手紙を書く時に言葉を使いやすくなる。そして，その行事の「楽しさ」を交流する。子どもたちによって感じる楽しさはそれぞれであり，それらを交流することで行事に対する認識が広がる。楽しさを言葉で表現することで，手紙がより書きやすくなる。

❷手紙の書き方を考える

行事の楽しさを伝える二つの手紙がありますね。「だし」の話が違いますね。どうして「だし」の話がある方がいいのでしょうか？

「秋祭り」だけよりもイメージしやすくなって，楽しさが伝わりやすいからです。

二つの手紙を比較し，共通点と相違点を見付ける。共通点は，手紙を書く型になる。手紙の型として，①あいさつ，②秋の行事の紹介，③秋の行事の楽しさ，④まとめの一言を参考にさせる。

また，秋の行事の具体的なよさが書かれていることが相違点になる。これが書かれていることで，よりイメージしやすくなることに気付かせたい。

本時の目標	・好きな秋の行事について、手紙を書くことができる。 ・秋の行事に興味をもとうとする。	本時の評価	・好きな秋の行事について、手紙を書いている。 ・秋の行事に興味をもとうとしている。

秋の楽しみ

好きな行事の楽しさを知らせる手紙を書こう

◇秋の行事の楽しさを考えよう

＊前時のイメージマップ「お月見」
- 涼しい
- 虫の音がきれい
- だんごがおいしい
- 月がきれい
- 落ち着く

＊前時のイメージマップ「もみじがり」
- 一面赤一色になるのがきれい
- 秋しか見られないのがいい
- 川ともみじの景色がきれい

◇手紙の書き方を考えよう

＊p.38手紙例

○同じところ

○違うところ

お元気ですか。
十五日から秋祭りが始まります。
ぜひ来てください。

＊前時のイメージマップ「秋祭り」
- だしが見ごたえある
- 夜店がおいしい
- 花火がきれい
- 浴衣を着れる

＊前時のイメージマップ「七五三」
- ちとせあめがおいしい
- はかまがかわいい

❸手紙を書く

それでは、手紙を書きましょう。秋の行事の楽しさを伝える手紙を誰に書きますか？

私は、お母さんとお父さんに書きます。家族みんなで、お月見を楽しみたいからです。

必ず、秋の言葉を二つ以上使いましょう。

　手紙の書き方を参考に、手紙を書く。まずは、手紙を書く対象を明確にする。家族や近所の人、お世話になっている習い事の先生、前に担任だった先生など、具体的な対象を示すと決めやすくなる。また、「必ず、秋の言葉を二つ以上使う」などのきまりを加えることで、イメージがしやすい手紙を書くことができる。

❹友達と読み合う

書いた手紙を友達と読み合いましょう。早く書けた子は、手紙に絵を描いてもいいですね。

おじいちゃんお元気ですか。ぼくの家の近くに、有名な滝があります。その滝の周りには、きれいに赤く色付いたもみじがいっぱいあります。赤いもみじが滝を流れていくのを見るのがとても楽しいです。ぜひ、いっしょに行きましょう。

　最後に、書いた手紙を交流する。表現が豊かな子の手紙を紹介し、自分の手紙を推敲すると、よりよい手紙ができあがる。時間があれば、秋の行事に関連する絵を描くことでより秋らしい手紙に仕上がる。

役わりをいしきしながら話し合おう

クラスみんなで決めるには

8時間

1 単元目標・評価

- 比較や分類の仕方，必要な語句などの書き留め方を理解し使うことができる。（知識及び技能(2)イ）
- 目的を意識して，日常生活の中から話題を決め，集めた材料を比較したり分類したりして，伝え合うために必要な事柄を選ぶことができる。（思考力，判断力，表現力等 A(1)ア）
- 目的や進め方を確認し，司会などの役割を果たしながら話し合い，互いの意見の共通点や相違点に着目して，考えをまとめることができる。（思考力，判断力，表現力等 A(1)オ）
- 言葉がもつよさに気付くとともに，幅広く読書をし，国語を大切にして，思いや考えを伝え合おうとする。（学びに向かう力，人間性等）

知識・技能	比較や分類の仕方，必要な語句などの書き留め方を理解し使っている。（(2)イ）
思考・判断・表現	「話すこと・聞くこと」において，目的を意識して，日常生活の中から話題を決め，集めた材料を比較したり分類したりして，伝え合うために必要な事柄を選んでいる。（A(1)ア） 「話すこと・聞くこと」において，目的や進め方を確認し，司会などの役割を果たしながら話し合い，互いの意見の共通点や相違点に着目して，考えをまとめている。（A(1)オ）
主体的に学習に取り組む態度	学習の見通しをもって，進んで司会などの役割を果たしながら話し合い，考えをまとめようとしている。

2 単元のポイント

この単元で知っておきたいこと

　3年生「こんな係がクラスにほしい」「おすすめの一さつを決めよう」では，グループでの話し合いに取り組み，意見を広げたりまとめたりすることや役割を決めて話し合うことを学習してきた。本単元では，3年生の学びをもとにさらにクラスでの話し合いに広げていく。「役割をいしきしながら話し合う」とはどういうことなのか，それぞれの役割が果たすべき仕事を確かめながら学習を進めていくことが大切である。

58　クラスみんなで決めるには

3 学習指導計画（全8時間）

次	時	目標	学習活動
一	1	・「役割をいしきしながら話し合う」とはどういうことかを考えることができる。 ・よりよい進め方で話し合おうとする。	○これまでの話し合いを振り返る。 ・これまでに困ったことを振り返る。 ○話し合いの役割を確認する。 ○話し合いについて考える。 ・「役割をいしきしながら話し合う」とはどういうことか考える。 ○学習計画を立てる。
	2	・話し合う目的を意識して，学校生活の中から必要感のある議題を決めることができる。	○めあてを確認し，議題を考える。 ○議題のポイントを考える。 ・三つの議題を例にポイントを考える。 ○みんなで話し合う議題を決める。 ・グループの案をもとに全体で話し合って決める。 ○話し合いの役割を決める。
二	3	・実際の話し合いに生かせるように，「よりよい話し合いの進め方」をまとめることができる。 ・議題に対する自分の考えとその理由を明確にし，話すことを選ぶことができる。	○めあてを確認し，音声資料を聞く。 ○気付いたことを伝え合う。 ○話し合いのポイントを整理する。 ・子どもたちの気付きをもとに話し合いのポイントをまとめる。 ○教科書で確認し，学習を振り返る。
	4	・実際の話し合いに生かせるように，「よりよい話し合いの進め方」をまとめることができる。 ・議題に対する自分の考えとその理由を明確にし，話すことを選ぶことができる。	○ポイントと準備の内容を確かめる。 ○1回目の話し合いの準備をする。 ・役割ごとのグループに分かれて準備を進める。 ・2回目の話し合いの準備をする。 ○学習を振り返る。（個人） ・話し合いのポイントに沿って準備できたかどうか学習を振り返る。
三	5	・「よりよい話し合いの進め方」を意識して，役割に応じた話し合いをすることができる。 ・目的や役割を確かめながら，観点に沿って話し合い，考えをまとめることができる。	○めあてを確認し，準備をする。 ○1回目の話し合い（前半）をする。 ○話し合いを振り返る。（個人→全体） ・次回の話し合いに向けてよりよくなるための改善案を出し合う。 ○次回の準備をする。（グループ）
	6	・「よりよい話し合いの進め方」を意識して，役割に応じた話し合いをすることができる。 ・目的や役割を確かめながら，観点に沿って話し合い，考えをまとめることができる。	○めあてを確認する。 ○1回目の話し合い（後半）をする。 ・前回の続きから話し合いを始める。 ○話し合いを振り返る。（個人→全体） ・2回目の話し合いに向けてよりよくなるための改善案を出し合う。 ○2回目の準備をする。（グループ）
	7	・「よりよい話し合いの進め方」を意識しながら話し合いをすることができる。 ・前時で見付かった課題を改善しようとする。	○めあてを確認する。 ○2回目の話し合い（前半）をする。 ○話し合いを振り返る。（個人→全体） ・次回の話し合いに向けてよりよくなるための改善案を出し合う。 ○次回の準備をする。（グループ）
	8	・「よりよい話し合いの進め方」を意識しながら話し合いをすることができる。 ・前時で見付かった課題を改善しようとする。	○めあてを確認する。 ○2回目の話し合い（後半）をする。 ○話す・聞くについて振り返る。 ・教科書p.46「ふりかえろう」に沿って振り返る。 ○単元全体を振り返る。（全体）

単元について　59

クラスみんなで決めるには

1/8時間　準備物：なし

*p.40「見通しをもとう」①〜④

学習計画

● 具体的に考えてみよう

「役割を意識しながら話し合うとはどういうことですか？」と問われると大人でもどう答えてよいか悩んでしまいます。まず、「例えば、司会は何に気を付けながら話し合いますか？」などと具体的に考えたうえで問うと分かりやすいでしょう。子どもたちは役割が果たすべき仕事に注目することで、それぞれの働きに気を配ることが役割を意識しながら話し合うことにつながると気付くことができます。

● 初めの思いを書き残そう

単元を始める前に、自分の目的意識や目標設定をはっきりさせることが大切です。本時では、「これからどんな話し合いを目指したいか」「そのために学習したいことは何か」についてノートに書き残し、自ら学習に取り組む意識を高めます。

❶これまでの話し合いを振り返る

　今まで話し合いで困ったことはありますか？

時間内で話し合いがまとまらなかったな。

　話し合いを「またやりたい」と思えるのはどんな話し合いでしょう？

　みんなが納得できる話し合いがいいな。

これまでの話し合いの中で困ったことを振り返る。原因を追究すると特定の人の指摘になってしまうおそれがあるので、上手くいかなかった場面を想起する程度でよい。その後、「またやりたい」と思える話し合いのイメージを思い思いに発表する。子どもたちがこれからの話し合いが楽しみになるような導入を目指したい。

❷話し合いの役割を確かめる

　話し合いをよりよくするために役割を意識することが大切です。役割にはどんなものがあるでしょう。

話し合う時には、司会がいるよね。

話し合いを進めるために必要な役割を確かめる。分からない場合は、教科書で確認させてもよい。役割を確かめる際に、「その役割はどんな仕事をするのか？」「もし、その役割がなかったらどんなことが困るのか？」ということも確認しておきたい。ここで確認したことが次の場面を考える際の材料となる。

60　クラスみんなで決めるには

本時の目標
- 「役割をいしきしながら話し合う」とはどういうことかを考えることができる。
- よりよい進め方で話し合おうとする。

本時の評価
- 「役割をいしきしながら話し合う」とはどういうことかを考えている。
- よりよい進め方で話し合おうとしている。

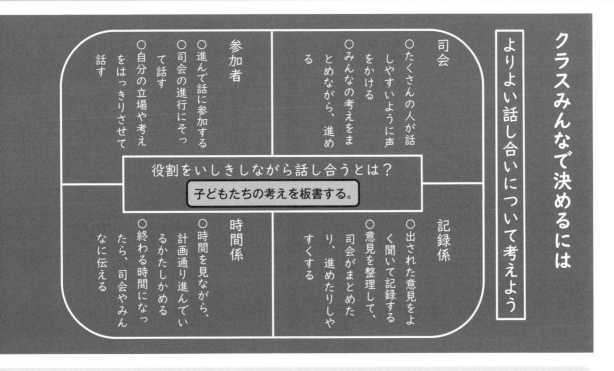

クラスみんなで決めるには
よりよい話し合いについて考えよう

役割をいしきしながら話し合うとは？
子どもたちの考えを板書する。

司会
- たくさんの人が話しやすいように声をかける
- みんなの考えをまとめながら、進める

記録係
- 出された意見をよく聞いて記録する
- 意見を整理して、司会がまとめたり、進めたりしやすくする

参加者
- 進んで話に参加する
- 司会の進行にそって話す
- 自分の立場や考えをはっきりさせて話す

時間係
- 時間を見ながら、計画通り進んでいるかたしかめる
- 終わる時間になったら、司会やみんなに伝える

❸ 話し合いについて考える

役割を意識しながら話し合うとは、どういうことでしょう？それぞれの役割で具体的に考えてみましょう。

司会は、たくさん意見が出るように考えながら話し合うと思うな。

　まず、「役割を意識しながら話し合うとはどういうことか」を発問し子どもたちに問いをもたせる。その後、「司会の場合だと何を意識すればいいか？」を問いそれぞれの役割で具体的に考えさせる。そのうえでもう一度「役割を意識しながら話し合うとはどういうことか？」を問い直すと、具体を生かした考えを発表することができる。

❹ 学習計画を立てる

学習計画を立てましょう。
これからどんな話し合いを目指したいですか。そのために学習したいことは何ですか。ノートに書きましょう。

　教科書p.40を見ながら学習計画を立て、学習の見通しをもたせる。また、「これからどんな話し合いを目指したいか」「そのために学習したいことは何か」について振り返りをノートに書かせる。これらを書かせることで、本単元を学習する目的や目標をはっきりさせ、意欲をもって取り組むことができると考えている。

第1時　61

クラスみんなで決めるには

2／8時間　準備物：なし

● まずは楽しい雰囲気でスタートしよう

　本時は目的や必要感などをポイントに，話し合いの議題を決めることがゴールです。しかし，初めの段階からポイントを押さえた議題を考えるのは，難易度が高いです。まずは，「みんなで話し合ってみたいことをたくさん出し合おう」と声かけしましょう。ハードルが下がることでアイデアを出しやすくなります。楽しい雰囲気でより多くのアイデアを出せるように心がけましょう。

● 例を挙げて大切なことに気付かせよう

　議題を決めるポイントを考える際，「議題を決める時に大切なことは何でしょう」と問うても経験の少ない子どもたちには答えにくいでしょう。本時では，教師がいくつかの例を用意します。それぞれを比較することで議題を決めるポイントに気付かせることができます。

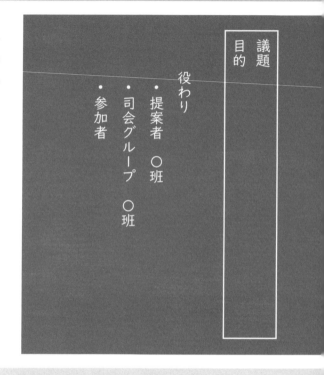

議題
目的
役わり
・提案者　〇班
・司会グループ　〇班
・参加者

❶ めあてを確認し，議題を考える

今日は，学校生活の中から話し合う議題を決めます。グループで議題の案をたくさん出してみましょう。

給食の残食が多いよね。どうやったら少なくできるかな？

読書週間にクラスで取り組みをしてはどうかな？

　初めは，説明を減らして子どもたちのアイデアを出しやすくしたい。「みんなで話し合いたいことを出し合おう」程度の説明に押さえ，楽しい雰囲気で議題を考えていきたい。学校生活の中で，「みんなでやってみたいな」「少し気になるな」と思うようなことから考えると議題を考えやすい。

❷ ポイントを確認し，議題を決める

今から，三つの議題を紹介します。クラスで話し合う議題としてふさわしいのはどれかな？

Aは目的がないような…Bも必要かなぁ…

議題を決める時に大切なことは何でしょう。

　三つの議題を提示して議題としてふさわしいものを考える。Aは目的の不足，Bは必要感の不足が指摘できるような例を設定した。それぞれを比較することで，議題を選ぶポイントが見えてくる。その後，「議題を決める時に大切なことは何でしょう」と問い，子どもたちが見付けた大切なことをまとめる。

| 本時の目標 | ・話し合う目的を意識して、学校生活の中から必要感のある議題を決めることができる。 | 本時の評価 | ・話し合う目的を意識して、学校生活の中から必要感のある議題を決めている。 |

クラスみんなで決めるには
話し合う議題を決めよう

話し合いのテーマ 「学校生活について」

A
議題 休み時間にみんなで遊ぶ内容を決める
目的 なんとなくやってみたい

B
議題 放課後に友達と遊ぶ内容を決める
目的 友達ともっと仲よくなるため

C
議題 お楽しみ会に何をするか決める
目的 みんなともっと仲よくなるため

◎議題を決めるときに大切なこと
・話し合う目的がはっきりしていること
・みんなが必要だと思えること

---

❸みんなで話し合う議題を二つ決める

みんなで話し合う議題を二つ決めましょう。

給食の残食について話し合う目的は…残食を少しでも減らすためだね。

クラスの問題だから、みんなで話し合う必要もありそうだね。

グループの案をもとに、全体で話し合って議題を二つ決める。意見が分かれた場合には、早い時期に話し合う方がよいものを優先するとよい。また、初めての話し合いであれば、クラスが楽しい雰囲気になるような議題やクラス遊びなどの話しやすい議題を選ぶとよい。

❹話し合いの役割を決める

話し合いの役割を決めます。提案者は、議題を考えてくれた○班と□班の人お願いします。今回の司会グループは△班と☆班の人お願いします。

話し合う議題を考えた班を提案者とする。司会グループ（司会、記録係、時間係）はできるだけ多くの児童に体験させたい。グループごとに順番を決め、全員がそれぞれの役割を体験できる工夫が必要である。

3 8時間 クラスみんなで決めるには

準備物：教科書動画資料，電子黒板

● 動画資料を有効活用しよう

話し合いのポイントを考えるために，動画資料の活用が有効です。教科書はすでにポイントが整理されていますが，動画資料を活用すると，自分たちでポイントを見付けることができます。また，話し合いの内容だけでなく，進め方が具体的に分かるので話し合いのイメージもできます。ぜひ，有効に活用しましょう。

● 気を付けると何がよいの？を問う

話し合いのポイントを見付けるだけでなく，その効果についても触れるとよいでしょう。例えば，「話し合いの流れを伝えると何がよいのでしょう？」「前の人と同じか違うかを言うとよいことは何でしょう？」などの発問が考えられます。

◎ 話し合いのじゅんび
・司会グループ：進行計画をたてる
　司会げんこうを書く
　黒板の書き方を考える
　記録のしかたを考える
・提案者：提案理由をまとめる
・参加者：自分の考えをまとめる

❶ めあてを確認し，動画資料を見る

今日は，話し合いの例の動画を見て，話し合いで気を付けることを考えます。

まず，話し合いの例の動画を見ます。気付いたことをメモしながら聞きましょう。

めあてを確認した後，動画資料を見て気付いたことをメモする。「気付いたことなら何でもいいです」と声をかけ，気付いたことをたくさん書かせたい。また，動画資料を見る時には焦点化して見るとよい。1回目は司会グループ，2回目は参加者など，見る視点を絞るとそれぞれの役割を意識したメモを書くことができる。

❷ 気付いたことを伝え合う

話し合いの例の動画を見て，気付いたことを発表しましょう。

初めに司会が今日の進め方を確認していました。

メモしたことをもとに，気付いたことを発表し合う（ICTを活用した交流も考えられる）。子どもたちの発言を，①話し合いの流れ，②司会の気付き，③参加者の気付きに分類して板書する。子どもたちの気付きは，話し合いに直接関係のないものも出てくると考えられる。それらも含めて受け止め，たくさんの気付きを共有したい。

本時の目標	・実際の話し合いに生かせるように、「よりよい話し合いの進め方」をまとめることができる。 ・議題に対する自分の考えとその理由を明確にし、話すことを選ぶことができる。	本時の評価	・実際の話し合いに生かせるように、「よりよい話し合いの進め方」をまとめている。 ・議題に対する自分の考えとその理由を明確にし、話すことを選んでいる。

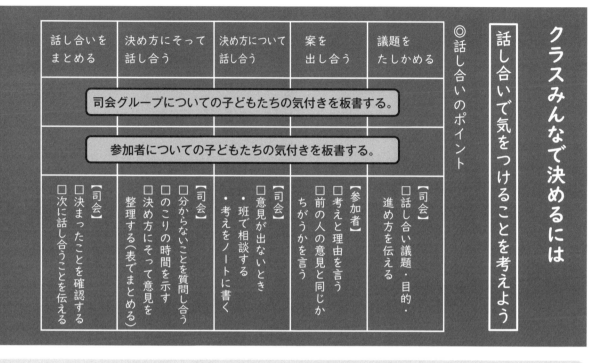

❸ 話し合いのポイントを整理する

たくさんの気付きがありましたね。では、これをもとに話し合う時に気を付けるポイントを整理しましょう。

子どもたちの気付きをもとに、話し合いで気を付けるポイントを整理していく。板書では、表の下にポイントを整理しているが、マーキングしたりサイドラインをしたりして整理してもよい。その際、「話し合いの流れを伝えると何がよいのでしょう？」などと問い、ポイントの効果にも触れたい。

❹ 教科書で確認し、学習を振り返る

教科書を読んで、気を付けることや準備の仕方を確認しましょう。

今日の学習を振り返って、分かったことや考えたことを書きましょう。また、次の時間の準備でやりたいことを書きましょう。

教科書を読みながら、自分たちが整理したポイントを確認したり補足したりする。特に、黒板の書き方や意見の整理の仕方については触れていないので、この場面で確認したい。また、準備内容も確かめたい。進行計画は、教科書の例を参考に立てるとよいことを伝える。

クラスみんなで決めるには

4/8時間

準備物：プロジェクターまたは電子黒板

● ICT機器を上手に活用しよう

本時は，前時に整理した話し合いのポイントや準備内容に沿って準備を進めていきます。準備する際には，ポイント等が提示されていると子どもたちが安心して準備を進めることができます。例えば，前時の板書をプロジェクターや電子黒板で映せば，特別な準備の必要がなく簡単に掲示物を作成することができます。ICT機器を上手に活用していきましょう。

●子どもたちで学び合う場をつくろう

本時は前半と後半に分けて話し合いの準備をします。前半で困ったことを共有し解決策を考えたり，前後半の司会者同士で相談し合ったりと子どもたちが学び合う場を設定しましょう。場をつくることで主体的・対話的な学習につながります。

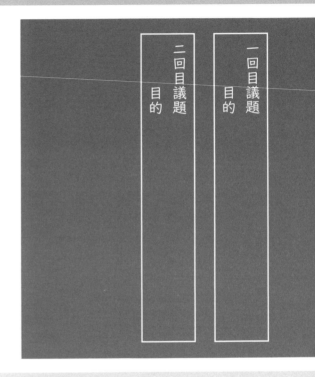

❶ポイントと準備の内容を確かめる

今日は，グループに分かれて話し合いの準備を進めます。

まず，グループで話し合いのポイントと準備の内容を確かめましょう。

司会グループは，進行計画を立てるんだったね。それから…

めあてを確認した後，グループで前時の話し合いのポイントや準備内容を確かめて見通しをもつ。前時を想起させるために，プロジェクターや電子黒板などを活用して前時の板書を提示すると，子どもたちも安心して学習を進めることができる。

❷1回目の話し合いの準備をする

グループに分かれて，1回目の話し合いの準備を始めましょう。準備時間は〇分です。

じゃあ，提案理由を考えていこう。

オッケー！

教師はグループの活動状況を見取りながら助言をする。司会グループは，初めての経験であることから丁寧なサポートが必要である。参加者は，自分の考えをまとめた後，班で意見交流したり，司会グループの活動を見学したり等の指示を出しておくとよい。

本時の目標	・実際の話し合いに生かせるように,「よりよい話し合いの進め方」をまとめることができる。 ・議題に対する自分の考えとその理由を明確にし,話すことを選ぶことができる。	本時の評価	・実際の話し合いに生かせるように,「よりよい話し合いの進め方」をまとめている。 ・議題に対する自分の考えとその理由を明確にし,話すことを選んでいる。

クラスみんなで決めるには 話し合いのじゅんびをしよう

◎話し合いのじゅんび

議題をたしかめる	案を出し合う	決め方について話し合う	決め方にそって話し合う	話し合いをまとめる
【司会】 □話し合い議題・目的・進め方を伝える	【参加者】 □考えと理由を言う □前の人の意見と同じかちがうかを言う	【司会】 □意見が出ないとき ・班で相談する ・考えをノートに書く	【司会】 □分からないことを質問し合う □のこりの時間を示す □決め方にそって意見を整理する(表でまとめる)	【司会】 □決まったことを確認する □次に話し合うことを伝える

◎話し合いのじゅんび

【司会グループ】
進行計画をたてる
司会げんこうを書く
黒板の書き方を考える
記録のしかたを考える

【提案者】
提案理由をまとめる

【参加者】
自分の考えをまとめる

プロジェクター、電子黒板などのICT機器を活用して掲示するとよい。

❸2回目の話し合いの準備をする

2回目の話し合いの準備を始めます。1回目で困ったことはなかったですか?

板書の書き方がイメージできませんでした。実際に書いてみた方がいいかもしれません。

　2回目の準備を進める前に,子どもたちが困ったことを共有することで,1回目の学びを生かしたい。また,2回目の司会グループは1回目の司会グループにアドバイスをもらうこともできることを伝えておくと,学び合いの場を設定することもできる。

❹学習を振り返る(個人)

話し合いのポイントに沿って話し合いの準備ができましたか? 学習を振り返って考えてみましょう。

次の時間から始まる話し合いで,やってみたいことやがんばりたいことを書きましょう。

　本時が楽しかった活動だけで終わらないように,個人で振り返る時間も十分確保したい。振り返りでは,話し合いのポイントに沿った準備ができたかどうかを振り返らせる。また,話し合いに向けた思いや考えについてノートに書くことで,次時のめあてをもたせたい。

クラスみんなで決めるには

準備物：なし

●子どもの活動を見守ることも大切

いくら準備したとしても、1回目の話し合いからそう上手くいくことはありません。様々なトラブルが考えられます。「ピンチ」になると先生はすぐに助け船を出したくなりますが、少し様子を見守ってみることも大切です。

司会グループが相談して臨機応変に動くかもしれません。参加者の子どもたちが助け船を出すのかもしれません。「ピンチ」は子どもたちが自ら考えて動き出す「チャンス」でもあります。もちろん、子どもの人権を守る時などの介入すべき時はしっかりと介入するといった心がけも必要です。その場面までは温かく見守り、子どもたちの姿を観察してみましょう。

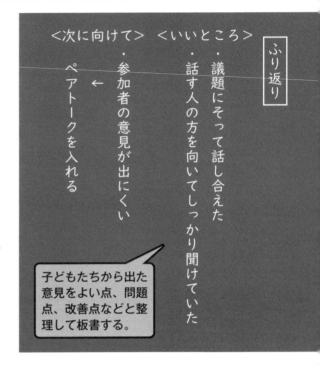

子どもたちから出た意見をよい点、問題点、改善点などと整理して板書する。

❶めあてを確認し、準備をする

いよいよ1回目の話し合いです。それぞれの役割を意識しながら、話し合いましょう。

○分から話し合いを始めます。準備と最終確認をしましょう。

話し合いを始める前に、グループごとに準備と最終確認の時間を取りたい。司会グループは進め方の最終確認、提案者は提案文の最終確認、参加者は自分の考えについての最終確認を行う。

❷話し合いをする

これから話し合いを始めます。今日は…

温かな気持ちで、見守ろう。

教師は、可能な限り介入を少なくして話し合いを子どもたちに委ねたい。進行が止まるなど、ピンチと思える場面でもすぐに介入するのは控えたい。温かい表情で子どもたちを観察する。子どもたちで乗り越えようと試行錯誤が始まるチャンスととらえることが大切だ。

本時の目標	・「よりよい話し合いの進め方」を意識して,役割に応じた話し合いをすることができる。 ・目的や役割を確かめながら,観点に沿って話し合い,考えをまとめることができる。	本時の評価	・「よりよい話し合いの進め方」を意識して,役割に応じた話し合いをしている。 ・目的や役割を確かめながら,観点に沿って話し合い,考えをまとめている。

クラスみんなで決めるには
役わりを意識しながら話し合おう①

一回目議題
目的

＊記録係の板書

❸話し合いを振り返る（個人→全体）

役割を意識しながら話し合いできましたか？ 自分のこと,全体のことを振り返って書きましょう。

次の話し合いがよりよくなるためにどんなことに気を付けるとよいでしょうか。

　まず,個人で話し合いを振り返る時間を確保する。その後,話し合いの改善すべきところを全体で出し合う。ここでは,お互いの課題を指摘し合う時間にならないように配慮する。次の話し合いをよりよくする方法について肯定的な雰囲気の中で考えたい。

❹次回の準備をする（グループ）

みんなからもっと意見を出すにはどうしたらいいかな？

そうだね。ノートに書く時間やペアで話してもらう時間を入れたらいいのかな？

意見の出し方について話し合っているな。

　出された改善すべきところをもとに,グループで次回の準備を行う。ここでも,課題集めや原因を追及するのではなく,次回の話し合いにつなげる場であることを意識させたい。また,先生の指示もできるだけ控え,子どもたちが試行錯誤している様子をしっかり観察していきたい。

6/8時間 クラスみんなで決めるには

準備物：プロジェクターまたは電子黒板

●時間設定を前もって確認しよう

後半の話し合いでの時間調整はとても頭を悩ませるところです。話し合いが白熱してくると子どもたちは「もっと話したい」「納得するまで話したい」と思うことでしょう。意欲的な姿は先生にとっても大変喜ばしいことです。できれば納得いくまで話し合わせたいところです。しかし、時間には限りがあることを子どもたちに理解させることも必要です。「今日すべて決まらなくても、この話し合いは今日で終わります」ときっぱりと伝えることも場合によっては必要でしょう。時間については必ず前もって説明しておきます。タイミングを間違えると、子どもたちのやる気を損ねる恐れもあります。限られた時間の中で有意義な話し合いになるよう見通しをもって進めましょう。

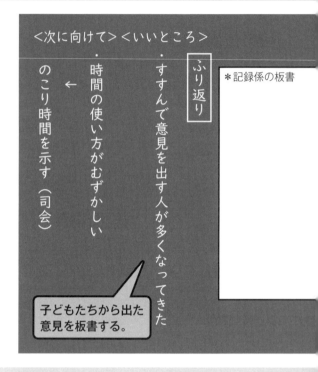

❶めあてを確認する

今日は話し合い2日目です。前回の振り返りを生かして、よりより話し合いを目指しましょう。

今日もがんばるぞ。〇。

めあてを確認した後、前時の話し合いの板書をプロジェクター等で映して想起させるとよい。また、必要に応じて昨日の振り返りのポイントを伝えたり、準備の時間を取ったりしてもよい。

❷話し合いをする

この話し合いは〇分で終わります。

これから話し合いを始めます。昨日の続きで…

ここで時間の見通しを子どもたちにもたせる。話し合いが白熱すると子どもたちはもっと話したい思いが強くなる。場合によっては、「決まらなくても、〇分で話し合いは終わります」と伝えることも必要だろう。その際は、前もって説明をしておく。

本時の目標	・「よりよい話し合いの進め方」を意識して、役割に応じた話し合いをすることができる。 ・目的や役割を確かめながら、観点に沿って話し合い、考えをまとめることができる。	本時の評価	・「よりよい話し合いの進め方」を意識して、役割に応じた話し合いをしている。 ・目的や役割を確かめながら、観点に沿って話し合い、考えをまとめている。

クラスみんなで決めるには
役わりを意識しながら話し合おう②

一回目議題
目的

＊前回の板書（プロジェクター等で掲示）

❸話し合いを振り返る（個人→全体）

話し合いを振り返って、思ったことを書きましょう。

2回目の話し合いがよりよくなるためにはどうしたらよいでしょう。みんなの考えを出し合いましょう。

　個人の振り返りでは1回目の話し合いを終えた感想を書き、全体共有する。よい点や問題点などを共有したい。さらに、2回目の話し合いに向け、改善すべき点やよりよくする提案について自分たちの考えを出し合う。

❹第2回の準備をする（グループ）

黒板に書く時には、思ったより大きく書かないとみんなに見えないみたいだったよ。

そうなんだね。大きく書くように気を付けるね。ありがとう。

　2回目の話し合いでは、1回目の話し合いでの学びが生かせるようにしたい。そのため、ここでの準備では、同じ役割ごとに話し合う場をつくり、意見交換をさせるとよい。

7/8時間 クラスみんなで決めるには

準備物：なし

●子どもたちの姿を記録しよう

話し合い活動を子どもたちに委ねる中で、先生が果たすべき役割とはどんなことがあるのでしょうか。例えば、子どもの姿をじっくり観察し、その成長を見取ることが考えられます。

本時の話し合いでは、1回目の話し合いと比べ、子どもたちのがんばりや成長を感じる場面が多いと思います。そんな姿を見たらメモを取り、「こんなことができるようになっていたよ」と具体的な場面を取り上げて称賛しましょう。また、子どもの姿を写真に撮るのも効果的です。振り返りの場面で、プロジェクター等で写真を提示しながら「この場面の話し合いでは、みんなが○○さんをしっかり見ているよね。素敵な姿でした」と伝えると子どもたちも自分たちの様子から成長を実感することができます。子どもたちの成長する姿をしっかり記録しましょう。

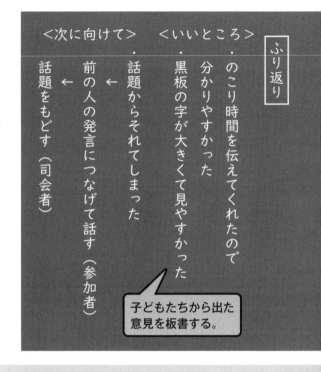

ふり返り

<いいところ>
・のこり時間を伝えてくれたので分かりやすかった
・黒板の字が大きくて見やすかった
・前の人の発言につなげて話す（参加者）

<次に向けて>
・話題からそれてしまった
・話題をもどす（司会者）

子どもたちから出た意見を板書する。

❶めあての確認をする

今日から2回目の話し合いです。1回目の話し合いを生かして、よりよい話し合いを目指しましょう。

○分から話し合いを始めます。準備と最終確認をしましょう。

がんばるぞ。

1回目と同様に話し合いを始める前に、グループごとに準備と最終確認の時間を取りたい。司会グループは進め方の最終確認、提案者は提案文の最終確認、参加者は自分の考えについての最終確認を行う。

❷話し合う

これから話し合いを始めます。今日は…

○○さんは前の人の話を受けて話せるようになったな。

2回目の話し合いでは、1回目の様子と比べながら子どもたちを見取っていくことが必要だろう。子どもたちの成長が見られる言葉や様子があれば記録しておきたい。また、子どもたちの姿を写真に撮っておくと、振り返りの場面で提示することもできる。

本時の目標	・「よりよい話し合いの進め方」を意識しながら話し合いをすることができる。 ・前時で見付かった課題を改善しようとする。	本時の評価	・「よりよい話し合いの進め方」を意識しながら話し合いをしている。 ・前時で見付かった課題を改善しようとしている。

クラスみんなで決めるには
役わりを意識しながら話し合おう③

二回目議題
目的

＊記録係の板書

❸話し合いを振り返る（個人→全体）

役割を意識しながら，話し合いでできましたか？　自分のこと，全体のことを振り返って書いてみましょう。

明日の話し合いがよりよくなるためにどんなことに気を付けるとよいでしょう。

▶ 1回目同様に個人で振り返る時間を取り，改善すべき点をみんなで出し合う。ここでは，お互いの課題を指摘し合う時間にならないように配慮する。また，先生から前回と比べながらよい点を伝える。話し合う場面を写真で紹介するとより具体的で分かりやすく，次回の意欲付けにもつながる。

❹次回の準備をする（グループ）

前回の準備の様子がとても素敵でしたね。今回もしっかり準備して次の話し合いに備えましょう。

すごいなあ。
私たちもがんばろう。

出された改善すべき点をもとに，グループごとに次回の準備を行う。1回目での準備の様子からよい姿などがあれば全体に紹介するとよい。よりよい学びを目指すきっかけにもなるだろう。

第7時　73

クラスみんなで決めるには

8／8時間
準備物：プロジェクターまたは電子黒板

● 単元の振り返り

　単元全体の振り返りでは，目的に合わせて個人か，グループか，全体か，を使い分けるとよいでしょう。

　本時では，教科書p.46「ふりかえろう」の三つの観点に合わせて振り返りをします。「話す・聞く」の話し合いの仕方については，個人→グループの流れで役割に分かれて振り返ります。「知る」の意見を整理する時に大事なことについては，みんなで共有したいことなので全体での振り返りをします。その際，「どうしてそう思ったのか？」を問い，話し合いで学んだこととつなげるとよいでしょう。また，「つなぐ」での次の話し合いに向けた振り返りでは，個人でそれぞれ考えます。

　個人・グループ・全体の設定は，振り返りの目的によって使い分けましょう。

> みんなの意見を整理するときに大事なこと
> ・それぞれの役割を意識する
> ・発表者がどの立場かに気をつけて聞く
>
> ＊記録係の板書

子どもたちから出た意見を板書する。

❶めあてを確認する

今日で話し合いも最後となりました。これまでの振り返りを生かして，よりよい話し合いを目指しましょう。

いい話し合いができるといいな。

　1回目同様，めあてを確認した後，板書をプロジェクター等で映すことで前時の話し合いを想起しやすくする手立てをする。また，必要に応じて前時の振り返りのポイントを伝えたり，準備の時間を取ったりしてもよい。

❷話し合いをする

これから話し合いを始めます。昨日の続きで…

温かな気持ちで…

　ここまでの話し合い同様，教師はできる限り介入を少なくして子どもたちに委ねて話し合いを進めたい。本時での学習が，今後の話し合いへの意欲や自信につながるので「自分たちで進めることができた」という達成感が味わえる話し合いとなるよう教師の介入の仕方を精選したい。

本時の目標	・「よりよい話し合いの進め方」を意識しながら話し合いをすることができる。 ・前時で見付かった課題を改善しようとする。	本時の評価	・「よりよい話し合いの進め方」を意識しながら話し合いをしている。 ・前時で見付かった課題を改善しようとしている。

クラスみんなで決めるには
役わりを意識しながら話し合おう③

二回目議題
目的

＊前回の板書（プロジェクター等で掲示）

❸話す・聞くについて振り返る

教科書 p.46「ふりかえろう」を見ながら、学習を振り返りましょう。まず、話し合いについて振り返りをしましょう。

初めての司会だったけど、上手く進めることができたよ。

板書をするのは、難しかったな。もっと上手になりたいな。

　教科書 p.46「ふりかえろう」に沿って振り返りをする。まず、「話す・聞く（話し合いの振り返り）」についてノートに上手くできたことやできなかったことを書く。その後、班に分かれて振り返りを伝え合う。

❹単元を振り返る（全体）

みんなの意見を整理する時、どんなことが1番大事だと思いましたか。

みんながそれぞれの役割を意識することが大事だと思いました。

　「知る（みんなの意見を整理する時に大事なこと）」については、全体で交流したい。その際、「どうしてそう思ったか？」を問い、これまでの学習とつなげたい。また、「つなぐ（次の話し合いのこと）」の振り返りは、個人でノートに書く。

中心となる語や文を見つけて要約し，調べたことを書こう

未来につなぐ工芸品／工芸品のみりょくを伝えよう

12時間

1 単元目標・評価

- 事典の使い方を理解し使うことができる。（知識及び技能(2)イ）
- 自分の考えとそれを支える理由や事例との関係を明確にして，書き表し方を工夫することができる。（思考力，判断力，表現力等 B(1)ウ）
- 目的を意識して，中心となる語や文を見付けて要約することができる。（思考力，判断力，表現力等 C(1)ウ）
- 言葉がもつよさに気付くとともに，幅広く読書をし，国語を大切にして，思いや考えを伝え合おうとする。（学びに向かう力，人間性等）

知識・技能	事典の使い方を理解し使っている。（(2)イ）
思考・判断・表現	「書くこと」において，自分の考えとそれを支える理由や事例との関係を明確にして，書き表し方を工夫している。（B(1)ウ） 「読むこと」において，目的を意識して，中心となる語や文を見付けて要約している。（C(1)ウ）
主体的に学習に取り組む態度	積極的に中心となる語や文を見付けて要約したり，自分の考えとそれを支える理由や事例との関係を明確にして，書き表し方を工夫したりして，学習の見通しをもって，調べて分かったことをまとめて書こうとしている。

2 単元のポイント

教材の特徴

　本単元は，「未来につなぐ工芸品」という説明文を読む学習と，その学びを活用して伝統工芸品のよさを伝えるリーフレットを作る学習で構成されている。「未来につなぐ工芸品」は工芸品を残すことは日本の文化や芸術，環境を未来に残すことであり，工芸品の魅力を周りの人に伝えてほしいという筆者の思いが書かれた双括型の説明文である。リーフレット作りでは，伝統工芸品について調べ，理由や例と，伝えたいことのかかわりが分かるように，説明する文章を書く。リーフレット作りの過程では，調べた情報を整理し，伝統工芸品のよさを分析したり，分かりやすく伝えるために論の展開を工夫したりする必要がある。その時には，フィッシュボーン図やピラミッドチャートなどのシンキングツールの活用が有効である。

76　未来につなぐ工芸品／工芸品のみりょくを伝えよう

3 学習指導計画（全12時間）

次	時	目標	学習活動
一	1	• 伝統工芸について関心をもつとともに，単元の見通しをもつことができる。	○単元目標を共有する。 • 知っている伝統工芸を交流する。 • 教科書 pp.58-59「博多おり」を読む。
二	2	• 「未来につなぐ工芸品」を読み，大まかな内容をとらえることができる。	○「未来につなぐ工芸品」の初読の感想を書く。 • 「未来につなぐ工芸品」を読む。 • 心に残ったことを書く。
	3	• 「未来につなぐ工芸品」を読み，「初め」「中①」「中②」「終わり」に分け，大まかな内容をとらえることができる。	○段落構成を確認する。 • 初め・中・終わりに分ける。 • 「中」を二つに分ける。
	4	• 「未来につなぐ工芸品」を読み，筆者が伝えたいことを読み取ることができる。	○筆者が伝えたいことを読む。 • 伝えたいことをプレゼンする。 • 双括型の効果について考える。
	5	• 「未来につなぐ工芸品」のキーワードをとらえて，要約することができる。	○「未来につなぐ工芸品」を要約する。 • 10秒・30秒・60秒の要約をする。 • 要約を書き，交流する。
三	6	• リーフレットの書き方を整理し，今後の活動の見通しをもつことができる。	○リーフレットの書き方を確認する。 • 「博多おり」の内容を確認する。 • 今後の活動の内容を確認する。
	7	• 本や百科事典を読み，取り上げる工芸品を選び，調べることができる。	○工芸品について調べる。 • 調べる工芸品を決める。 • 本で伝統工芸について調べる。
	8	• 調べた情報を整理し，伝統工芸の魅力をまとめることができる。	○調べたことを整理する。 • 調べた情報を X チャートで分類する。 • 分類したまとまりに名前を付ける。
	9	• リーフレットに載せる文章の組み立てや資料を考えることができる。	○リーフレットの文章構成を考える。 • 調べた工芸品をピラミッドチャートにまとめる。 • 写真や絵，図などを選ぶ。
	10	• 調べたことをもとに，文章構成を考え，リーフレットに載せる文章を考えることができる。	○文章を書く。 • 書いた文章を推敲する。
	11	• リーフレットを手に取る人の気持ちを想像しながら，レイアウトを考え，リーフレットを完成させることができる。	○リーフレットを完成させる。
	12	• 友達とリーフレットを読み合い，感想を交流することができる。	○リーフレットについて交流する。 • 単元の学習を振り返る。

単元について　77

工芸品のみりょくを伝えよう

1/12時間　準備物：黒板掲示用資料

●単元のゴールイメージを共有する

　本単元の最後には、リーフレットを作るという言語活動を設定します。そのために、「未来につなぐ工芸品」という説明文を学習し、伝統工芸品について調べ、整理し、まとめます。これらの見通しをもつために、本時では、具体的な伝統工芸についてイメージを豊かにし、「博多おり」を読むことで「リーフレットを作る」というゴールイメージを具体的に共有することが目標になります。

　単元の導入では、伝統工芸品についてイメージを豊かにするとともに、単元の最後にできるようになっていることや、わかりたいこと、できあがる成果物を具体的に共有することが大切です。本単元では、単元のゴールが明確になることで、これからの学びが焦点化されます。

◆単元のめあて
中心となる語や文を見つけて要約し、伝統工芸のリーフレットを作ろう

・「未来につなぐ工芸品」
・文章の構成　・具体例　・要約
・「伝統工芸のみりょくを伝えよう」
・伝統工芸について調べる
・リーフレットにまとめる

❶知っている伝統工芸品を交流する

今日から伝統工芸について学習します。知っている伝統工芸品はありますか。タブレットで調べてみましょう。

お兄ちゃんが修学旅行のお土産で、萩焼を買ってきてくれたよ。あれも伝統工芸品なんだ。

　伝統工芸について学習することを伝え、知っている伝統工芸品について交流する。タブレットがあれば、伝統工芸について調べて発表させてもよい。伝統工芸品の写真を電子黒板などに写して共有することで、伝統工芸品のイメージを豊かにする。学校の近くに、伝統工芸品があれば紹介したい。伝統工芸品には、経済産業省が指定するものや、各自治体が認定するものがある。

❷伝統工芸について説明する

これらの伝統工芸品の共通点は何だと思いますか。

昔から受け継がれているものかな。

伝統工芸品とは、受け継がれた技があり、手で作られており……

　❶で見付けた伝統工芸品の共通点を考え、伝統工芸品とは何かを考える。伝統工芸品には、①受け継がれた技がある、②人の手で作られている、③日常生活で使われている、④長い歴史がある、などの特徴がある。これらの特徴が、伝統工芸品について調べる時の観点になるので、しっかりと押さえておく。

本時の目標	・伝統工芸について関心をもつとともに，単元の見通しをもつことができる。	本時の評価	・伝統工芸について関心をもつとともに，単元の見通しをもっている。

工芸品のみりょくを伝えよう

単元の計画をたてよう

◆伝統工芸

*伝統工芸の写真

*伝統工芸の写真

*伝統工芸の写真

【焼き物】有田焼　萩焼　信楽焼
【和紙】石州和紙　阿波和紙
【仏壇】大阪仏壇　広島仏壇

伝統工芸とは
・受け継がれた技がある
・手で作られている
・日常生活で使われている
・長い歴史がある

❸ 教科書 pp.58-59「博多おり」を読む

今日から，教科書 pp.58-59にある福岡の伝統工芸品「博多おり」について書かれたリーフレットを読みます。単元の最後には，みなさんにも何かの伝統工芸品について同じようなリーフレットを作ってもらいたいと思います。

単元の最後に，伝統工芸品についてリーフレットを作ることを伝え，教科書 pp.58-59の「博多おり―使いやすさと美しさ」を読む。単元のゴールイメージをもつことが重要となる。

❹ 単元のめあてを交流する

それでは，単元のめあてを確認します。単元のめあては，「中心となる語や文を見つけて要約し，伝統工芸のリーフレットを作ろう」です。リーフレットにまとめる伝統工芸品を一つ決め，本などで調べます。調べたことを要約して，リーフレットを書きます。リーフレット作りの前に，「未来につなぐ工芸品」を読み，要約の仕方や文章構成について学習しましょう。

単元のめあてを確認し，学習計画をたてる。単元の最後にはリーフレットを作ること，そのために，「未来につなぐ工芸品」を通して要約の仕方や文章構成，具体例の活用の仕方を学ぶことを確認する。

2 / 12時間 未来につなぐ工芸品

準備物：なし

●筆者と対話する

　説明文の序論（はじめ）の段落は，筆者が様々な工夫をしている段落です。そこで，序論を筆者と対話しながら読むことが重要です。「筆者と対話しながら読む」とは，一文ずつ筆者に返事をしながら読み進めていくことです。一文ずつ視写をし，返事を書いていきます。時間がなければ，教師が一文を読み，その一文に返事をさせていきます。序論を読み終わった後，子どもたちに「どんなことが知りたくなった？」と問います。子どもたちは，「工芸品のよさは何？」「工芸品を未来に残す意味は何？」と答えます。それが，「未来につなぐ工芸品」を読み進める視点になります。序論を一文ずつ，筆者に返事をしながら読むことで，説明文を読む視点を明確にすることができます。

　わたしは，そんな職人と，職人たちが生み出す工芸品が大すきで，工芸品のよさを伝える仕事をしています。
　工芸品のよさって何だろう。
　どうして，よさを伝えたいんだろう。
　職人をどうして好きなんだろう。
　日本人の生活の変化などから，……日本にのこしていきたいと考えています。
　工芸品を未来にのこすにはどうすればいいんだろう。
　私のお家には工芸品はないなぁ。

　◆知りたくなったこと
　・工芸品のよさは何か
　・工芸品を未来にのこす意味は何か
　・どうしてよさを伝えたいんだろう

❶題名から話を想像する

今日から，「未来につなぐ工芸品」という説明文を学習します。題名からどんな話だと思いますか。

「未来にのこす」ではなくて「未来につなぐ」だから，何か意味がありそう。

　説明文の導入として題名からお話を想像する。前時に工芸品を学習しているので，もう一度写真などを見せると話が分かりやすくなる。そして，「どんなお話だと思う？」と聞き，子どもたちの意見を交流する。「未来にのこす工芸品」と「未来につなぐ工芸品」の印象の違いを聞く。

❷序論を筆者と対話しながら読む

初めの段落を，筆者と対話しながら読みたいと思います。説明文は，筆者が読者のあなたたちに語りかけているものです。一文ずつお返事をしましょう。「工芸品」と聞いて，どのような物を思いうかべるでしょうか。

古いイメージ。高級なイメージ。きれいなガラスのコップを見たことがあるよ。

　初めの段落を，筆者と対話しながら読みます。時間があるようだったら，一文ずつ試写し，返事を書かせて交流します。時間がないようなら，一文ずつ教師が読み，返事をさせ，交流します。「工芸品のよさを伝える仕事をしています。」という一文から，よく分からなくなる子が増えます。それが最後の「どんなことが知りたくなった？」という発問につながります。

| 本時の目標 | ・「未来につなぐ工芸品」を読み，大まかな内容をとらえることができる。 | 本時の評価 | ・「未来につなぐ工芸品」を読み，大まかな内容をとらえている。 |

未来につなぐ工芸品

初めの段落を読もう

◆題名読み
　未来にのこす工芸品
　未来につなぐ工芸品

ちがいは？
「つなぐ」は過去と今と未来で発展するイメージ

◆大牧さんと対話読みをしよう

「工芸品」と聞いて，どのような物を思いうかべるでしょうか。

古いイメージ。高級なイメージ。きれいなガラスのコップを見たことがあるよ。

みなさんが毎日のくらしで使っている皿やはし，……とよばれています。

工芸品は職人の手作りなの！　工場で作られていると思っていた。

日本各地で，その土地の気候やしげんをいかした伝統的な工芸品が作られ，全国のお店で売られています。

土地の気候やしげんとどんな関係があるんだろう。場所によってどうちがうんだろう。

職人は，使う人のことを大切に思い，ていねいに工芸品を作っています。

手作りだから，ひとつひとつに心がこもっているんだね。

❸「未来につなぐ工芸品」を読む

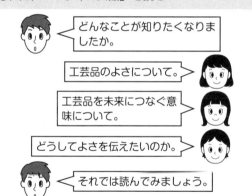

「どんなことが知りたくなった？」と問います。子どもたちからは，「工芸品のよさは何？」「工芸品を未来につなぐ意味は何？」「どうしてよさを伝えたいんだろう？」などが挙げられます。これらは，子どもたちに湧き上がった問いです。そして，その後の文章を読む視点になります。読み進める視点をもつことで，話がわかりやすくなります。

❹心に残ったことを書く

「未来につなぐ工芸品」を読んで，心に残ったことや分かったことを書きましょう。

工芸品のよさは分かったけど，未来につなぐということがいまいちわからなかったな。

　最後に，初発の感想を書きます。ここでは，筆者が伝えたいことではなく，読者として自分の心に残ったことを書きます。子どもたちは，工芸品が土地の気候や資源を生かしていることや，工芸品のよさなどを書きます。それを数人に発表させて，授業を終えます。

3 未来につなぐ工芸品

12時間
準備物：なし

● 「初め」「中」「終わり」に分ける

　本時では、「未来につなぐ工芸品」を「初め」「中①」「中②」「終わり」に分ける活動を通して、大まかな内容や段落のつながりを見付けることが目標になります。「未来につなぐ工芸品」は7段落で構成されている説明文です。七つの段落を、「初め」「中①」「中②」「終わり」に分けるのですが、大切なことは、どう分けたかではなく、分ける活動を通して各段落に何が書かれているかを見付けることになります。つまり、分けた理由がポイントになります。「3段落と4段落には工芸品を残したい理由が書いてある」「7段落には筆者が伝えたいことが書いてある」などの各段落の書かれている内容を整理していくことが大切です。分けた理由を交流することで、各段落の大まかな内容をまとめることができます。

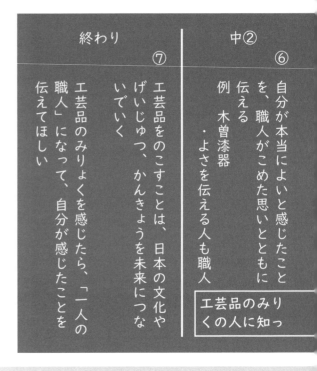

❶初め・中・終わりに分ける

「未来につなぐ工芸品」を初め・中・終わりの三つに分けましょう。まずは、自分で分けてみてください。自分がそのように分けた理由になる言葉に線を引きましょう。

　「未来につなぐ工芸品」を初め・中・終わりの三つに分ける。まずは、自力でやらせる。この1時間で大切なことは、段落に分けるという活動を通して、各段落のキーワードを明らかにすること。つまり、分けた理由が重要となる。自分が分けた根拠になる言葉に線を引かせることで、キーワードを見付けることができる。

❷中と終わりに分かれ目を見付ける

それでは、「終わり」の段落はどこになりますか。

6段落は、工芸品のよさを伝えていく理由の具体例があるので「中」だと思います。

7段落は、工芸品を残していく理由と、私たちへのメッセージがあるので、まとめの段落だと思います。

　❷では「中」と「終わり」を分ける。❸の「初め」と「中」から分けてもよいが、「終わり」を先に考えた方が、「初め」を見付けやすい。「終わり」には、筆者が伝えたいこと「工芸品を残していく理由」と、読者へのメッセージ「工芸品のみりょくを伝えてほしい」ということが書かれいる。

| 本時の目標 | ・「未来につなぐ工芸品」を読み，「初め」「中①」「中②」「終わり」に分け，大まかな内容をとらえることができる。 | 本時の評価 | ・「未来につなぐ工芸品」を読み，「初め」「中①」「中②」「終わり」に分け，大まかな内容をとらえている。 |

未来につなぐ工芸品

段落分けをしよう

初め
- ① その土地の気候やしげんをいかして，職人の手仕事で作られる「工芸品」
- ② 工芸品を未来の日本に残していきたい

中①
- ③ 理由① 工芸品が日本の文化やげいじゅつを未来につないでくれる
  - 例 奈良墨
- ④ 理由② 昔の文化を今に伝える 工芸品がかんきょうを未来につないでくれる
  - 例 南部鉄器
    - ・自然にある素材で作る
    - ・かんきょうにやさしい

→ 工芸品を未来に残したい理由

- ⑤ そのために，多くの人に工芸品のよさ知ってもらう

→ よくを多てもらう

---

❸初めと中の分かれ目を見付ける

初めの段落はどこまでですか？

2段落には，「終わり」と同じように筆者が伝えたいことが書いてあるので，「初め」の段落に入ると思います。

3段落からは工芸品を未来に残していく理由の具体例が書かれているので，3段落は「中」になると思います。

「初め」と「中」を分ける。分けた理由を交流する中で，1段落には工芸品の説明が書かれていること，2段落には「工芸品を未来に残していきたい」ということが書かれていることを明らかにする。3段落からは，その理由の具体例が書かれていることを見付けておくと，次の学習がスムーズになる。

❹「中」を二つに分ける

「中」を二つに分けましょう。

5段落からは工芸品のよさを知ってもらう話になっているから，「中②」になると思います。

3段落は日本の文化と芸術を，4段落は環境を未来につなぐと書いてあり，つながりがあるので「中①」だと思います。

「中」を二つに分ける活動を通して内容を確認する。「二つに分ける」と指定することで，話し合いやすくする。3段落には「日本の文化や芸術を未来につなぐ」，4段落には「環境を未来につなぐ」とあり，3・4段落は工芸品を未来に残していく理由が書かれている。5・6段落は，多くの人に，工芸品のよさを知ってもらうことが書かれている。

未来につなぐ工芸品

4 / 12時間

準備物：2段落と7段落を書いた模造紙（電子黒板へ提示でもよい）

●筆者が伝えたいことを読み取る

　説明文の学習では「筆者が伝えたいことを読み取る」ことが大きな目標になります。筆者が伝えたいことを読み取るにはいくつかの段階があります。一つ目は，筆者が伝えたいことが書かれている段落を見つける段階，二つ目は，筆者が伝えたいことが書かれている文章を見付ける段階，三つ目は，筆者が伝えたいことが書き表されている文章を，自分の言葉に言い換える段階です。本時では，筆者が伝えたいことをプレゼンする学習をします。筆者が伝えたいことを，自分の言葉や具体例で言い換えることができた時に，本当に筆者が伝えたいことを読み取ったと言えます。そして，友達のプレゼンを聞くことで，より深く筆者が伝えたいことを理解することができます。

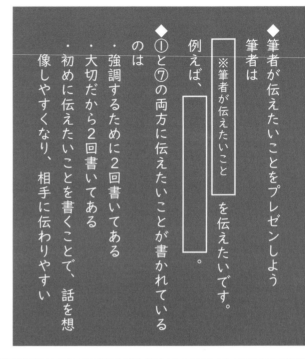

◆筆者が伝えたいことをプレゼンしよう
◆筆者は
　例えば、
　　※筆者が伝えたいこと
　を伝えたいです。
　①と⑦の両方に伝えたいことが書かれているのは
　・強調するために2回書いてある
　・大切だから2回書いてある
　・初めに伝えたいことを書くことで、話を想像しやすくなり、相手に伝わりやすい

❶筆者が伝えたいことに線を引く

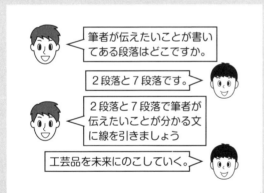

筆者が伝えたいことが書いてある段落はどこですか。
2段落と7段落です。
2段落と7段落で筆者が伝えたいことが分かる文に線を引きましょう
工芸品を未来にのこしていく。

　筆者が伝えたいことが書かれている段落を見付け，伝えたいことが分かる文に線を引かせる。前時までの，段落分けの板書などを見せながら確認すると，分かりやすい。この時に，「工芸品を未来の日本にのこす」や「自分がどう感じたのかを伝えて」などを確認すると，あとのプレゼンがしやすい。

❷伝えたいことをプレゼンする

大牧さんが伝えたいことを，みんなに分かりやすくプレゼンしてみましょう。
「筆者は（　　　）を伝えたいです。例えば（　　　）。」
というようにまとめましょう。

　筆者が伝えたいことをプレゼンする。考えにくい子のために，「筆者は（　　　）ということを私たちに伝えたいです。例えば（　　　）。」などの文例を示す。しかし，子どもたちには自由にプレゼンをさせてあげたい。子どもの状況に応じて，グループでさせたり，個人でさせたりすることができる。

本時の目標	・「未来につなぐ工芸品」を読み，筆者が伝えたいことを読み取ることができる。	本時の評価	・「未来につなぐ工芸品」を読み，筆者が伝えたいことを読み取っている。

未来につなぐ工芸品

筆者が伝えたいことをプレゼンしよう

◆ 筆者が伝えたいことが書かれている段落

* p.49第2段落の文章

◆ 筆者が伝えたいことは何だろう
・工芸品を未来の日本にのこしていきたい
・工芸品をのこすことは、日本の文化やげいじゅつ、かんきょうをのこすことだ
・工芸品のみりょくを周りの人に伝えてほしい

* p.53第7段落の文章

---

❸プレゼンを交流する

グループでプレゼンを交流しましょう。

大牧さんは，工芸品の魅力を周りに伝えることで，工芸品を未来の日本につないでほしいということを私たちに伝えています。例えば，南部鉄器を今の時代にも残すことで，クゴという植物を残すことになり，自然の素材だけで鉄器を作る技術を残すことができます。

　プレゼンを交流する。グループ内で発表させたり，上手だった子はクラスの前で発表させたりする。時間があれば，「クラス No.1 プレゼンを決めよう」などとすると，意欲をもって工夫したプレゼンが見られる。クラスで交流することで，筆者が伝えたいことがより具体化されて，深く理解をした要旨の読み取りにつながる。

❹双括型の効果について考える

筆者は，初めと終わりの両方に伝えたいことを書いています。両方に書くことでどんなよいことがあるのでしょうか。

大切だから2回書いてある。

初めに伝えたいことを書くことで，話を想像しやすくなり，相手に伝わりやすい。

　最後に，双括型の文章構成のよさについて考える。双括型には伝えたいことを2回書くことで明確にするよさや，初めに読む視点を明確にすることで，論点が分かりやすく読みやすくなるよさがある。双括型の構成はスピーチでも効果的なので，様々な場面で使えることを伝えて授業を終える。

第4時　85

5 / 12時間　未来につなぐ工芸品

準備物：なし

●要約する

　本時は，要約に向けた学習になります。要約した文章を書くことは，子どもたちにとってとてもハードルが高いものになります。そこで，本時では，要約したものを「話す」学習をします。「初め」「中」「終わり」に分けた授業や，「中」を分けた授業の板書を参考に，文章全体をまとめて話をします。要約を話す時間を調整することがポイントです。要約の時間が20秒なら，⑦のまとめしか言えません。短い時間から，だんだんと1分，2分と時間を長くすることで，要約の分量が増えていきます。

　また，ノートに各段落で使いたいキーワードをメモすることも重要です。何度も要約したものを話すことを繰り返すことで，だんだんと各段落のキーワードが見えてきます。

> その土地の気候やしげんをいかして、職人の手仕事で作られている伝統的なものを工芸品といいます。工芸品は、日本の文化やげいじゅつ、かんきょうを未来につなぐことができるので、工芸品を未来の日本にのこしていきたいと思います。
> また、工芸品には様々なみりょくがあります。自分が本当によいと感じた工芸品のみりょくを、「一人の職人」として周りの人に伝えることが、工芸品を未来につなぐことになります。（一九一文字）

❶10秒の要約をする

今日は，要約を書くのではなく，話してもらいます。10秒で要約して，隣の友達に10秒で伝えてみましょう。ノートに，使う言葉をメモしながらやりましょう。

10秒だから「終わり」の部分しか言えないな。

10秒しか言えないなら，何を言いますか。

　10秒の要約をする。まずは，2～3回させてみる。板書のキーワードを見ながら，文章をその場で考えて言う。その後に，「何を言えばよいか」を確認し，10秒なら筆者が伝えたいことだけしか言えないことを確認する。前時の段落分けの板書を電子黒板などで提示すると，子どもたちは考えやすい。

❷30秒・60秒の要約をする

では，次は30秒です。ペアを替えて，友達に伝えてみましょう。

「初め」「中」も言えるね。

最後は60秒です。ペアを替えて，友達に伝えてみましょう。

「中①」と「中②」をまとめて言います。

　次は，30秒の要約をする。30秒なら，「初め」や「中」を加えられる。次に60秒の要約をする。60秒になると，具体例を入れることができる。ここで重要なのが，筆者が伝えたいことを伝えるためには，「中①」と「中②」のどの具体例を入れた方がよいかを考えることである。ノートに使いたいキーワードをメモさせることによって，だんだんとよりよい要約につながっていく。

| 本時の目標 | ・「未来につなぐ工芸品」のキーワードをとらえて、要約することができる。 | 本時の評価 | ・「未来につなぐ工芸品」のキーワードをとらえて、要約している。 |

未来につなぐ工芸品

「未来につなぐ工芸品」を要約しよう

◆ 一〇秒の要約
・筆者が伝えたいことだけを言う

◆ 三〇秒の要約
・「初め」「中」「終わり」を三つとも言う
・「中①」…工芸品をのこしたい理由
・「中②」…工芸品のみりょくを伝える

◆ 六〇秒の要約
・筆者が伝えたいことに合わせて、「中」をくわしく言う

要約の評価の観点
① 筆者が伝えたいことが書かれている
②「初め」「中①」「中②」「終わり」がそれぞれまとめられている
③ 本文中の中心となる言葉や文を使って書かれている
④ 二〇〇字以内で書かれている

❸要約の評価の観点を確認する

要約の評価の観点を確認します。
① 筆者が伝えたいことが書かれている
②「初め」「中①」「中②」「終わり」がそれぞれまとめられている
③ 本文中の中心となる言葉や文を使って書かれている
④ 200字以内で書かれている

　要約の評価の観点を確認する。教師が提示してもよいし、子どもたちと一緒に考えてもよい。先ほど行った60秒の要約が参考になる。1人で要約を書くことが難しい子が多い場合は、「筆者が伝えたいことはどの段落に書かれていましたか」「中①はどんな話でしたっけ」などと確認する。

❹要約を書き、交流する

それでは要約を書きましょう。

友達と交流しましょう。自分と似ているところや違うところを見付けるといいですね。感想やアドバイスを付箋に書いて、渡してあげましょう。

　要約を書く。要約はノートに書かせてもよいし、タブレットで書かせてもよい。書けたら、要約をグループで交流する。評価の観点をもとに、グループの中で一番よくまとめられている要約を選び、全体で交流してもよい。時間がなければ、クラスの中の数人に発表させて、よいところを話し合わせてもよい。

6 / 12時間　工芸品のみりょくを伝えよう

準備物：模造紙

● リーフレットの型を整理する

　本時では、「博多おり」を参考に、リーフレットの書き方について考えます。「博多おり」は、「初め・中・終わり」の双括型の文章です。中は、中①は「使いやすさ」と中②「美しさ」の2段落で書かれています。中①と中②はともに、写真を提示し、それぞれのよさの具体例を挙げながら説明しています。「博多おり」を読むことを通して、これらの話の組み立て方を整理します。

　また、「博多おり」の文章の中から、「参考となる表現」を見付けることも有効です。子どもたちも実際に書き始めると、文章の書き方に迷います。使える表現が手元にあるだけで、すべての子が書きやすくなります。

　リーフレットの型を整理することを通して、今後の活動の見通しをもつことが大切です。

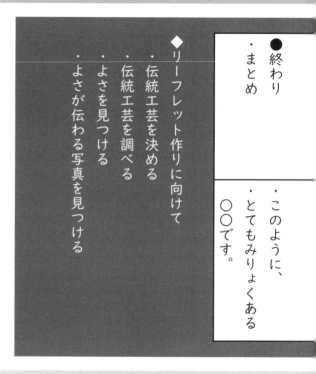

◆リーフレット作りに向けて
・伝統工芸を決める
・伝統工芸を調べる
・よさを見つける
・よさが伝わる写真を見つける

●終わり
・まとめ
・このように、とてもみりょくある○○です。

❶「博多おり」を読む

今日から、伝統工芸のよさを伝えるリーフレット作りを始めます。まず、「博多おり」を読んで、書き方を学びましょう。

　本時は、リーフレット作りのイメージをもつための授業となる。そのために、教科書pp.58-59「博多おり」を読む。「リーフレット作りのために、各段落にどのようなことが書いてあるか確認しながら読もう」などと声をかけ、「博多おり」を読む。

❷「博多おり」の内容を確認する

「博多おり」の各段落にはどのようなことが書かれていましたか。

2段落と3段落には、「博多おり」の魅力が書かれていました。

2段落には「使いやすさ」の具体例が書かれていました。

　「博多おり」の各段落に書かれていることを確認する。まず、4段落構成であること、「初め・中・終わり」に分かれること、双括型の文章であることを確認し、各段落に書かれていることを聞く。なかなか見つけられない場合は、教科書pp.58-59を参考に考える。

本時の目標	・リーフレットの書き方を整理し，今後の活動の見通しをもつことができる。	本時の評価	・リーフレットの書き方を整理し，今後の活動の見通しをもっている。

工芸品のみりょくを伝えよう

リーフレットの書き方をまとめよう

◆リーフレットの書き方
・4段落
・「初め」「中」「終わり」の構成
・資料（写真や絵）を使う

リーフレットの書き方	参考となる表現
●初め ・伝統工芸の紹介	・ここでは、…を二つしょうかいします。
●中① ・伝統工芸のよさ① ・よさが伝わる写真 ・よさの理由 ・よさの例	・一つ目は○○です。 ・この作りのために、 ・例えば、 ・今でも
●中② ・伝統工芸のよさ② ・よさが伝わる写真 ・よさの理由 ・よさの例	・二つ目は、○○です。 ・写真のように、 ・楽しむことができます。

❸使えそうな表現を確認する

「博多おり」の文章の中で，参考になる表現に線を引きましょう。

「ここでは，…を二つしょうかいします。」は使えそうな表現だね。

「博多おり」の中から，参考になる表現を見付けて，線を引かせる。「ここでは，…を二つしょうかいします。」「一つ目は○○です。」「二つ目は○○です。」「例えば，」「このように，」など，話を組み立てる時のつなぎ言葉は，とても大切である。このような言葉を使うことで，論理的な文章になる。

❹今後の活動の内容を確認する

今後の活動の流れを考えましょう。
どんなことが必要だと思いますか。

リーフレットを書く伝統工芸を調べることが必要です。

伝統工芸のよさを見付けることです。

最後に，今後の活動について確認する。子どもと話し合いながら活動の内容を整理していく。時間がなければ，教師から提示する。
伝統工芸をいくつか紹介し，教室に伝統工芸を紹介する本を置き，次時までにどの伝統工芸を紹介するか決めさせると，その後の活動がスムーズになる。

7/12時間 工芸品のみりょくを伝えよう

準備物：黒板掲示用資料，百科事典（グループに1冊），付箋

●付箋の活用

本時では，リーフレットを書く伝統工芸を選び，百科事典などを使って調べます。

調べたことは，付箋に書かせるようにしています。リーフレットを書くためには，調べたことを整理し，まとめる必要があります。調べたことを整理するとは，同じような内容で分類したり，関連付けたりしながら，伝統工芸がもつよさをまとめていくことです。そのためには，調べたことを付箋に書かせることが有効です。付箋には，1枚ごとに調べて分かったことを一つずつ書かせます。付箋に調べたことを書くことで，分類しやすくなります。また，付箋は，書ける量が限られているので，端的な言葉で書かなくてはいけません。これにより，調べたことを自分の言葉で置き換えながらまとめることができます。

（ふせんに書く例）
博多おりは、結んだ時に、ゆるみにくく、ほどきやすくするために、表面に波のようなでこぼこがある。
「○○百科事典」○○ページ
○○図書2017年

② ふせんには短い言葉でまとめて書く
③ ふせんに調べた本やページ数も書く

❶伝統工芸品を紹介する

「未来につなぐ工芸品」では奈良墨や南部鉄器について考えました。日本には，他にも伝統工芸品があります。興味がある伝統工芸品はありますか。

教室に置いてあった本を読んでいた時に，秋田県の「曲げわっぱ」がすごいと思いました。

日本には，国や都道府県が指定した伝統工芸品が多数ある。本時では，自分が調べる伝統工芸品を決めることが目標となる。「未来につなぐ工芸品」の学習と並行して，伝統工芸の本を読書させておくと，決めやすくなる。

❷調べる工芸品を決める

自分がリーフレットにしたい伝統工芸を選ぶために，本や百科事典を読みましょう。

自分が調べる伝統工芸品を決めるために，本を読ませる。本は，地域の図書館などから借り，1人1冊は用意したい。グループで回し読みをしながら，多くの伝統工芸品に触れ，その中から興味をもったものを選ばせる。

| 本時の目標 | ・本や百科事典を読み，取り上げる工芸品を選び，調べることができる。 | 本時の評価 | ・本や百科事典を読み，取り上げる工芸品を選び，調べている。 |

工芸品のみりょくを伝えよう

リーフレットにする伝統工芸を決めよう

◆ 伝統工芸品
・曲げわっぱ
・江戸切子（きりこ）
・信楽焼
・萩焼
・有田焼
・二風谷イタ（にぶたに）
・名古屋友禅（ゆうぜん）
・西陣織（にしじんおり）
・博多織（はかたおり）
・三線（さんしん）

◆ 調べる伝統工芸を決めよう
① 本で伝統工芸を調べる
② 自分が調べる伝統工芸を決める

◆ 調べる方法
● 本やインターネットで調べる
● 分かりやすい写真や図があれば記録する
● 調べたことのまとめ方
① 調べて分かったことをふせんに書く

❸調べ方を確認する

大まかに知りたい時は，様々な伝統工芸が載っている本や百科事典を使いましょう。くわしく調べたい時は，調べたい伝統工芸の本やパンフレットや伝統工芸のホームページで調べましょう。続いて調べ方を確認します。①調べて分かったことを付箋に書きましょう。②付箋には短い言葉でまとめて書きましょう。③付箋に調べた本やページ数も書きましょう。

　調べ方を確認する。教科書p.55に「工芸品について書かれた本」が載っているので，紹介する。
　調べたことは付箋に書くように説明する。付箋には，本やインターネットの情報をそのまま書き写してもよいが，長くなる場合は要約して書くようにする。その情報が書かれている本や資料も記録しておくと，後で参考にすることができる。

❹本で伝統工芸について調べる

それでは本で調べましょう。グループで本を共有しながらやってもいいですね。

本によって書かれていることが違うので比べてみるのもいいな。

　本やインターネットを使って調べる。「本を調べて分かったことやすごいなと思ったところがあれば，付箋に書きましょう」などと伝えると，調べやすくなる。同じ伝統工芸を調べる友達と本を共有することで多くの情報を見付けることができる。1人では調べられない子が多い場合は，グループで情報を共有しながら進めてもよい。

工芸品のみりょくを伝えよう

8/12時間

準備物：黒板掲示用資料，ワークシート（Xチャート・Yチャート），付箋

● シンキングツールを活用する

本時は，調べた情報を整理することが目標になります。調べた情報は，似ているものと違うものに分類することで整理することができます。そこで，XチャートやYチャートなどのシンキングツールを活用することで，整理することができます。子どもたちは調べたことを付箋に書いています。似たものを同じスペースに，違うものを別のスペースに貼っていくことで，分類されます。そして，分類したまとまりを，「使いやすさ」「美しさ」などの簡潔な言葉でまとめます。情報を整理することで，伝統工芸のもつ魅力をまとめることができます。

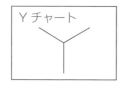

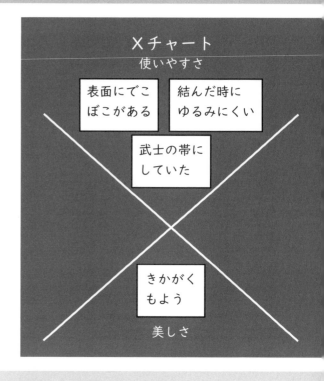

❶ 調べた情報を確認する

本時のめあて「調べた情報を整理しよう」を確認する。この後，自分が調べた情報を友達と交流し，Xチャートで分類するので，やりやすいように机の上に付箋を貼らせる。

❷ 調べた情報を友達と共有する

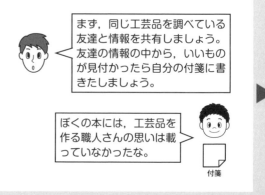

付箋を見せ合いながら，同じ伝統工芸を調べている友達と情報を交流する。必要に応じて，本を見て説明しながら交流するとよい。友達の情報の中で自分にないものがあったら，自分の付箋に書きたしをさせる。

本時の目標	・調べた情報を整理し、伝統工芸の魅力をまとめることができる。	本時の評価	・調べた情報を整理し、伝統工芸の魅力をまとめている。

工芸品のみりょくを伝えよう

調べた情報を整理しよう

◆友達と情報を共有しよう
・ふせんに書いたことを交流する
・「いいな」と思った情報があればふせんに書く

◆Xチャートを使って整理しよう
・自分のふせんをXチャートを使って分類する
・似た情報のふせんを同じ場所にはる
・分類したまとまりに名前をつける

❸調べた情報をXチャートで分類する

Xチャート（Yチャート）を使って、自分が調べた情報を分類しましょう。例えば、「博多おり」では、黒板のようになりますね。

何の観点で分類するかが難しいな。

調べた情報をXチャートやYチャートを使って分類させる。XチャートやYチャートのワークシートを配付するとやりやすい。Xチャートを使い慣れていない場合は、教師が黒板で「博多おり」をもとに例示してあげればよい。

❹分類したまとまりに名前を付ける

それでは、分類したまとまりに名前を付けましょう。例えば、「博多おり」では、「使いやすさ」と「美しさ」になりますね。

「歴史」とか「希少価値」とか、本に書かれていた言葉が参考になるね。

Xチャートで分類したまとまりに名前を付けさせる。ここでまとめた言葉が、伝統工芸のよさや魅力となる。子どもたちの語彙では難しい場合は、「歴史」「使いやすさ」「美しさ」「便利さ」などの言葉をたくさん提示し、そこから選ばせれば書きやすくなる。

工芸品のみりょくを伝えよう

9/12時間　準備物：付箋

●ピラミッドチャート

本時は，文章の組み立てを考えることが目標です。文章を組み立てるにはピラミッドチャートが有効です。

【ピラミッドチャート】

下段には，調べて分かったこと（付箋）を貼ります。中段に，調べて分かったことのまとめを書きます。そして，上段に，工芸品の魅力を書きます。中段の調べて分かったことのまとめから，リーフレットに書く魅力を二つほど選んで上段に書きます。

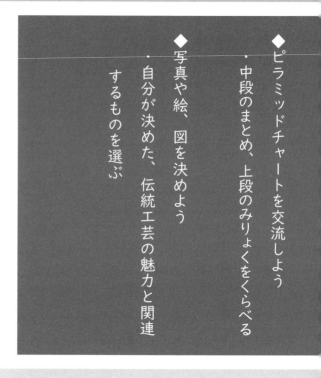

◆
・ピラミッドチャートを交流しよう
・中段のまとめ，上段のみりょくをくらべる

◆
・写真や絵，図を決めよう
・自分が決めた，伝統工芸の魅力と関連するものを選ぶ

❶「博多おり」についてまとめる

今日の授業は，これまでに調べてきたことをもとに文章の組み立てを考えましょう。

「博多おり」をピラミッドチャートにまとめましょう。教科書 p.57 の「調べたことを整理した例」を参考にしましょう。

付箋は１番下だね。まとめた言葉が中段にくるんだね。

本時では，話の組み立てを考えるために，ピラミッドチャートを使ってまとめる。まずは，ピラミッドチャートの使い方を確認するために，「博多おり」について子どもたちと一緒にピラミッドチャートでまとめる。教科書では，「使いやすさ」と「美しさ」の二つを魅力として使ったことを押さえる。

❷調べた伝統工芸についてまとめる

それでは，調べた伝統工芸をピラミッドチャートにまとめましょう。

前の時間に考えたまとめも使えるね。

各自で，ピラミッドチャートをまとめる。下段には，前時に分類した付箋を貼り，中段にそのまとまりの名前を書く。上段には，中段の中から魅力としてふさわしいものを決める。中段が難しいので，参考となるいくつかの言葉を提示すれば書きやすくなる。

| 本時の目標 | ・リーフレットに載せる文章の組み立てや資料を考えることができる。 | 本時の評価 | ・リーフレットに載せる文章の組み立てや資料を考えている。 |

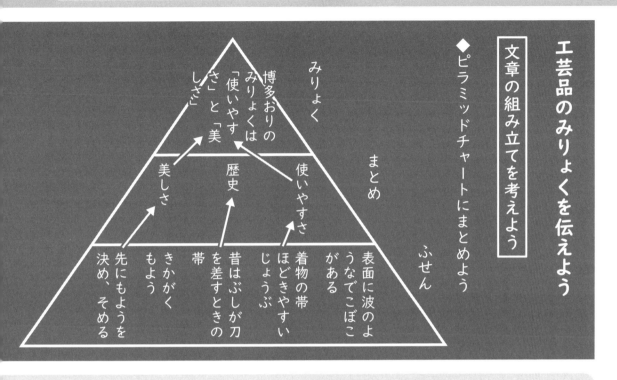

❸ピラミッドチャートを交流する

> ピラミッドチャートを交流しましょう。中段のまとめた言葉や、魅力として選んだことを比べながら交流しましょう。

> ぼくは、「便利さ」と「歴史」を魅力としたけど……

　ピラミッドチャートを交流する。中段の言葉や上段の魅力を比べるとよい。自分とは違う伝統工芸を選んだ友達と交流すると面白い。自分とは違う伝統工芸でも、中段や上段に書かれる言葉が同じこともある。それは、伝統工芸に共通する魅力であり、これまで長い歴史の中で残ってきた証でもある。

❹写真や絵，図などを選ぶ

> 最後に、リーフレットに載せる写真や絵、図を選びましょう。自分が決めた、伝統工芸の魅力と関連するものを選びましょう。

> ぼくは「便利さ」を魅力として選んだから、使っている写真がいいかな。

　最後に、写真や図、絵を選ぶ。リーフレットでは、表紙の写真・絵以外に、自分が選んだ伝統工芸の魅力を伝えるための写真が必要となる。「博多おり」でも、「写真①のように、」などと、写真を使って説明をしている。魅力が伝わる写真や絵、図を選ぶことが重要である。

工芸品のみりょくを伝えよう

準備物：リーフレットの書き方をまとめた模造紙，付箋

●グループで推敲する

本時では，リーフレットに書く文章の下書きを書きます。初めから書くよりも，中から書くと書きやすいものです。中は，前時にまとめたピラミッドチャートを見ながら書かせましょう。

さて，文章を書いた後は推敲することが重要です。今回は，自分とは違う伝統工芸品のリーフレットを書いている友達と交流することが有効です。読み手は，相手が書いている伝統工芸品のことを知らないので，「分かりやすい文章になっているか」という視点で評価しやすいからです。「ここが分かりにくい」「これはどういう意味かな」などと，読者として分かりにくかったところが文章を改善するポイントになります。付箋を使うと，多くの人と交流することができます。

```
・よさの例
●中②
・伝統工芸のよさ②
・よさが伝わる写真
・よさの理由
・よさの例
●終わり
・まとめ
```

```
・今でも二つ目は、○○です。
・写真のように、楽しむことができます。
・このように、とてもみりょくある○○です。
```

❶めあてを確認する

今日は，リーフレットに載せる文章を書きます。前に，「リーフレットの書き方」をまとめました。「博多おり」を見ながら確認しましょう。

リーフレットに載せる文章を書くというめあてを確認する。教科書pp.58-59の「博多おり—使いやすさと美しさ」を音読する。6時間目に考えた「リーフレットの書き方」を模造紙にまとめたものを掲示し，ペアやグループで，初め，中，終わりに書く内容を確認させる。

❷中を書く

中にはどんなことを書きますか。
伝統工芸のよさを2段落で書いてありました。
よさとその理由を書きます。
それでは中を書きましょう。

中に書く内容を確認する。中には，伝統工芸の魅力やよさを二つ書く。前時に書いたピラミッドチャートを見ながら書かせる。ピラミッドチャートの下段に貼った付箋には調べた内容が，中段にはそれぞれのまとめが書いてある。それを見ながら書かせる。また，参考となる表現を使って書くと書きやすい。

本時の目標	・調べたことをもとに，文章構成を考え，リーフレットに載せる文章を考えることができる。	本時の評価	・調べたことをもとに，文章構成を考え，リーフレットに載せる文章を考えている。

工芸品のみりょくを伝えよう

リーフレットにのせる文章を書こう

◆中を書こう
・伝統工芸のよさやみりょくを2段落で書く
・よさやみりょくの理由を書く

◆初め、終わりを書こう
・初めには、伝統工芸の紹介を書く
・終わりにはまとめを書く

リーフレットの書き方　参考となる表現

● 初め
・伝統工芸の紹介
　・ここでは、…を二つしょうかいします。
● 中①
・伝統工芸のよさ①
・よさが伝わる写真
・よさの理由
　・一つ目は○○です。
　・この作りのために、
　・例えば、

❸初めと終わりを書く

初めと終わりの段落を書かせる。初めの段落には，伝統工芸の説明を書く。その伝統工芸を知らない人が読んでも分かるように書くことを意識させる。終わりにはまとめを書く。

❹書いた文章を推敲する

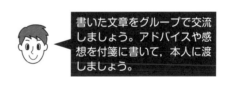

最後に推敲をする。自分で推敲をしてもよいし，グループで推敲してもよい。グループでする場合は，付箋を用意し，感想やアドバイスを書き，交流するとよい。グループは，自分とは違う伝統工芸を選んだ友達と交流することで，知らない人でも分かりやすい文章になっているかを推敲することができる。

工芸品のみりょくを伝えよう

11/12時間

準備物：黒板掲示用資料，教師が作成したリーフレットの見本，清書用の用紙

● 写真を選ぶ

本時は，表紙や裏表紙の構成を考えます。

表紙の構成を考える時には，写真選びが重要です。表紙には，伝統工芸が分かること，リーフレットを見た人が手に取りたくなることが求められます。つまり，工芸品の全体像が分かり，見る人に興味を抱かせるような写真でなくてはいけません。そのためにも，できるだけ多くの写真を集めておく方がよいでしょう。工芸品について調べている段階から，本やインターネットに載っている工芸品の写真をピックアップしておくことが重要です。表紙の写真によって，読み手が受ける印象は大きく変わります。子どもたちには，リーフレットを手に取る人の気持ちになって考えさせることが大切です。

◆ 副題を考えよう
・みりょくやよさ
　例　使いやすさと美しさ
・作り手の思い
　例　一つ一つ心をこめて
・自分の感想
　例　うけつがれてきた伝統
・デザイン
　例　食卓をいろどるまほうのデザイン

❶ めあてを確認する

今日の授業は，リーフレットの構成を考えます。これは，私が作ったリーフレットです。みなさんがリーフレットを作るためには，何を考えなければいけませんか。

内側の文章と写真は考えたので，表紙と裏表紙とレイアウトです。

本時のめあて「リーフレットの構成を考えよう」を伝える。リーフレットは，外側と内側で4ページ構成となる。内側の文章と写真はこれまでに考えてきた。本時は，外側の表紙と裏表紙について考える。教師が見本を作って見せたり，教科書p.56の図を参考にして説明すると，子どもたちがイメージしやすい。

❷ 表紙と裏表紙を考える

表紙は，興味をもってもらうために重要なものです。何を書いたらいいですか？

伝統工芸の名前と，どのような物かが分かる写真や絵があればいいと思います。

裏表紙には，何を書いたらいいでしょう。

内側に書ききれなかった情報について書いたらいいと思います。

表紙は，見た人がリーフレットを手に取るために，とても重要な役割をもつ。表紙には伝統工芸名や写真，自分の名前などを記載する。特に重要になるのが，写真である。伝統工芸のよさが伝わり，見た人が手に取りたくなるような写真を載せた方がよい。裏表紙には，興味をもった人がもっと調べられる施設などの情報を記載する。

本時の目標	・リーフレットを手に取る人の気持ちを想像しながら、レイアウトを考え、リーフレットを完成させることができる。	本時の評価	・リーフレットを手に取る人の気持ちを想像しながら、レイアウトを考え、リーフレットを完成させている。

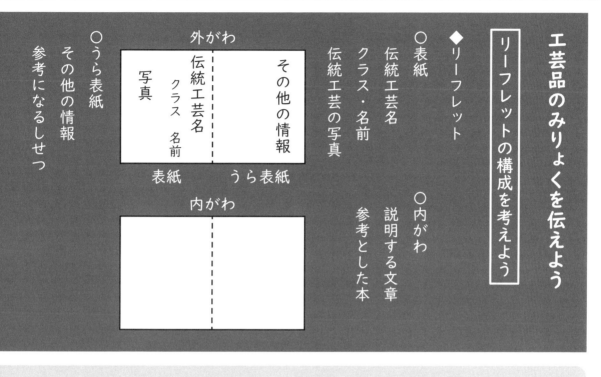

❸副題を考える

副題を考えます。伝統工芸の名前に副題を付けます。これまでに調べてきた中で、自分が一番伝えたいことを副題にまとめましょう。どんな副題だといいと思いますか。

魅力とかよさが伝わるといいな。

副題を考えてみましょう。

　最後に副題を考える。副題には、伝統工芸のよさや魅力、作り手の思い、自分の感想などを簡潔な言葉でまとめる。これまで自分が調べてきた伝統工芸のまとめとも言える学習となる。副題を考えることを通して、リーフレットを読む人に1番伝えたいことをまとめさせたい。

❹リーフレットを清書する

清書用の用紙を数種類用意しました。無地のものから、枠や罫線を入れているものまであります。自分に合った用紙を選びましょう。また、リーフレットを手に取る人の気持ちを想像しながら丁寧に仕上げましょう。

表紙はカラーペンを使ってきれいに書こう。

　最後に清書用の用紙を配付し、リーフレットを清書する。用紙は罫線などが入った紙を用意すると書きやすくなる。無地の用紙や罫線入りの用紙を用意し、自由に選ばせてもよい。また、カラーペンなどを上手に使って、きれいにまとめさせる。
　ここでは、集中して取り組めるように、静かな環境づくりに努める。

12 工芸品のみりょくを伝えよう

12時間　準備物：なし

●観点を明確にする

　本時では，リーフレットを読み合います。授業の中で成果物を交流する場面は多くありますが，交流する観点を明確にすることが重要です。観点を事前に話し合うことで，自分たちがこれまでに取り組んできたことを整理することができます。リーフレット作りでは，工芸品について調べ，情報を整理し，文章構成を考えて文章を書き，読み手の気持ちを考えながらまとめました。これらの観点で，しっかり書けているかが重要です。今回は，リーフレットを読み合う直前に観点を明らかにする場を設定しましたが，リーフレットを書く前にこれらを提示することも有効です。教師も子どもも，観点を共有しながら取り組むことで，焦点化された取り組みになります。

> 「工芸品のみりょくを伝えよう」
> ・奈良墨を使おうと思った
> ・日本の文化を素晴らしいと思った
> ・日本には多くの伝統文化があった
> ・どの伝統工芸にも、多くの人の思いによって受けつがれてきた
> ・説明する文章の書き方が分かった
> ・情報の整理の仕方が分かった

❶リーフレットを読む観点を共有する

今日はリーフレットを読み合います。どんなところを注意して読むといいでしょうか。

私が工夫したのは，資料と文章のつながりだから，そこもポイントなのかな。

　リーフレットを読み合う準備として，リーフレットを読む観点を共有する。観点を考えることが難しい場合は，「リーフレットを作る時に工夫したことは何かな」などと聞くと，リーフレットを読むポイントを明らかにすることができる。

❷感想を交流する

それでは，グループで読み合いましょう。読み終わったら，1分ずつ感想を伝えましょう。

読んでいて，○○のよさがよく分かった。僕が調べたものと同じようなところが魅力なのが面白いな。

　リーフレットを読み合う。ペアで交流したり，グループで交流したり，順番に1人ずつ発表したりするなど，クラスの状況に応じて交流の仕方を工夫する。感想は，付箋や手紙に書いて渡しても，その場で時間をとって口頭で伝えてもよい。リーフレットを読む観点を意識させて感想を述べさせる。

| 本時の目標 | ・友達とリーフレットを読み合い，感想を交流することができる。 | 本時の評価 | ・友達とリーフレットを読み合い，感想を交流している。 |

工芸品のみりょくを伝えよう

◆リーフレットを読み合って、感想を交流しよう

◆リーフレットを読む観点
・工芸品のよさが伝わるか
・工芸品のよさに共感できるか
・資料と文章がつながっているか
・よさやみりょくの具体例が書かれているか
・写真や図、絵が効果的に使われているか

◆単元をふり返って
「未来につなぐ工芸品」
・要約のコツが分かった
・中心となる言葉や文に注目することが大切

❸単元の学習を振り返る

これまで「未来につなぐ工芸品」と「工芸品のみりょくを伝えよう」を学習してきました。学習を振り返って、感じたことや分かったこと、考えたことをノートに書きましょう。

単元の振り返りをする。本単元では，「未来につなぐ工芸品」と「工芸品のみりょくを伝えよう」を学習した。「未来につなぐ工芸品」では，要約を中心に学習した。「工芸品のみりょくを伝えよう」では，要約することを活用して，伝統工芸のよさについて説明する文章を書いた。学習を振り返りながら、一人一人ノートに書かせる。

❹単元の学習の振り返りを交流する

それでは，書いたことを交流しましょう。

「未来につなぐ工芸品」は要約をがんばりました。重要な語句や文を見付けることが大切だと分かりました。

最後に単元の振り返りを交流する。振り返りは，「南部鉄器のすごさが分かった」「伝統工芸のよさが分かった」などの内容に関するものと，「要約の仕方が分かった」「情報の整理の仕方が分かった」などの学習スキルに関するものがある。両方とも大切なことである。板書する時は，整理しながら書くと分かりやすくなる。

慣用句

2時間

1 単元目標・評価

- 長い間使われてきた慣用句の意味を知り，使うことができる。（知識及び技能(3)イ）
- 相手や目的を意識して，経験したことや想像したことなどから書くことを選び，伝えたいことを明確にすることができる。また，文章に対する感想や意見を伝え合い，自分の文章のよいところを見付けることができる。（思考力，判断力，表現力等 B(1)ア・オ）
- 言葉がもつよさに気付くとともに，幅広く読書をし，国語を大切にして，思いや考えを伝え合おうとする。（学びに向かう力，人間性等）

知識・技能	長い間使われてきた慣用句の意味を知り，使っている。((3)イ)
思考・判断・表現	「書くこと」において，相手や目的を意識して，経験したことや想像したことなどから書くことを選び，伝えたいことを明確にしている。また，文章に対する感想や意見を伝え合い，自分の文章のよいところを見付けている。(B(1)ア・オ)
主体的に学習に取り組む態度	進んで慣用句の意味を知り，学習課題に沿って慣用句を使おうとしている。

2 単元のポイント

教材の特徴

「羽をのばす」と言うとき，文字通り「羽」を「のばし」ているのではない。自由にのびのびするということを，鳥が「羽をのばし」て優雅に飛んでいる様子に例え，比喩的に表現しているのだ。このように，いくつかの言葉が組み合わさった時に，その言葉の本来の意味ではなく，新しく別の意味をもたせることがある。そのような使い方が，日常的になり，慣例化したものが，「慣用句」である。日常的に使われるものであるから，子どもたちも生活の中で無自覚に，耳にしたり，使ったりすることもあるだろう。国語では，この「慣用句」について，その存在を知り，興味をもち，知らなかった慣用句を調べたり，使ったりすることで，より豊かな言葉の使い手としての資質を養うことをねらっている。

「知っている慣用句を出し合う」「国語辞典で調べる」「慣用句を使った文章を書く」「調べた慣用句の意味や文例をカードに書いて交流し合う」といった活動を通して，進んで調べたり，使ったりしながら，慣用句の世界を広げていく子を育てていきたい。

3 学習指導計画（全2時間）

次	時	目標	学習活動
一	1	・慣用句について理解し，正しく用いて例文を書くことができる。	・教科書を読み，慣用句について知る。 ・国語辞典などを使って，教科書にある慣用句の意味を調べ，国語辞典を作る人になったつもりで例文を作ることができる。
	2	・進んで慣用句の意味を知り，「慣用句クイズカードを作ろう」という学習課題に沿って慣用句を使おうとする。	・国語辞典を作る人になったつもりで，提示された慣用句の例文を作る。

単元について　103

慣用句

2時間

準備物：国語辞典（子ども用の慣用句辞典も，グループに1冊でもあるとよい）

●慣用句とは何か

「馬が合う」「エンジンがかかる」といった言葉を聞いた時に，その意味をイメージできる子は結構いるように思います。慣用句とは，そもそも日常的に用いられるようになった言葉だからです。しかし，「『慣用句』って何？」と聞かれて，答えられる子は少ないでしょう。「慣用句」の定義は，日常的には必要とされることはないからです。でも，日本語の特質として，「別の意味をもつようになった決まり文句（慣用句）」というものがあることは，知っておいてよいでしょう。「エンジンがかかる」というけれど，「もともと『エンジン』は，機械であるが，人のやる気に例えることがある」点は，日本語の面白いところであるということを，子どもたちと確かめていけたらと思います。

〈慣用句を使った例文を作ろう〉

けんかをしている二人の仲を取りもった

先生が来たので，ぼくはえりを正した

運動会が終わり労をねぎらった

母は，まだ小さい弟に世話を焼いている

けんかの後は頭を冷やす必要がある

❶慣用句とは何かを知る

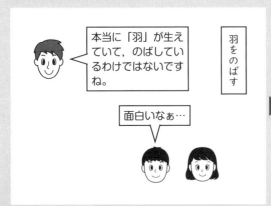

「羽をのばす」と板書し，文字通りに「羽をのばし」ているわけではなく，鳥の姿に例えていることを確かめたい。

そのうえで，「いくつかの言葉が組み合わさって，新しい意味をもつようになった決まり文句」が「慣用句」という特別な使い方であることを確かめる。

❷どんな慣用句があるかを思い出す

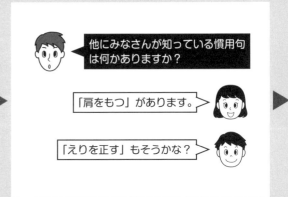

慣用句とは何かを確かめるために，知っている慣用句を出し合っていく。

3年生で学習した「ことわざ」との違いがあいまいになりがちなので，その違いを確認しておくのもよいだろう。

もちろん，これから学ぶことでもあるので，子どもから出なかったとしても問題はなく，次の学習に進めばよい。

| 本時の目標 | ・慣用句について理解し，正しく用いて例文を書くことができる。 | 本時の評価 | ・慣用句について理解し，正しく用いて例文を書いている。 |

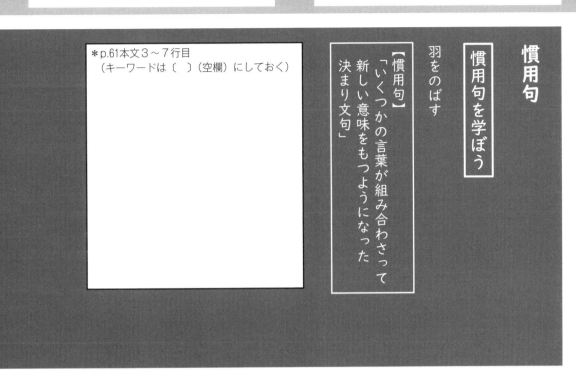

❸慣用句の分類を知る

　教科書に載っている慣用句の例を，穴埋めのクイズ形式で提示する。子どもは，すでに知っている慣用句もあるので，意欲的に答えるだろう。
　それぞれの慣用句の意味は，国語辞典で調べさせたり，教師が説明したりして，押さえておくとよい。使い方についても，「『ぼくは，難しいパズルを解こうと頭をひねった』というように使えますね」などと，簡単にでも押さえておくと理解を図りやすいだろう。

❹慣用句の例文を作る

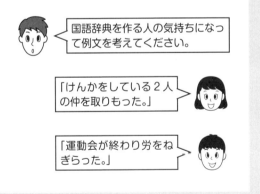

　教科書にある慣用句を用いて，例文を作る。
　意味については，国語辞典や慣用句辞典で確認しておくとよい。
　例文にする時は，その慣用句を用いる状況が分かるように少し詳しく書くのがポイントである。
　書いた例文については，複数の子どもで読み合うことで，慣用句の意味を理解して正しく用いているのかを，確認できるようにするとよいだろう。

慣用句

2/2時間

準備物：黒板掲示用資料，カードの用紙(八つ切り画用紙を4分の1に切ったもの)，国語辞典，慣用句辞典(あれば)

●クイズカードで交流する工夫

本指導例では，クイズカードを作って交流する活動を展開しています。できたカードの交流・共有の仕方については，下記のような工夫が考えられます。

- カードを持ち歩いてペアになって交流する。
- めくったら答えが分かるようにして掲示する。
- タブレット上で作成し，共有する。
- 全員分を縮小コピーして配付する。

ほかに，「慣用句を集める」「ミニ慣用句ポスターを作る」「慣用句を使った4コマ漫画をかく」「子ども用の慣用句辞典を読む」「市販の慣用句かるたに取り組む」など，慣用句に親しむ活動の広げ方は，無限にあります。わくわくしながら学べる活動を仕組んでいけるとよいでしょう。

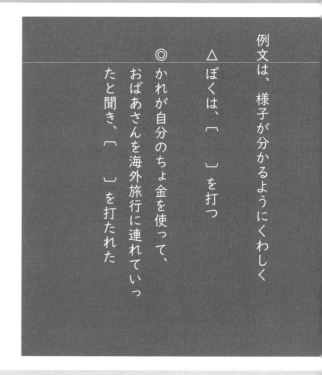

例文は、様子が分かるようにくわしく
△ ぼくは、〔　〕を打つ
◎ かれが自分のちょ金を使って、おばあさんを海外旅行に連れていったと聞き、〔　〕を打たれた

❶学習課題を確かめる

本時では，子どもたちが調べた慣用句を用いて，カードに書いて交流する活動を行う。自分から進んで慣用句を調べて，使うことを体験させたい。

本指導例では，〔　〕を埋めるクイズとなるようにした。カードの裏には答えを書いておく。

活動に当たり，モデルとなる書き方を具体的に示すようにすると安心して活動に取り組むことができるだろう。

❷例文の書き方を確かめる

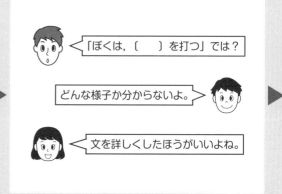

カードに書く例文の書き方について，ここで改めて押さえておく。

その慣用句を使う意味が伝わるように詳しい文にすることがポイント。そのためには，慣用句にふさわしい場面の様子を具体的に思い浮かべる必要があり，使い方を正しく理解していないと書くことはできない。

本時の目標	本時の評価
・進んで慣用句の意味を知り、「慣用句クイズカードを作ろう」という学習課題に沿って慣用句を使おうとする。	・進んで慣用句の意味を知り、「慣用句クイズカードを作ろう」という学習課題に沿って慣用句を使おうとしている。

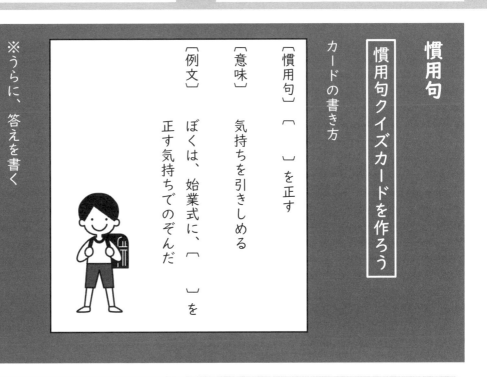

慣用句クイズカードを作ろう

カードの書き方

〔慣用句〕（　　）を正す
〔意味〕気持ちを引きしめる
〔例文〕ぼくは、始業式に、（　　）を正す気持ちでのぞんだ

※うらに、答えを書く

❸ 慣用句クイズカードを作る

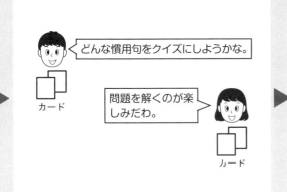

使いたい慣用句を調べて、慣用句クイズカードを作る。

慣用句を調べるには、子ども用の慣用句辞典を用いると、眺めているだけでもいろいろな慣用句に触れることができる。

もちろん、PCを用いてインターネットで調べるという方法もある。学級の実態に合わせて工夫していきたい。

❹ 慣用句の例文を作る

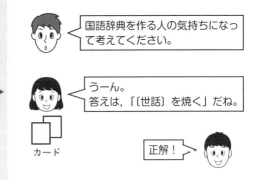

書いたクイズカードを互いに見せ合う機会を設けたい。仲間が作ったカードだから興味をもっていろいろな慣用句を知ろうとすることができるだろう。

また、廊下に掲示しておくと、休み時間などに興味をもった子が、学級・学年を超えて慣用句に触れることもできるだろう。

短歌・俳句に親しもう（二）

1 時間

┃ 単元目標・評価

- 易しい文語調の短歌や俳句を音読したり暗唱したりするなどして，言葉の響きやリズムに親しむことができる。（知識及び技能(3)ア）
- 言葉がもつよさに気付くとともに，幅広く読書をし，国語を大切にして，思いや考えを伝え合おうとする。（学びに向かう力，人間性等）

知識・技能	易しい文語調の短歌や俳句を音読したり暗唱したりするなどして，言葉の響きやリズムに親しんでいる。（(3)ア）
主体的に学習に取り組む態度	進んで言葉の響きやリズムに親しみ，これまでの学習を生かして，音読したり暗唱したりしようとしている。

② 単元のポイント

言語活動

　本単元は，「声に出して楽しもう」というコーナーである。「声に出して楽しもう」というコーナーは，各学年に配置されている。音読したり，暗唱したりすることを通して，日本の伝統文化に親しむことが目標となる単元である。つまり，本単元では，何度も声に出して，短歌や俳句を音読することが目標となる。何度も音読して，五七調のリズムや言葉の響きを楽しむ時間がとても大切である。子どもたちにとっては，馴染みにくい言葉も多いが，何度も繰り返すことで，だんだんとスムーズに音読できるようになる。クラスやペアで声をそろえて音読したり，一人一人感情をこめて音読したりと，様々な方法で音読させたい。

教材の特徴

　4年生の上巻にも同じコーナーがあるが，本単元で扱う短歌や俳句は，近代以降の代表的な歌人や俳人の作品が挙げられており，これまでよりは親しみやすく感じる子どもも多い。上巻で扱われた短歌・俳句は，平安時代から江戸時代に詠まれた歌に対し，本単元で扱う短歌・俳句は明治から昭和にかけて活躍した歌人・俳人である。併せて現代の歌人・俳人を紹介するなどし，短歌・俳句が長い歴史の中で，今まで受け継がれてきた伝統的な文化であることを，子どもたちに感じ取らせたい。

3 学習指導計画（全1時間）

次	時	目標	学習活動
一	1	・好きな短歌・俳句を選んで，リズムに気を付けながら音読することができる。	○六つの短歌と俳句を音読する。 ・六つの短歌や俳句を提示し，クラスやペアで声をそろえて音読する。 ○一つの句を選び，読み深める。 ・一つの句を選び，詠まれている風景や作者の心情について想像する。 ○グループで一つの句を選び，読み深める。 ・グループで一つの句を選び，先ほどの読み深める観点を参考にしながら，自分たちで読み深める。 ・読み深めたことを交流する。 ○お気に入りの短歌や俳句を決めて，音読する。 ・自分でお気に入りの短歌や俳句を選び，音読する。

グループで読み深める

　豊かな表現で音読をするためには，短歌や俳句の言葉から多くのイメージをすることが大切です。そのためには，短歌や俳句から景色を想像したり，短歌や俳句を詠んだ人のその時の感情を想像したりして，短歌や俳句の言葉一つ一つから想像を豊かにする活動が重要です。例えば，季節はいつか，時間帯はどのくらいか，天気は晴れかなど，短歌や俳句の言葉から豊かに想像することができます。

　本時には，まず学級全体で一つの句について読みを深めます。そこでは次のような観点で想像を広げます。

・季節はいつか　　　　・何が見えるか　　　　・天気は晴れか，雨か，くもりか
・詠み手はどこにいるのか　　　・誰と一緒か　　　・時間帯はいつか
・詠み手の感情はどのようなものか　　　・どのようなにおいがするか

　そして，それらの句を読む観点をもとに，グループで一つの句を選び，自分たちで読み深めます。想像を豊かにするためには，短歌や俳句を読む観点を身に付けることが大切です。季語から季節を読み取るだけでなく，言葉から想像される色や景色，読み手の感情までを想像します。そのような豊かな想像をもとに，音読することが大切です。

単元について　109

短歌・俳句に親しもう（二）

1／1時間　準備物：なし

●短歌・俳句から想像を広げる

　今日の授業では，短歌・俳句から想像を広げる学習を行います。想像を広げるために，観点を提示します。特に重要な観点は，「読み手の感情・気持ちを想像する」ことです。言葉を手がかりに，季節や見えるもの，状況を明らかにしていきます。

　例えば，「晴れし空」という言葉から，青い空や白い雲，少し暖かい風を感じることができます。これらを明らかにした後，読み手の感情・気持ちを想像します。子どもの解釈は様々です。正解というものはありませんが，交流しながら自分が納得する解を見付けさせたいものです。

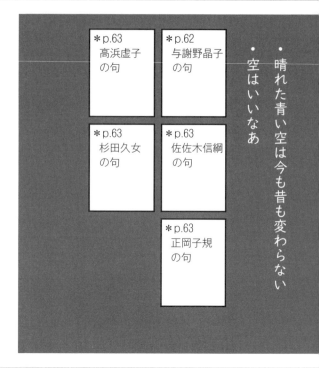

❶六つの句を音読する

　六つの句を音読する。まずは，教師が音読し，読み方を確認する。続いて，クラスで声をそろえて音読させたり，ペアで音読させたり，個々で音読させたりするなど，繰り返し音読をさせる。何度か音読させた後に，好きな句を聞く。

❷石川啄木の句を読み深める

　一つの句を選び，読み深める。次に行うグループで読み深める観点を確認する場となる。
《読み深めるための観点例》
・季節はいつか　・何が見えるか　・天気は晴れか，雨か，くもりか　・詠み手はどこにいるか　・誰と一緒か　・時間帯はいつか　・詠み手の感情はどのようなものか　・どのようなにおいがするか

本時の目標	・好きな短歌・俳句を選んで，リズムに気を付けながら音読することができる。	本時の評価	・好きな短歌・俳句を選んで，リズムに気を付けながら音読している。

短歌・俳句に親しもう（二）

好きな句を見つけて音読しよう

晴れし空仰げばいつも
口笛を吹きたくなりて
吹きてあそびき

　　　　　　　石川啄木

◆短歌・俳句を読み深めよう

●季節　　春　夏
●見えるもの　空　雲　太陽　夕日
●天気　　晴れ　快晴
●よみ手がいる場所　丘の上　森
●誰と一緒か　一人　年老いた母
●時間帯　　夕方　朝
●よみ手の感情・気持ち
・むかしは口笛しか遊べなかったな

❸グループで一つの句を選び，読み深める

石川啄木の句をいくつかの観点で読み深めました。それでは，グループで一つの句を決めて，自分たちで読み深めてみましょう。

私たちのグループは高浜虚子の句について読み深めました。詠み手は，葉っぱが１枚落ちているのを見て，寂しくなったと思います。

❷で石川啄木の句を読み深めた観点を参考に，グループで一つの句を読み深める。子どもたちには，言葉を根拠に自由に考えさせたい。

最後に，観点に合わせて考えたことや想像したことを発表させる。句を表す風景を絵に描かせてもよい。発表時には，想像のもととなる言葉を併せて発表させる。

❹自分が好きな句を決め，音読する

最後に，好きな句を選んで音読しましょう。

最後にもう一度好きな句を選ばせ，音読させる。初めとは違う句を選ぶ子も多いだろう。グループで考えたり，他のグループの発表を聞いて考えたりしたことを思い浮かべながら，何度も音読させる。時間があれば，何人かに発表させたい。

漢字の広場④

2時間

1 単元目標・評価

- 3年生までに配当されている漢字を書き，文や文章の中で使うことができる。（知識及び技能(1)エ）
- 間違いを正したり，相手や目的を意識した表現になっているかを確かめたりして，文や文章を整えることができる。（思考力，判断力，表現力等 B(1)エ）
- 言葉がもつよさに気付くとともに，幅広く読書をし，国語を大切にして，思いや考えを伝え合おうとする。（学びに向かう力，人間性等）

知識・技能	3年生までに配当されている漢字を書き，文や文章の中で使っている。（(1)エ）
思考・判断・表現	「書くこと」において，間違いを正したり，相手や目的を意識した表現になっているかを確かめたりして，文や文章を整えている。（B(1)エ）
主体的に学習に取り組む態度	進んで3年生に配当されている漢字を用いて書こうとしている。

2 単元のポイント

付けたい力

　本単元は，3年生までに学習した漢字を文の中で使って書くことをねらいとしている。実生活において子どもたちが漢字を正しく使って書くという場面を考えると，いわゆる「漢字ドリル」の文例の中で反復練習して小テストに備えるという学習は十分ではない。子どもたちは，自分で考えた文を書こうとする中で，漢字を使っていくことになるからだ。

　そこで，本単元では，どんな短文を書くのかを自分で考えることから始めるようにしたい。短文を作る時には，その短文を読んで様子がイメージできることを大切にする。例えば，「『返』という漢字を使って，短い文を作りましょう。主語と述語は入れます」と指示をした時に，「わたしは返した。」という文であっても，文として間違いとは言えない。場の文脈によっては，現実にも存在しうる文であろう。しかし，「わたしは返した。」という一文のみでは，その場の様子はイメージできない。どこで，誰に，何を返したのかが分からないから読み手は，その文に不十分さを感じる。文を書く以上，読み手に，場面の様子について，ある程度は，伝わるように意識することは大切なことである。読み手が場面の様子をイメージできるような文を書くようにさせたい。

112　漢字の広場④

3 学習指導計画（全2時間）

次	時	目標	学習活動
一	1・2	・3年生までに配当されている漢字を用いて，町や周りの様子を紹介する文を書くことができる。	○既習の漢字を用いながら，学校の様子を伝える文を書く。

漢字の広場④

1・2 / 2時間
準備物：黒板掲示用資料

● 子どもの発想が生きる学習に

　「漢字ドリル」の学習のように，与えられた文例をそのまま書いていくという学習は，安心感もあって，成果も点数化して見えやすいというよさがあります。でも，本来，漢字は小テストのために覚えるものではなく，人に文で何かを伝える時に使うものです。自由に文を考えるようにすると，子どもによって様々な文を作ります。どんな文にしようかなと考えていくことも楽しい活動ですし，仲間同士で書いた文を読み合うことも，また楽しいものです。場面や漢字などの限定された条件はありますが，その中でどんな文を書いていくのかを楽しめる学習にしたいところです。

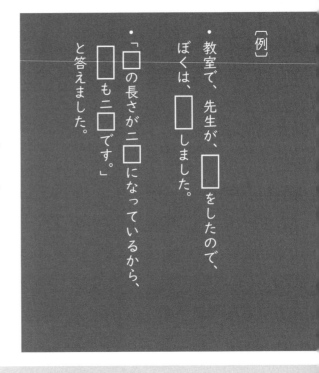

〔例〕
・教室で、先生が、□をしたので、ぼくは、□しました。
・「□の長さが二□になっているから、□も二□です。」
と答えました。

❶本時の課題を確かめる

ある日の学校の様子が伝わる文を書きますよ。

どこで，どんなことが行われているのかが，読む人に伝わるような文章を作りましょう。

　教科書を見て，本時に行う学習活動を示す。
　「文」ではなく「文章を作る」としたのは，短い文を続けていくことで，より多くの漢字を文脈の中で使っていくことを意図しているからである。

❷口頭で短文を作って交流する

教科書のイラストを参考にしながら，どこで，どんな人が，どんなことをしていると言えますか？

教室で，先生が，指名をしたので，男の子が起立しました。

　ここでは，口頭で短文を作らせたものを発表させることで，活動内容を理解して，安心して取り組むことができるようにする。
　一文に新たな文をつなげていくことも確かめる。
　教科書の拡大コピーがあると，黒板を見ながら，どの場面のことで，どの漢字を使って文を作ったのかを確かめることができる。

| 本時の目標 | ・3年生までに配当されている漢字を用いて，町や周りの様子を紹介する文を書くことができる。 | 本時の評価 | ・3年生までに配当されている漢字を用いて，町や周りの様子を紹介する文を書いている。 |

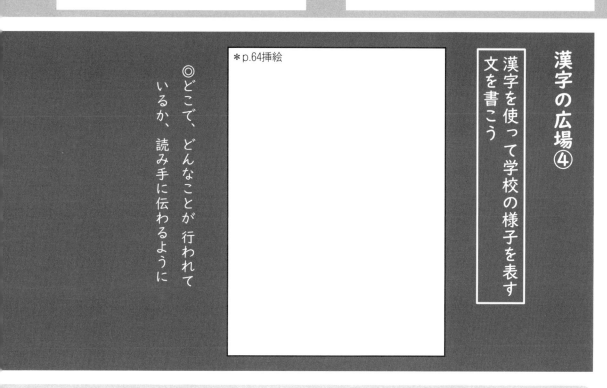

❸ 漢字を用いて学校の様子を文章に書く

「使った漢字は後から見て分かるように□で囲んでおいてくださいね。」

　「教科書の漢字を使って，文を続けて文章にしていきましょう」と指示する。
　時間を限定して，教科書に出ている漢字をできるだけたくさん使うようにすると，子どもたちも張り切って取り組むだろう。
　使った漢字は，後から見て分かりやすいように□で囲むようにするとよい。
　あとで読み合うことを伝え，漢字を正しく丁寧に書くようにさせたい。

❹ 互いに書いたものを読み合う

「私は漢字10個，使えたよ。」

「あっ，「館」っていう字を間違えちゃった。」

　互いに読み合う機会を設定することで，相手を意識して漢字を正しく書くようにさせる。
　読み合った後には，互いに一言は感想を述べ合うようにしたい。
　たくさんの漢字を使った子や豊かな発想で書いた子の文章を全体の場で紹介するのもよい。

つながりを見つけながら読み，おもしろいと思ったことを話し合おう

友情のかべ新聞

8時間

１ 単元目標・評価

- 幅広く読書に親しみ，読書が，必要な知識や情報を得ることに役立つことに気付くことができる。（知識及び理解(3)オ）
- 登場人物の気持ちの変化や性格，情景について，場面の移り変わりと結び付けて具体的に想像することができる。（思考力，判断力，表現力等Ｃ(1)エ）
- 言葉がもつよさに気付くとともに，幅広く読書をし，国語を大切にして，思いや考えを伝え合おうとする。（学びに向かう力，人間性等）

知識・技能	幅広く読書に親しみ，読書が，必要な知識や情報を得ることに役立つことに気付いている。((3)オ)
思考・判断・表現	「読むこと」において，登場人物の気持ちの変化や性格，情景について，場面の移り変わりと結び付けて具体的に想像している。（Ｃ(1)エ）
主体的に学習に取り組む態度	積極的に登場人物の気持ちの変化や性格について，場面の移り変わりと結び付けながら想像して読み，学習の見通しをもって，面白いと思ったところを伝え合おうとしている。

２ 単元のポイント

この単元で知っておきたいこと

　「友情のかべ新聞」は，中心人物の「ぼく」の視点で描かれており，東君と西君のひみつを推理する謎解き要素がある物語である。謎解きの答えを明らかにする前に，本文中に多くの伏線が散りばめられている。山場場面のぼくの推理では，散りばめられた伏線が回収されていく。初読の時には，伏線を回収しつつ読む楽しさを感じながら読ませたい。また，本教材は，物語全体から伏線を見付ける学習を通して，ミステリーを読む楽しさを実感させることができる物語である。並行読書として，様々なミステリーの本を読ませながら，本を読む面白さを実感させたい。

3 学習指導計画（全8時間）

次	時	目標	学習活動
一	1	• 「友情のかべ新聞」を読み，大まかな内容をとらえることができる。	○お話を予想する。 ○「友情のかべ新聞」を途中まで読む。 ○「ぼくのすいり」を考える。 ○初発の感想を書く。
	2	• 「時・場所・人物」の観点での場面分けを通して，各場面に書かれていることを読み取ることができる。	○場面分けの観点を確認する。 ○自力で場面分けを行う。 ○全体で場面分けを行う。 ○基本の4場面を確認する。
二	3	• 「友情のかべ新聞」の設定場面を読み，時・場所・人物像・人間関係を読み取ることができる。	○設定場面を自力で読む。 ○東君と西君の人物像を読む。 ○ぼくの人物像を読む。 ○結末場面と比較する。
	4	• 物語の伏線を理解し，伏線を見付けることができる。	○山場の場面を読む。 ○伏線について知る。 ○伏線を探す。 ○見付けた伏線を発表する。
	5	• 「友情のかべ新聞」の山場の場面を読み，登場人物の心情を想像することができる。	○2人の心の距離を表す。 ○2人の心の距離を確認する。 ○正直になった2人の心情を読む。 ○2人が仲よくなった理由を考える。
	6	• 人物の変容を読み取り，主題を考えることができる。	○結末場面を読む。 ○「東君と西君」の変容を考える。 ○「ぼく」の変容を考える。 ○主題を考える。
三	7	• 「友情のかべ新聞」を読み，面白いと思うところをまとめることができる。	○音読をする。 ○面白いと思うところを見付ける。 ○面白いと思うところを発表する。 ○子どもの意見を整理する。
	8	• 「友情のかべ新聞」を読み，面白いと思うところを紹介する文章を書くことができる。	○紹介文の段落構成を確認する。 ○紹介する文を書く。 ○書いた文章を交流する。 ○単元の学びを振り返る。

1/8時間 友情のかべ新聞

準備物：なし

●変容を考える

　多くの物語は，何か（多くは人物の心情等）の変容を通して主題が描かれています。「友情のかべ新聞」も，ぼくや東君，西君の変容を通して，友情とは何かが描かれています。子どもたちに変容を意識させるため，物語を読む前に主な登場人物を示して，題名からお話を予想させます。次のような型で考えます。

　（　人物　）が
　（　出来事　）によって
　（　変容　）する話

　例えば，「友達がいないぼくが，友達とかべ新聞を書くことによって，友達ができる話」などです。はじめに変容を考えることで，物語を読む時に変容を意識しながら読むことができます。

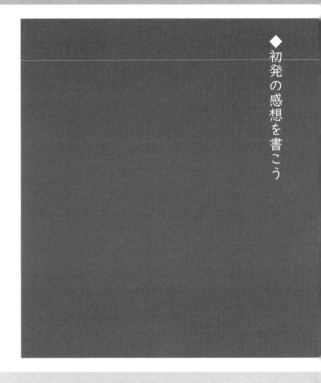

◆初発の感想を書こう

❶お話を予想する

今日から「友情のかべ新聞」を学習します。登場人物は，ぼく・東君・西君です。【（人物）が（出来事）によって（変容）する話】という型に当てはめてお話を予想してみましょう。

変容するのは中心人物だから，「ぼくが，かべ新聞を見たことによって，東君と西君と仲よくなる話」かな。

　「友情のかべ新聞」を読む前に，主な登場人物が「ぼく・東君・西君」，題名が「友情のかべ新聞」ということを伝え，お話の内容を予想する。予想は，【（人物）が（出来事）によって（変容）する話】という型を示して，人物の変容を意識させる。

❷「友情のかべ新聞」を途中まで読む

それでは，「友情のかべ新聞」を読んでみましょう。

　「友情のかべ新聞」を，教科書 p.75の「ここからは，ぼくのすいりだ。」まで範読する。次時に場面分けをするので，これまでに自力での場面分けを経験している場合は，「時・場所・人物が変わるところ」という視点で，場面分けさせながら範読を聞かせてもよい。

本時の目標	・「友情のかべ新聞」を読み，大まかな内容をとらえることができる。	本時の評価	・「友情のかべ新聞」を読み，大まかな内容をとらえている。

友情のかべ新聞

初発の感想を書こう

◆ 主な登場人物
・ぼく
・東君
・西君

◆ お話を予想しよう
（　人物　）が
（　出来事　）によって
（　変容　）する話

◆ 「ぼくのすいり」を予想しよう
・ペンの取り合いでけいじ板をよごした
・青でふち取られたのが変だから、仲よくはなってない
・先生におこられないように仲がいいふりをしている

❸「ぼくのすいり」を考える

ここから，あの日の2人に何があったのか「ぼくのすいり」が始まります。読む前に，みなさんも推理してみましょう。ヒントがあるはずです。

ペンを取り合っているって書いてあったから，それでケンカになったのかな。

「ぼくのすいり」を考える。この後の授業で，伏線について学習する。これまでの言葉や文とのつながりを意識しながら考えさせる。ペアやグループで話し合わせると，謎解きゲームのようになり，子どもたちは楽しむ。ある程度推理を発表させたら，残りの文章を範読する。

❹初発の感想を書く

「友情のかべ新聞」を読んで面白かったことや感想をノートに書きましょう。

わたしが面白いと思ったことは，東君と西君がお互いを警戒してたのに仲よくなったところです。

最後に，面白かったことや感想を書く。単元の最後に，面白かったところを紹介する文章を書く活動をするので，初めて読んだ段階で書かせておくと，学習前と学習後を比較することができる。時間があれば，何人かに発表させる。

第1時　119

2/8時間 友情のかべ新聞

準備物：全文を1枚にまとめたプリント

●場面分けをする

　本時では、場面分けをします。教科書を見ると、いくつかの場面に分けられていますが、自分で分け直す活動がとても大切です。場面は、「時・場所・人物が変わるところ」を基準に分けていきます。「友情のかべ新聞」では、時を基準に分けると分けやすいです。場面分けで大切なことは、「どのように分けるか」ではありません。時で区切ったとしても、時の細かさによって分け方は変わります。大切なことは、分ける活動を通して、それぞれの場面に描かれている内容を読み取ることです。そのために、「なぜそこで分けたのか」を話し合うことが重要です。「『今日、月曜日。』の前までは、人物の設定が書かれているけど、その後から、物語が始まっている」などと、分けた理由に、それぞれの場面の内容が話されます。

結末	山場			
⑫放課後、二人は、けいじ板の…二人が自分のせいだと伝える	⑪ここからは、ぼくのすいりだ。先生にばれた	⑩「つまり、東君と西君は、青の…二人に伝えたぼく	⑨土曜日、日曜日と、雨の日が続いた。	⑧金曜日の放課後、かべ新聞のひみつがわかるぼく

❶場面分けの観点を確認する

物語は場面が集まって構成されています。物語は「時・場所・人物」が移り変わります。「友情のかべ新聞」は「時・場所・人物」のどの観点で分ければよいでしょうか。

人物や場所はあまり変わらないので、「時」が一番変わっていく物語だと思います。

　場面分けの観点を確認する。多くの物語は、「時・場所・人物」が移り変わりながら進む。「友情のかべ新聞」は、場所と人物はあまり変わらないが、時が進むことによって物語が動いていく。そこで、「時」を観点に場面分けをすることを確認する。

❷自力で場面分けを行う

それでは、「時」を観点に、自分で場面分けをしてみましょう。大切なのは、分けた理由です。どうしてそこで分けたのかを考えながら分けてみましょう。

　自力で場面分けを行う。学級の状態により、ペアやグループで分けさせてもよい。この後、学級全体で話し合いながら場面分けを行う。大切なことは、分けた理由である。どうしてそこで分けたのかを考えながら場面分けを行う。場面分けは、本文を1枚のプリントにまとめたものがあると取り組みやすい。

本時の目標	・「時・場所・人物」の観点での場面分けを通して，各場面に書かれていることを読み取ることができる。	本時の評価	・「時・場所・人物」の観点での場面分けを通して，各場面に書かれていることを読み取っている。

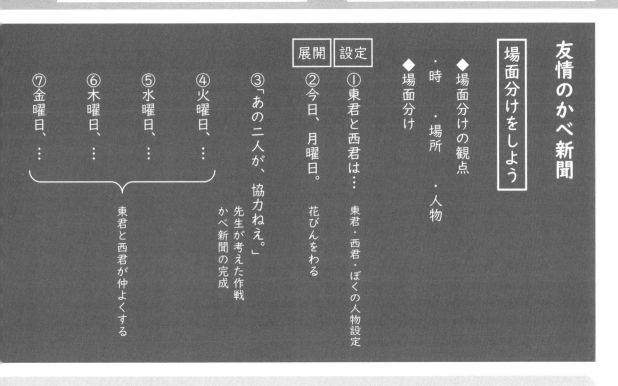

❸ 全体で場面分けを行う

それでは，順番に場面分けをしていきます。最初はどこで分けますか。理由も合わせて発表しましょう。

「今日，月曜日。」だと思います。それまでは，人物の設定が書かれていて，そこから時が変わるからです。

学級全体で場面分けを行う。「次は，どこで分けましたか？」とはじめから順番に聞いていく。分けた理由を黒板にまとめながら進める。子どもたちの意見が分かれたところがあれば，話し合う。意見が収束しない時，大切なところは教師が決め，どちらでもよい時は多数決などで決めてよい。

❹ 基本の４場面を確認する

物語は，設定場面・展開場面・山場場面・結末場面の基本の４場面で構成されています。分けてみましょう。

①が設定場面で，②から展開場面が始まります。

多くの物語は，「設定場面・展開場面・山場場面・結末場面」の四つの場面で構成されている。設定場面ははじめの１場面，結末場面は最後の１場面，山場場面は結末場面の前の１場面，それ以外が展開場面となることが多い。子どもたちと基本の４場面を確認する。

3 / 8時間　友情のかべ新聞

準備物：なし

●設定場面を読む

設定場面には，時の設定，場所の設定，人物像の設定，人間関係の設定が書かれています。物語の設定には，物語の主題となることが書かれていることが多いです。例えば，「ごんぎつね」では，設定場面に「ひとりぼっちの小ぎつね」という人物設定がされています。ごんはひとりぼっちがゆえに，いたずらをし，「おれと同じひとりぼっちの兵十」と思い，最後に死に至ります。設定場面をしっかりと読むと，その物語の中に流れるテーマが見えてきます。「友情のかべ新聞」にも，様々な設定があります。東君と西君という名前も，仲が悪そうな感じがします。好きな色も赤と青。これは，大きな伏線となります。しかし，一番大切なのは，中心人物のぼくの人物設定です。「ぼくは，あんまり気にしていない」この言葉をしっかりと読むことが重要です。

◆結末場面
① 何が変わったか
・東君と西君の関係　・ぼく
② どのように変わったか
・仲よくなった
③ なぜ変わったか
・一緒に過ごした　・二人を気にしてる
・？

❶設定場面を自力で読む

今日は，設定場面の1場面を読みます。時と場所の設定は分かりますか。

時は，今，現代。場所は，学校。

それでは，1場面を読んで，登場人物の人物像や人間関係の設定を想像できる言葉に線を引きましょう。

まず，時と場所の設定を確認する。その後，人物の設定を自力で読む。人物の設定には，人物像と人間関係を読むことが求められる。人物像を想像できる言葉に線を引かせ，そこから考えたことや想像したことをノートに書かせる。言葉から想像を広げるために，線を引いてから考えることが重要である。

❷東君と西君の人物像を読む

それでは，東君と西君の人物像や人間関係を想像できる言葉と，そこから想像したことを発表しましょう。

東君は，サッカー，算数，ねこ，青が好き。西君は読書，国語，犬，赤が好き。2人とも相手の意見に反対する。

2人は，とっても仲が悪いです。相手に負けたくない気持ちが強い。

東君と西君の人物像や人間関係を読む。
【読むべきこと】
東君…サッカー，算数，ねこ，青が好き
西君…読書，国語，犬，赤が好き
関係…好きなものが正反対。対抗心を燃やしている。とっても仲が悪い。

| 本時の目標 | ・「友情のかべ新聞」の設定場面を読み，時・場所・人物像・人間関係を読み取ることができる。 | 本時の評価 | ・「友情のかべ新聞」の設定場面を読み，時・場所・人物像・人間関係を読み取っている。 |

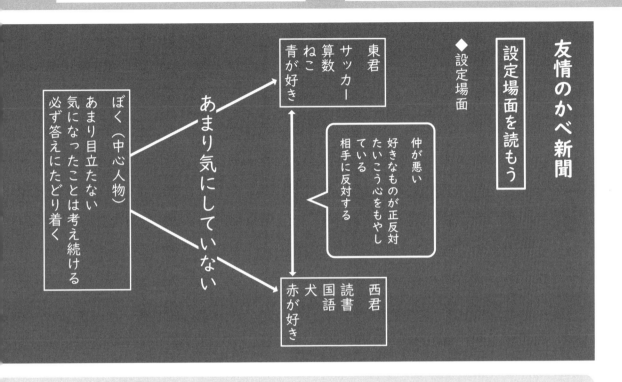

❸ぼくの人物像を読む

では，ぼくの人物像や人間関係を想像できる言葉と，そこから想像したことを発表しましょう。

ぼくは，答えが出るまで考え続ける人。でも，2人を気にしてない。

なぜ，ぼくは2人を気にしていないのでしょうか。

目立たないって書いてあるから，あまり周りに興味がないんだと思う。

ぼくの人物像と，西君と東君との関係を読む。
【読むべきこと】
ぼく…あまり目立たない，気になったことは考え続ける，必ず答えにたどり着く
関係…あまり気にしていない
　「あまり気にしていない」理由を考える。周りに対するかかわりの薄さや興味のなさを読む。

❹結末場面と比較する

それでは，設定場面と結末場面を比べてみましょう。①何が変わったか，②どのように変わったか，③なぜ変わったか，今の自分の考えを書いてみましょう。

東君と西君が仲よくなっています。

「ぼくは考える。今度…」とあるように，ぼくが，東君と西君をすごく気にしています。

設定場面の①場面と結末場面の⑫場面を比較して，変容を読む。変容を読むとは，次の3点について自分の納得する答えをもつこととする。今の段階では，すべて答えられなくてもよい。
【物語における変容】
①何が変わったか
②どのように変わったか
③なぜ変わったか

4/8時間 友情のかべ新聞

準備物：なし

●伏線を見付ける

多くの物語には，巧みに伏線が張られています。
伏線…物語の後の展開に生かすためにあらかじめ忍ばせておいた要素
伏線回収…伏線を意図的に後の展開の中で活用すること

本教材では，山場場面の「ぼくのすいり」のためにいくつかの伏線が張られています。本時では，ぼくのすいりのために張られた伏線を見付ける学習をします。子どもたちは，謎解きみたいな伏線探しの活動がとても好きです。中でも，「好きな色」や「相手の意見に反対ばかりする」などの，人物設定に張られている伏線を見付けた時に，多くの子どもは「物語を書く作者ってすごいなぁ」と感じます。伏線を見付ける活動を通して，物語の構成の面白さに気付いてほしいです。

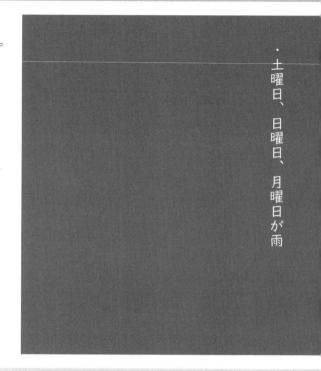

・土曜日、日曜日、月曜日が雨

❶山場の場面を読む

山場の場面は，「ぼくのすいり」が書かれている場面です。音読しましょう。

まず，山場の場面を音読する。後の伏線を探すために「ぼくのすいり」を意識して読ませる。

❷伏線について知る

物語には，物語の後の展開に生かすために，あらかじめヒントのような言葉をしのばせておくことがあります。そのような言葉を伏線と呼びます。今日は，伏線を見付ける学習をします。

伏線について説明する。
子どもたちの様子に合わせて，分かりやすい言葉で説明するとよい。
伏線…物語の後の展開に生かすために，あらかじめヒントのような言葉をしのばせておくこと

本時の目標	・物語の伏線を理解し，伏線を見付けることができる。	本時の評価	・物語の伏線を理解し，伏線を見付けている。

友情のかべ新聞

伏線を見つけよう

◆伏線（ふくせん）
物語の後の展開にいかすためにあらかじめヒントのような言葉をしのばせておくこと

◆伏線を見つけよう
・西君は赤色、東君は青色が好き
・上の方が青い油性ペンでふち取られた
・赤や青の油性ペンを使わない
・けいじ板のシートに青い汚れ
・相手の意見に反対ばかりする
・二人は顔を見合わせてからうつむく
・東君が職員室に行こうとすると、西君もついていく
・顔をよせあって何かを話している

---

❸伏線を探す

「ぼくのすいり」につながる伏線を，設定場面と展開場面から探しましょう。伏線だと思うところに線を引きましょう。

そういえば、「上の方が青い油性ペンでふちどられた」って変だなと思ったんだよね。2人なら、赤と青のはずだし…

❹見付けた伏線を発表する

それでは，見付けた伏線を発表しましょう。

東君と西君の好きな色が赤と青で、それがすべてのきっかけになっています。

2人が、お互いを見張るために一緒にいるけど、だんだんと仲よくなっているところも伏線です。

「ぼくのすいり」につながる伏線を，設定場面と展開場面から探す。伏線だと思うところに線を引かせる。初読の時に，一度，自分で推理しているので，その時のことを思い出させてもよい。宿題などでしっかりと音読をして本文が頭に入っていると，伏線に気が付きやすくなる。

気付いた伏線を発表させる。見付けられなかったものは，教師が示してもよい。最後に，「この伏線はすごいな（うまいな）」と思うものに手を挙げさせると，物語の作者のうまさに目を向けることができる。

5/8時間 友情のかべ新聞

準備物：なし

●山場の場面を読む

　物語の変容や主題をより豊かに読むためには，山場の場面の人物の心情をよく読むことが大切です。本時では，2人の心の距離を可視化して，日を追うごとに距離が縮まったことを確認し，「なぜ仲良くなったのか」を考えます。図に表すことで，2人の関係の変化が見えやすくなります。

●振り返りに「東君日記」を書く

　本時の学習の振り返りとして，「東君日記」か「西君日記」を書きます。「○君日記」では，東君か西君になりきって，仲直りをした日の放課後にもし日記を書いたら，この出来事をどのように書くかを考えます。学習を振り返ると同時に，東君・西君に同化することができます。同化することで共感的に読むことができ，より深く読むことができます。

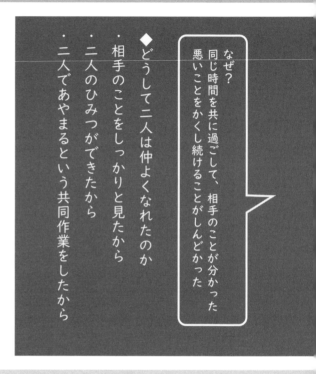

なぜ？
同じ時間を共に過ごして、相手のことが分かった
悪いことをかくし続けることがしんどかった

◆どうして二人は仲よくなれたのか
・相手のことをしっかりと見たから
・二人のひみつができたから
・二人であやまるという共同作業をしたから

❶2人の心の距離を表す

「友情のかべ新聞」は、何曜日から何曜日までのお話ですか。

新聞を書いたのが月曜日の放課後。最後の「ぼくのすいり」は月曜日のこと。1週間の話だね。

2人の心の距離を、図で表してみましょう。

　まず，この物語が月曜日から1週間の話であることを確認する。そして，曜日ごとに2人の心の距離がどのように変わっていったかを考えさせる。1人かペアでさせます。各曜日の2人の描写から考えることが大切です。

❷2人の心の距離を確認する

2人の心の距離は、いつ近付きましたか。

1週間をかけてだんだんと近付いたと思うな。

金曜日に謝る相談をしているからすごく近付いていると思うよ。

月曜日に先生と話して一番近付いたと思う。

　2人の心の距離を発表させます。全員の意見を合わせることは無理なので，だんだんと心の距離が近付いていったことと，木曜日と金曜日に話せるようになったこと，月曜日の謝罪で一番距離が近付いていることを確認することができればよい。なぜ距離が近付いたのか，各曜日の描写を確認しながら読み進める。

| 本時の目標 | ・「友情のかべ新聞」の山場の場面を読み，登場人物の心情を想像することができる。 | 本時の評価 | ・「友情のかべ新聞」の山場の場面を読み，登場人物の心情を想像している。 |

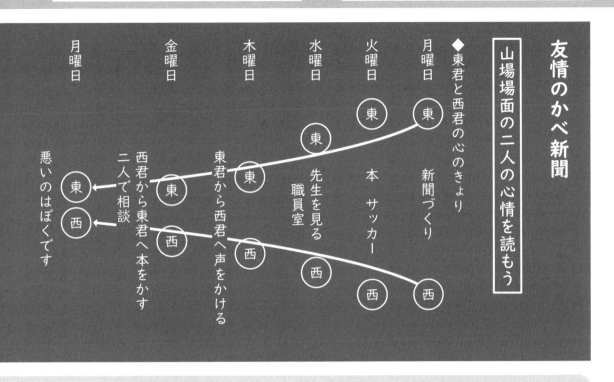

❸ 正直になった２人の心情を読む

そうですね。金曜日に２人で謝る相談をして，月曜日に「自分が悪かった」と正直に話します。どうして正直になることができたのでしょうか。

お互いのことが分かって，普通に話せるようになり，素直になれたのだと思うな。

「ほっとした顔」とあるから，悪いことを隠すことがしんどかったのかな。

　先生に謝る月曜日，２人は相手のせいにはせず「自分が悪かった」と非を認めた。いつもは相手のせいにしていた２人が，なぜ自分の非を認めたのかを考える。「同じ時間をともに過ごして，相手のことが分かったから」「悪いことを隠し続けることがしんどかったから」などの意見が考えられる。

❹ ２人が仲よくなった理由を考える

２人はどうして仲よくなれたのでしょう。

相手をしっかりと見ると，相手のことがよくわかったからだと思うよ。

東君か西君になりきって，月曜日の夜の日記を書きましょう。

　２人がどうして仲よくなったのかを考える。

- 相手のことをしっかりと見たから
- ２人のひみつができたから
- ２人で謝るという共同作業をしたから

　最後に，東君か西君になりきって，「もし東君か西君が月曜日の放課後に日記を書いたなら」というテーマで日記を書く。

友情のかべ新聞

8時間
準備物：なし

●4年生が考える主題とは

　5・6年生では，主題を考える学習をします。4年生の後半の文学教材である「友情のかべ新聞」でも，高学年に向けた主題を考える活動は有効です。主題には，「作者が伝えたいこと」と「読者が受け取ったこと」という二つの考え方があります。4年生では，「読者が受け取ったこと」つまり，「自分が物語を読んで，強く受け取ったこと」を主題として考えることがよいと思います。

　主題を考えるためには，人物の変容を読むことが欠かせません。「変容を読む」とは，「①何が変わったか，②どのように変わったか，③なぜ変わったか」について納得する答えをもつこととします。「友情のかべ新聞」は，中心人物は「ぼく」ですが，「東君と西君」を中心に物語が進みます。「東君と西君」の変容を読むだけでなく，「ぼく」の変容を読むことで深く読むことができます。

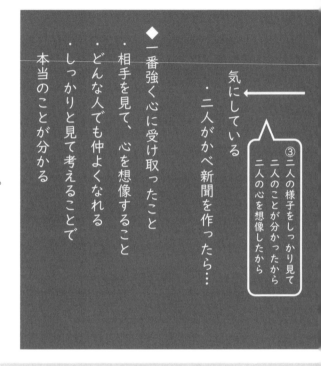

◆二人がかべ新聞を作ったら…
・一番強く心に受け取ったこと
・相手を見て，心を想像すること
・どんな人でも仲よくなれる
・しっかりと見て考えることで本当のことが分かる

気にしている
・二人の様子をしっかり見て
二人のことが分かったから
③二人の心を想像したから

❶結末場面を読む

結末場面を読みます。設定場面と比べて，変わったと思うところに線を引きながら読みましょう。

　これまでの場面と比べながら，結末場面を読む。変わったと思うところに線を引きながら読むとよい。東君と西君の変容と，ぼくの変容を読むことができることを示してから読んでもよい。

❷「東君と西君」の変容を考える

はじめに比べて，東君と西君はどのように変わりましたか。そして，なぜ変わったのでしょうか。

はじめは仲が悪かったけど，「青と赤の二重のふち取り」とあるように，協力しているから仲よくなったと思うな。それは，2人がお互いをしっかりと見たからだと思うよ。

　まず，東君と西君の変容を読む。「放課後，二人は，〜手伝った」ので，2人の関係のよさを感じる。「青と赤の二重のふち取り」は，前までは「上だけが青くふち取ら」れていたが，2人の好きな青色と赤色で，一周しているところに，2人の関係のよさと協働していることが読み取れる。これは，2人がお互いのことをよく見たから生まれた変容である。

128　友情のかべ新聞

本時の目標	・人物の変容を読み取り，主題を考えることができる。	本時の評価	・人物の変容を読み取り，主題を考えている。

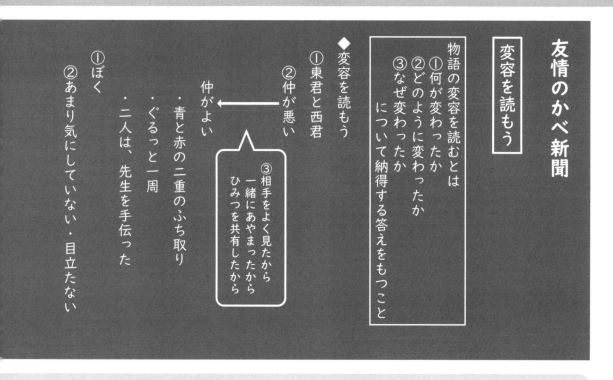

板書：

友情のかべ新聞

変容を読もう

物語の変容を読むとは
① 何が変わったか
② どのように変わったか
③ なぜ変わったか
について納得する答えをもつこと

◆変容を読もう
① 東君と西君
② 仲が悪い → 仲がよい
・青と赤の二重のふち取り
・ぐるっと一周
・二人は、先生を手伝った

③ 相手をよく見たから
　一緒にあやまったから
　ひみつを共有したから

① ぼく
② あまり気にしていない・目立たない

❸「ぼく」の変容を考える

それでは，ぼくは何か変わりましたか。

はじめは，「ぼくは気にしない」ってあったのに，「今度，二人がかべ新聞を…」って二人のことを考えてるから，二人のことが好きになったんだと思う。

それは，東君と西君と一緒で，2人の様子をしっかり見たから，2人のことがよく分かったんだと思うよ。

　次に，ぼくの変容を読む。ぼくの変容は少し難しい。設定場面では，「あまり気にしていない」「目立たない」ぼくが，最後は「二人がかべ新聞を作る」ことを考えている。これは，ぼくが東君と西君に好意をもっているからである。それは，2人のことをよく見て推理することを通し，2人の心の中を想像したから生まれた変容である。

❹主題を考える

東君と西君とぼくの変容の共通点は何かありますか。

みんな，相手のことをしっかりと見ると，相手が分かるってことかな。

「友情のかべ新聞」を読んで，一番強く心に受け取ったことを書きましょう。

私は，相手を見ることで人間関係が深まるのだと思ったよ。

　東君と西君の変容とぼくの変容の共通点は，相手をよく見て，相手の心をよく想像したから生まれた変容である。そのことを確認した後，「一番強く心に受け取ったこと（主題）」を考える。考えにくい場合は，「人とは〜」「人にとって大切なことは〜」などの文型を示して，書かせてもよい。子どもたちの多様な読みを認めたい。

7/8時間 友情のかべ新聞

準備物：なし

●物語の面白さ

物語の面白さには、大きく分けると二つの観点があります。

一つ目は、物語の内容です。出てくる人物の人物像が面白かったり、ストーリーがドキドキわくわくして面白かったり、テーマ（主題）が面白かったりします。

二つ目は、表現です。物語を豊かにするために、作者は情景描写などの様々な表現技法を使って書き表します。中には、自分の心を揺さぶる表現と出会うこともあります。

三つ目は、物語の構成です。伏線を散りばめたり、場面の移り変わりを工夫したりします。

どれを面白いと思うかは人それぞれです。本時では、個々の感じる面白さの違いを共有することができます。

○文章構成
・伏線が散りばめられているところ
・好きな色などの人物設定が、けんかの原因になり、仲直りを表現するつながり

❶音読をする

今日は、「友情のかべ新聞」の面白いと思うところを考えます。面白いところを探しながら、一度音読しましょう。

本時は、「友情のかべ新聞」の面白さについて考える。まずは、物語を振り返るために、全文を読み返す。読みながら、面白いと思ったことをノートにメモさせておくと、この後の活動がしやすくなる。

❷面白いと思うところを見付ける

自分が、「友情のかべ新聞」の学習を振り返って、面白いと思うところをノートに書きましょう。そして、どうしてそれが面白いと思うのか、理由も書きましょう。できるだけたくさん見付けましょう。

ノートに面白いと思うことを書かせる。理由も併せて書かせる。また、一つではなく、たくさん見付けさせる。

しかし、面白さを言葉で表現することは、4年生にとっては難しい。学級の状況によって、ペアやグループで話し合いながら考えさせるとよい。

| 本時の目標 | ・「友情のかべ新聞」を読み，面白いと思うところをまとめることができる。 | 本時の評価 | ・「友情のかべ新聞」を読み，面白いと思うところをまとめている。 |

友情のかべ新聞

物語のおもしろさを考えよう

◆おもしろいと思うところ

● 物語の内容
・東君と西君、ぼく、中井先生の人物像
・相手を見るというテーマ
・仲が悪いのに仲がよくなるストーリー
・けいじ板をよごしたけど、仲が悪い人が一緒にうそをつくところ

● 文章表現
・「なんとも言えない顔で、それでもなんだかうれしくて」が想像しやすい
・「ぼくは考える。今度…」倒置法を使って物語が終わるところが、ぼくの人物像に合っている

❸ 面白いと思うところを発表する

それでは，面白いと思ったところを発表しましょう。

私は，伏線が散りばめられたところが面白かった。謎解きみたいで，ぼくと一緒に推理をしている気持ちになったよ。

ぼくは，仲が悪かった2人が仲よくなるストーリーが面白かった。ぼくにも，……

　子どもたちに見付けた面白さを発表させる。面白さを的確な言葉で表現できない場合は，教師が子どもの言いたいことをまとめてあげるとよい。黒板には，物語の内容・表現・構成に分けて板書する。

❹ 子どもの意見を整理する

みんなが発表した面白いところを三つに分けて書きました。それぞれは，どんなまとまりでしょうか。

一つ目のまとまりは，物語の内容に関することかな。

みなさんが一番面白いと感じたのは，三つのうちどれですか？

　三つのまとまりを確認して，それぞれがどのようなまとまりかを考えさせる。「物語の中身」「言葉の使い方」「お話の仕組み」など，子どもが使った表現でまとめてもよい。最後に，自分が一番面白いと思ったところに手を挙げさせる。子どもたちの興味のばらつきを見ることができる。

友情のかべ新聞

8/8時間
準備物：紹介する文例

●例文を示して書きやすくする

本時では、物語の面白さを紹介する文章を書きます。段落構成としては、2段落の簡単な構成です。

1段落…面白いと思うところ
2段落…その理由

簡単な文章構成ですが、難しく感じる子もいます。そこで、例文を示すことが有効です。学年の先生で、自分が面白いと思ったところを文章に書いて、子どもたちに見せてみましょう。また、他のクラスで上手に書けた子の文章を提示するのもいいでしょう。いくつかお手本があるだけで、多くの子どもは書きやすくなります。子どもたちは、いろんなことを思っているのですが、それをどう表現すればいいのか分からないものです。お手本があるだけで、自分の思いを書き表しやすくなります。

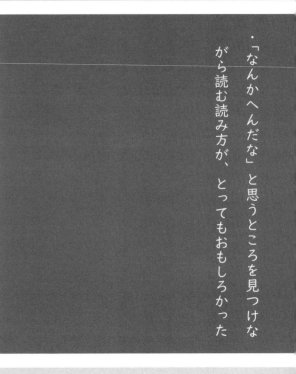

・「なんかへんだな」と思うところを見つけながら読む読み方が、とってもおもしろかった

❶紹介文の段落構成を確認する

教科書p.81の例文を見ましょう。紹介する文章は2段落の構成です。各段落には何が書かれていますか。

1段落は面白いと思ったところ。2段落はその理由です。

紹介文の型を確認する。
1段落…面白いと思ったところ
2段落…その理由

この型で文章を書くことを伝える。教師が書いた例文や他のクラスの子の文章があれば提示する。タブレットで自由に見れるようにしてもよい。

❷紹介する文を書く

それでは紹介する文章を書きましょう。

前時に、面白いと思ったところを整理している。前時のノートや板書を参考に書く。紹介文の書き方を学ぶ学習ではないので、子どもたちが一番面白いと思ったことを書くことができていればよい。

| 本時の目標 | ・「友情のかべ新聞」を読み，面白いと思うところを紹介する文章を書くことができる。 | 本時の評価 | ・「友情のかべ新聞」を読み，面白いと思うところを紹介する文章を書いている。 |

友情のかべ新聞

おもしろいと思うところを交流しよう

◆しょうかい文の型
　1段落…おもしろいと思ったこと
　2段落…その理由

◆しょうかい文を交流しよう
・同じ物語を読んでも，感じるおもしろさがちがうところが，おもしろい
・文章構成をおもしろいと思う人が多かった

◆単元をふり返って
・設定場面から結末場面にかけて，いろいろな言葉のつながりを発見することがおもしろかった

❸書いた文章を交流する

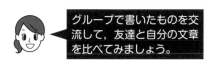
グループで書いたものを交流して，友達と自分の文章を比べてみましょう。

同じ物語を読んでも，感じる面白さがちがうところが，面白いです。

書いたものを交流する。ペアやグループで交流させる。交流する時に，「自分と同じところと違うところを見付けよう」などと声をかけておき，交流後に，感じたことを発表させる。4年生では，自他の違いに気付くことも目標なので，友達の感じ方のよさについて交流させたい。

❹単元の学びを振り返る

これまで8時間「友情のかべ新聞」を学習してきました。単元を振り返ってどのようなことを学びましたか。

設定場面から結末場面にかけていろいろな言葉のつながりを発見することが面白かったよ。

最後に，これまでのノートなどを見ながら単元を振り返る。教科書p.82の「たいせつ」を読みながら，単元で学んだことを整理する。
教科書pp.82-83のミステリーの本を図書室で借りておき，教室に置くだけで，子どもたちは本を手にするようになる。

第8時　133

理由や例を挙げて，考えを書こう

もしものときにそなえよう

10時間

1 単元目標・評価

- 考えとそれを支える理由や事例など情報と情報との関係について理解することができる。（知識及び理解(2)ア）
- 自分の考えとそれを支える理由や事例との関係を明確にして，書き表し方を工夫することができる。（思考力，判断力，表現力等B(1)ウ）
- 言葉がもつよさに気付くとともに，幅広く読書をし，国語を大切にして，思いや考えを伝え合おうとする。（学びに向かう力，人間性等）

知識・技能	考えとそれを支える理由や事例など情報と情報との関係について理解している。((2)ア)
思考・判断・表現	「書くこと」において，自分の考えとそれを支える理由や事例との関係を明確にして，書き表し方を工夫している。(B(1)ウ)
主体的に学習に取り組む態度	積極的に自分の考えとそれを支える理由や事例を明確にし，学習の見通しをもって，調べて考えたことを文章に書こうとしている。

2 単元のポイント

この単元で知っておきたいこと

　本単元では，自然災害のそなえについて自ら情報収集し，整理分析を行い，自分の考えを文章にまとめます。この学習の流れは，【探究のサイクル】と同じ流れになります。

　【探究のサイクル】　①課題設定→②情報の収集→③整理・分析→④まとめ・表現

　一人一台端末により，情報の収集は，以前に比べて容易にできるようになりました。そこで，重要な活動は，情報の整理と分析です。情報の整理と分析の仕方を具体的に指導せずに，「自分の考えをまとめましょう」などという授業を見かけることがあります。これから先の様々な学習でも，多くの情報に接する子どもたちには，情報を整理する力と整理した情報を分析する力を育成しないといけません。教科書 pp.175-176に，図を使って情報を整理する方法が掲載されています。本単元だけでなく，様々な学習の中で，シンキングツールを使って情報を整理する学習を積み重ねていくことが重要です。

134　もしものときにそなえよう

3 学習指導計画（全10時間）

次	時	目標	学習活動
一	1	・学習の見通しをもち，自然災害への備えについて調べて考えをまとめる活動を理解し，意欲をもって学習に取り組もうとする。	○自然災害で知っていることを出し合う。 ○自然災害の資料動画を見る。 ○自然災害について調べる。 ○課題を設定する。
二	2	・調べたいテーマを決め，調べる方法について検討することができる。	○前時の学習を振り返る。 ○調べる自然災害を決める。 ○知りたいことを確認する。 ○調べる方法について考える。
	3	・調べたいテーマについて，様々な方法で調べることができる。	○調べ方と記録の書き方を確認する。 ○今日のめあて（個人）を考える。 ○調べ学習を行う。 ○振り返りをする。
	4	・調べてきた情報を整理し，調べたりないことをさらに調べることができる。	○調べた内容を確認する。 ○Xチャートで分類する。 ○まとまりに名前を付ける。 ○調べたりないところを調べる。
	5	・ピラミッドチャートを使い，調べた情報から，自分の考えをまとめることができる。	○Xチャートを振り返る。 ○ピラミッドチャートの書き方を確認して書く。 ○ピラミッドチャートを交流する。
	6	・フィッシュボーンを使って，文章の組み立てを考えることができる。	○ピラミッドチャートを振り返る。 ○フィッシュボーン図の書き方を確認して書く。 ○フィッシュボーン図を交流する。
	7	・自分の考えを分かりやすく伝えるために，「初め」「終わり」と対応させて「中」に書く内容を考えることができる。	○めあての確認をして，例文を読む。 ○例文の共通点・相違点を見付ける。 ○分かりやすく伝える書き方を見付ける。 ○振り返りを書く。
	8	・文章構成や常体と敬体の違い，主語と述語のつながりなどに注意しながら，文章を書くことができる。	○フィッシュボーン図を振り返る。 ○分かりやすく伝える書き方を確認して文章を書く。 ○書いた文章を振り返る。
	9	・下書きを友達と読み合い，表記と内容の両面から推敲し，それを生かして清書することができる。	○推敲の観点を確認する。 ○ペアをつくって読み合う。 ○書き直す箇所を確認する。 ○清書をする。
三	10	・書いたものを読み合い，感想を伝え合うとともに，自分の文章のよいところを見付けることができる。	○めあてを確認し書き手の思いを伝える。 ○読む時のポイントを確かめる。 ○文章を読み合い，感想を伝え合う。 ○学習全体を振り返る。

1 もしものときにそなえよう

10時間　準備物：なし

●備えを考える前に……
　備えについて考える前に，まず，自然災害のイメージを共有しておくことが大切です。自然災害には様々な種類があること，自分達の地域でも起こりうること，前触れなく突然起こることなど，学習課題を設定する上で必要な情報を確かめましょう。写真や動画を活用すると効果的です。

●自然災害をテーマにする意義
　近年，多くの自然災害が起こっています。地震や津波，大雨，台風，火山噴火など，ニュースで見たことがある子も多いと思います。しかし，ニュースで見ているだけでは，当事者になることができません。実際に災害にあった時，自分には何ができるのかを考えることで，様々な困難にも少しは対応することができます。本単元を災害について考える場として活用することができます。

◆自然災害にそなえるとは
・自然災害を知ること
・ひなん先とひなん経路を確認
・ひなんの準備をすること

❶自然災害で知っていることを出し合う

「自然災害」についてみんなが知っていることを出し合いましょう。

テレビで地震があったのを見ました。大きく揺れていてびっくりしました。

夏に台風がきて，川が増水していたね。

　「自然災害」と聞いて思い付くことをどんどん出させたい。自然災害の種類だけでなく，それを見たり聞いたりした時の，自分自身の感情を発表させると，この後の学習につながりやすい。また，地域に応じて，「昨年に，大きな地震があったのを覚えていますか？」などと問い方を工夫する。

❷自然災害の資料動画を見る

では，日本の自然災害についての資料を見てみましょう。

資料を見て，どんなことを思いましたか。

こんなに日本では多くの災害があるんだと思いました。

　自然災害についてベースとなる情報を共有するためNHK for Schoolなどの動画を子どもたちに視聴させる。3分程度で日本の自然災害をまとめた資料動画が閲覧できる。動画を見た後に感想を共有する。日本の災害の多さや災害の怖さなどを共有できれば，学習課題へのつながりが生まれる。

| 本時の目標 | ・学習の見通しをもち，自然災害への備えについて調べて考えをまとめる活動を理解し，意欲をもって学習に取り組もうとする。 | 本時の評価 | ・学習の見通しをもち，自然災害への備えについて調べて考えをまとめる活動を理解し，意欲をもって学習に取り組もうとしている。 |

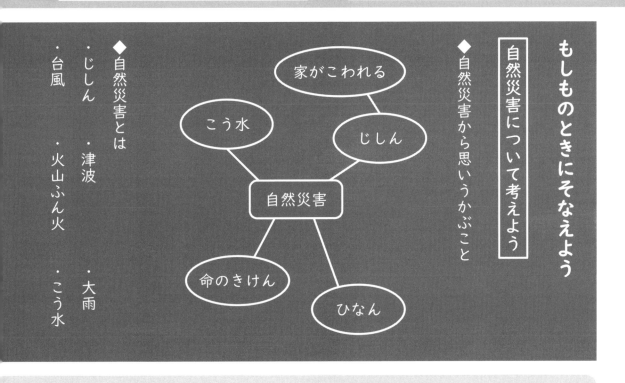

もしものときにそなえよう

自然災害について考えよう

◆自然災害から思いうかぶこと

自然災害
- 家がこわれる
- じしん
- こう水
- 命のきけん
- ひなん

◆自然災害とは
・じしん　・津波
・台風　・大雨
・火山ふん火　・こう水

❸自然災害について調べる

「タブレットで，自然災害について調べてみましょう。」

「あんまり聞いたことがない自然災害について調べてみよう。」

「調べたことを交流しましょう。」

　動画を視聴して，興味をもった自然災害について，いくつか調べさせる。次時に，調べる災害を決めるためのもととなる情報となるので，広く浅く調べさせたい。調べた後に，「何か心に残ったことはありますか」などと，調べて分かったことを交流する。

❹学習課題を設定する

自然災害に備えるとはどういうことでしょう。

「『備える』というのは，準備をするということだから，避難する時の準備かな。」

「教科書 p.87の文章を読みましょう。単元の終わりに，調べたことを文章にまとめてもらいます。」

　単元名でもある「備える」という言葉を，具体的にイメージすることは難しい。自然災害に備えるとは次のようなことが挙げられる。避難する場所や経路を考える，避難する時の準備物を用意しておく，今住んでいる地域にどんな災害が起こるか予想しておく。最後に教科書 p.87の文章を読み，単元の終わりの姿を共有する。

2/10時間 もしものときにそなえよう

準備物：なし

●調べるための見通しをもたせよう

　調べ学習が始まると何から始めたらよいか分からなくなることがあります。この原因の一つとして，調べ学習の見通しがないことが挙げられます。子どもたちが，自分は何を知りたいのか，どうすればその情報が得られるのかを明確にすることで，すべての子が調べ学習に取り組むことができます。

●主体的に学べる場づくりを準備しよう

　主体的な学びには，学年に応じた学びの場づくりが必要です。図書館司書と連携して自然災害の本を選書してもらう，ICTサポーターと連携して自然災害のおすすめウェブサイトを紹介してもらう，防災にかかわる地域の施設などを子どもたちに紹介できるよう予め用意しておくなど，学年に合わせて学びやすい環境づくりを考えましょう。

◆調べ方
・インターネット
・本（司書の先生にそうだん）
・けいけんした人の話を聞く
・お家のぼう災の冊子を見る
・市のぼう災担当にインタビュー

❶前時の学習を振り返る

「前の時間に，様々な自然災害について学習しました。覚えているものはありますか。」

「印象に残った自然災害は，火山の噴火です。」

「今日は，自然災害の備えについて調べるものを一つ決めましょう。」

　本時では，自然災害の備えについて，自分が調べるテーマを決定する。そのために，前時を振り返り，どのような自然災害があったのかを振り返る。興味があって家で調べた子がいれば，調べたことを紹介してあげてもよい。

❷調べる自然災害を決める

「今日は，自然災害の備えについて調べるものを一つ決めましょう。」

「私は，おじいちゃんが阪神淡路大震災にあったって言っていたから地震の備えについて調べよう。」

　自分が調べるテーマを決定する。そのテーマを選んだ理由を交流しても面白い。できるだけ多様な自然災害を選ぶようにしていると，単元最後の子どもたちが書いた文章を交流する時に面白くなる。

本時の目標	・調べたいテーマを決め，調べる方法について検討することができる。	本時の評価	・調べたいテーマを決め，調べる方法について検討している。

もしものときにそなえよう

テーマを決めて、調べる方法について考えよう

◆自然災害
・じしん
・津波
・大雨
・台風
・火山ふん火
・こう水

◆知りたいこと
災害
・災害の様子
・災害が起こる理由
・身の守り方

ひなん
・ひなん先
・ひなんの仕方
・ひなんの実際

準備
・準備物
・事前にしておくこと

❸知りたいことを確認する

自然災害の備えについて，どんなことを知りたいですか。

どんな被害が出るのかなど，災害の様子について知りたいです。

避難所での生活など，避難した人の実体験のお話なども聞いてみたいです。

❹調べる方法について考える

知りたいことは，どうやって調べればいいと思いますか。

インターネットで避難の時の備えについて見たことがあります。

大雨について，図書館に本があった気がするな。

調べるテーマが決まったら，テーマについて知りたいことを書き出す。調べる前に，調べる内容をイメージしていると調べやすくなるので，とても重要な学習となる。あまり見通しをもてていない子もいるので，しっかりと時間を取りたい。子どもたちの発言をまとめながら板書し，「災害」「ひなん」「準備」などと整理する。

調べる方法を考える。インターネットや本が中心となる。本は図書館司書と連携し，事前に本を集めておきたい。自然災害は，家族や地域にも経験者がいるものである。ぜひとも，被害体験談を聞く場を設定したい。話を直接聞くことで，自然災害を自分事としてとらえやすくなり，子どもたちの学習の意欲を高めることができる。

3 / 10時間 もしものときにそなえよう

準備物：黒板掲示用資料，付箋

●個別でめあてを立てよう

　子どもが主体的に調べ学習に取り組むために，個別のめあてを考えさせるとよいでしょう。めあてを立てることで，自分が今日すべきことを明らかにすることができます。また，振り返りの際も，自分が立てためあてが達成できたかどうかという視点で学習を振り返ることができます。立てた通りに達成することが難しいこともあるでしょうが，自分でめあてを立て，自分自身で振り返り，次の学びへ生かす経験こそ大切です。

●授業以外でも調べられる環境を

　調べる速さは，子どもたちによって違いがあります。休み時間や放課後，宿題など，授業以外でも調べるように声をかけると，子どもの意欲によっては深く調べることができるようになります。

◆記録の仕方
・ふせんに書く
・一つの情報にふせん一枚
・分かったことはかじょう書きで

①わかったこと

②思ったこと

③参考文けん

❶調べ方と記録の書き方を確認する

今日は，調べ学習を行います。前時に，調べる内容と調べ方について学習しました。覚えていますか。

ぼくは，大雨について調べます。特に，災害の実態と避難について……

調べて分かったことを付箋に記録します。

　調べたことは，付箋に記録する。カードは，分かったことだけでなく，思ったことや考えたことも書けるようなレイアウトにするとよい。また，疑問点は新たに調べたいことにつながるので，書かせるとよい。本やウェブサイトのタイトルや出典を必ず明記することも伝えておく必要がある。タブレットPCを活用するのも一つの方法だ。

❷今日のめあて（個人）を考える

この時間にどこまで調べ学習を進めますか。自分のめあてを立てましょう。

ぼくは，特に避難の仕方について明らかにしよう。

　調べ学習では，全体のめあてとは別に，「今日の目標」「1時間のゴール」などと，個人のめあてを立てる。「○○を明らかにしたい」などの具体的な目標を設定させると，調べ学習の内容を焦点化させることができる。個人のめあてを立てることで，子どもたちが主体となって学習を進める意識を高めることができる。

| 本時の目標 | ・調べたいテーマについて，様々な方法で調べることができる。 | 本時の評価 | ・調べたいテーマについて，様々な方法で調べている。 |

もしものときにそなえよう

テーマについて調べよう

◆知りたいこと

災害
・災害の様子
・災害が起こる理由
・身の守り方

ひなん
・ひなん先
・ひなんの仕方
・ひなんの実際

◆調べ方
・本（司書の先生にそうだん）
・インターネット
・けいけんした人の話を聞く
・お家のぼう災の冊子を見る
・市のぼう災担当にインタビュー

準備　準備物　事前にしておくこと

---

❸調べ学習を行う

それでは調べ学習を始めましょう。

先生，うまくサイトが開かないのですがどうしたらいいですか？

なるほど，みんなにも説明しますね。みなさん一度手を止めてください。
○○さんからサイトの質問で…

　学校では，インターネットや本，資料などの調べ学習が中心となる。調べ学習では，様々な質問が予想される。全員で共有しておく必要のあるものは，一度手を止めて全員に伝えると質問の数を減らすことができる。

❹振り返りをする

自分のめあてについて振り返りをしましょう。また，次回の調べ学習のめあてを考えましょう。

今日は，大雨の災害について調べることができたよ。次の時間はその備えについて調べていきたいな。

　個人での学習が中心となるので，振り返る時間をとることが重要である。自分の立てためあてに対する振り返りを行う。この時間を大切にすることで自己調整力を高めることができる。1時間で調べきることが難しい場合は，もう1時間設定するか，宿題などで調べ学習に取り組ませるとよい。

もしものときにそなえよう

準備物：黒板掲示用資料，付箋

● 図表を使って構造的に整理しよう

　整理する時には，図表を上手に使いましょう。本時では，Xチャートを使った例を提示します。グルーピングやYチャートなど，子どもたちのやりやすい方法があれば，やり方を自由に選ばせることができます。図を使って情報を整理することが大きな目標になります。

● 付箋を移動させる

　調べて分かった情報を整理するためには，付箋やタブレットなどで情報を移動させながら考えることが重要です。整理するとは，情報の似ているものをまとめて分類したり，集まった情報に名前を付けることで情報を抽象化したりすることです。付箋を動かす作業により，思考をうながすことができます。活動は個人でもできますし，情報が少なければ，グループですることもできます。

◆もっと調べたいことを調べよう
・自然災害のそなえについて大切なことを文章で書く

❶ 調べた内容を確認する

前時に，たくさん調べましたね。調べて分かったことを確認しましょう。

小学校が災害時の避難所になるのはびっくりしたな。

　本時では，調べたことを整理し，調べたりないことをさらに調べることが目標となる。前時に調べたことを書いた付箋を使って整理するので，まずは，調べた内容について確認する。「私が調べて，分かったことは……」などと，ペアやグループで紹介し合ってもよい。

❷ Xチャートで分類する

今日は，調べてきた情報を整理します。Xチャートを使って情報を四つに分類したいと思います。

似ている情報をまとめてみよう。

　XチャートをやYチャートを使って調べてきたことを分類する。これまでに，XチャートやYチャートを使ったことがない子に対しては，「似ている情報をまとめながら四つのグループに分類します」などとチャートの使い方を説明する。調べた情報が少なければ，同じテーマの子どもとグループを組ませて活動してもよい。

| 本時の目標 | ・調べてきた情報を整理し，調べたりないことをさらに調べることができる。 | 本時の評価 | ・調べてきた情報を整理し，調べたりないことをさらに調べている。 |

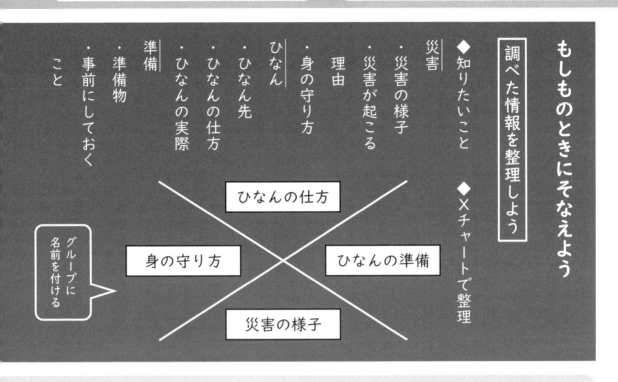

❸ まとまりに名前を付ける

「四つに分類したそれぞれに，名前をつけましょう。」

「このまとまりは何の言葉でまとめたらいいのかな。」

Xチャートで分類したグループに名前を付ける。まとまりに名前を付けるということは，集まった情報の共通点を見出し，その共通点に適した言葉を当てはめるという活動になる。なかなか言葉が見つからない子には，教師が一緒に言葉探しをしたり，グループで活動させたりするなどの支援が必要になる。

❹ 調べたりないところを調べる

「本単元では，災害の備えについて大切なことをまとめて意見を書きます。Xチャートを見て，調べたりないと思うところをさらに調べましょう。」

「私は災害の実態についてはよく調べたけど，備えについてあまり調べられていないから，もう少し調べてみよう。」

Xチャートを見ると，調べた内容の傾向が見える。子どもたちには，「自然災害への備えについて大切なことをまとめる」ことが単元の目標であることを確認し，自分が調べた情報のたりない部分を見付けさせ，さらに調べさせる。調べたことを，前時と同じように付箋に書き，Xチャートに貼り付けさせる。

第4時 143

もしものときにそなえよう

準備物：黒板掲示用資料，付箋

●ピラミッドチャートを使う

　本時では，自然災害の備えについて大切なことを考える学習になります。最後に論理的な文章を書くためには，調べてきた情報とのつながりを明確にして，論を組み立てる必要があります。そのためには，ピラミッドチャートを活用することが有効です。ピラミッドチャートは三つの段で構成されています。最上段には「自然災害の備えで大切にしたいこと」を書き，中段には「大切にしたい理由」や「情報から分かること」を書き，下段には，「調べてきた情報」の付箋を貼ります。

【ピラミッドチャート】

❶Ｘチャートを振り返る

前時に，Ｘチャートで情報を整理しました。今日は，自然災害の備えについて大切にしたいことを考えたいと思います。まずは，前時のＸチャートを振り返ってみましょう。

　本時では，「自然災害の備えについて大切にしたいこと」についての自分の考えを明らかにすることが目標である。子どもたちは，調べ学習を通じて多くの情報を得ている。しかし，「備えについて大切にしたいこと」という視点ではあまり考えていない。導入では，本時の目標をしっかりと確認することが重要となる。

❷ピラミッドチャートの書き方を確認する

ピラミッドチャートの書き方を確認します。最上段には「自然災害の備えで大切にしたいこと」を書き，中段には「大切にしたい理由」や「情報から分かること」を書き，下段には，「調べてきた情報」の付箋を貼ります。上から書いても，下から書いても構いません。

付箋

　ピラミッドチャートの書き方を確認する。最上段には「自然災害の備えで大切にしたいこと」を書き，中段には「大切にしたい理由」や「情報から分かること」を書き，下段には，「調べてきた情報」の付箋を貼る。上段から書いても，下段から書いても構わない。これまでにピラミッドチャートを使ったことがない時は，丁寧に全体で書き方を確認する。

| 本時の目標 | ・ピラミッドチャートを使い，調べた情報から，自分の考えをまとめることができる。 | 本時の評価 | ・ピラミッドチャートを使い，調べた情報から，自分の考えをまとめている。 |

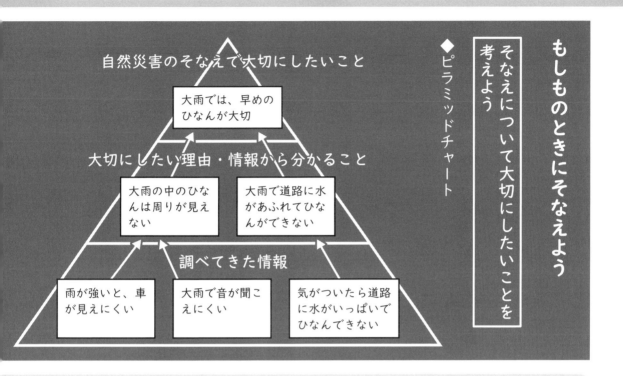

❸ピラミッドチャートを書く

それでは，ピラミッドチャートに書き込んで，「自然災害の備えで大切にしたいこと」を明らかにしましょう。

ぼくは，下段から中段を考えて，最後に上段の大切にしたいことを考えよう。

　実際に，各自でピラミッドチャート書かせる。特に重要なことは，上段の「大切にしたいこと」と下段の「情報」をつなぐ中段の「理由・分かること」になる。Xチャートのまとめを参考にしながら書かせたい。手が止まる子がいれば，横に付き添いながら支援をする。

❹ピラミッドチャートを交流する

できたピラミッドチャートを友達と共有しましょう。上段と下段のつながりがあるかを確認してもらいましょう。

　時間があれば，終わった子からピラミッドチャートを共有する。それぞれのつながりがあるか確認をしてもらってもよい。交流しながら修正が必要であれば，その場で修正させる。ピラミッドチャートが完成すれば，後はそれを文章にするだけなので，ピラミッドチャートはしっかりと時間をかけて完成させたい。

もしものときにそなえよう

10時間

準備物：なし

● フィッシュボーン図を使う

　自分の考えを伝える文章は，構成が大切になります。文章を書くためには，文章を書く前に次の3点を明らかにする必要があります。
① 自分の考え【要旨】
② 自分の考えの理由（端的な言葉で）【小見出し】
③ 自分の考えの理由の根拠や具体例【具体例】
　それらを考える時に有効な図が，フィッシュボーン図です。ピラミッドチャートを転記するだけで完成することができるのでとても便利です。

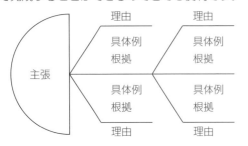

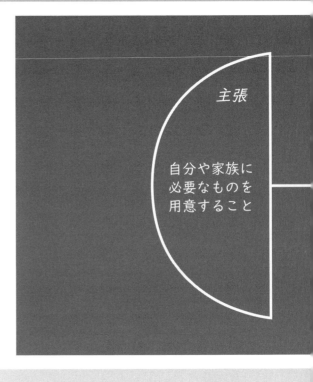

主張

自分や家族に必要なものを用意すること

❶ ピラミッドチャートを振り返る

前時に，ピラミッドチャートで自分の考えを整理しました。今日は，文章を書く前に，自分の論をつくるためのフィッシュボーン図を使って文章の構成を考えましょう。まず，前時のピラミッドチャートを振り返ってみましょう。

　本時では，フィッシュボーン図を書くことで，自分が書く文章の構成について考える。フィッシュボーン図を書く時は，ピラミッドチャートに書いてあることを書き写せば簡単に作ることができる。まずは，ピラミッドチャートを振り返り，修正する場所があれば，書き直させる。

❷ フィッシュボーン図の書き方を確認する

フィッシュボーン図の書き方を確認します。左の半円には，ピラミッドチャートの上段の「自然災害の備えで大切にしたいこと」の自分の意見を書きます。そして，理由のところには，ピラミッドチャート中段の「理由」を書きます。具体例・根拠のところは，ピラミッドチャート下段の調べた情報を書きます。

　フィッシュボーン図の書き方を確認する。
【フィッシュボーン図の書き方】
左の半円…ピラミッドチャート上段の自分の意見
理由…ピラミッドチャート中段の「理由」
具体例・根拠…ピラミッドチャート下段の調べた情報

| 本時の目標 | ・フィッシュボーンを使って，文章の組み立てを考えることができる。 | 本時の評価 | ・フィッシュボーンを使って，文章の組み立てを考えている。 |

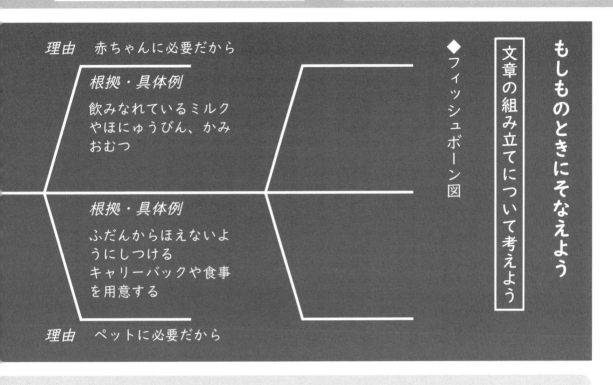

❸ フィッシュボーン図を書く

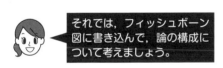

それでは，フィッシュボーン図に書き込んで，論の構成について考えましょう。

フィッシュボーン図はピラミッドチャートに書いたことを書き写せばできそうだ。

　フィッシュボーン図を書く。書きながら，主張－理由－根拠－具体例のつながりを確認させる。フィッシュボーン図は，書き慣れると，文章の構成について考える力が付く。スピーチや文章を書く前に，フィッシュボーン図を書かせることで，子どもたちの力を伸ばすことができる。

❹ フィッシュボーン図を交流する

できたフィッシュボーン図を友達と共有しましょう。主張と理由のつながりがあるかを確認してもらいましょう。

　時間があれば，終わった子からフィッシュボーン図を共有する。それぞれのつながりがあるか確認をしてもらってもよい。交流しながら修正が必要であれば，その場で修正させる。

もしものときにそなえよう

7/10時間　準備物：なし

●二つの例文を上手に活用しよう

　教科書の二つの例文は，4年生で指導すべきポイントが押さえられた優れた文章です。この例文を活用すれば，自分の考えを分かりやすく伝えるポイントを子どもたちが見付け，自分の文章に生かすことができます。本時では，二つの文章を比較します。共通点を探していくと，文章を書く上でみんなが大切にしなければならないポイントが見え，相違点を探すと，書き手の考えによって違いが出てくるポイントを明らかにすることができます。

●「ノートを見返す」ちょっとしたことが大切

　本時では，最後に中の書き方や文体について決める場面を設定しました。ここでは，本時の学びだけでなく，前時で考えたことを含めて決めさせたいところです。そのために，ノートを見返す時間をつくりましょう。

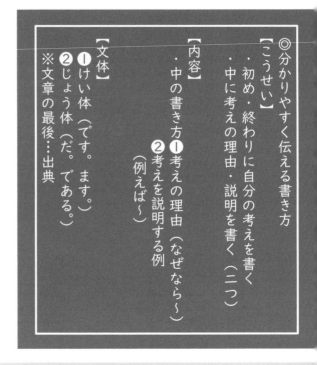

◎分かりやすく伝える書き方
【こうせい】
・初め・終わりに自分の考えを書く
・中に考えの理由・説明を書く（二つ）
【内容】
・中の書き方 ①考えの理由（なぜなら〜）
　　　　　　 ②考えを説明する例（例えば〜）
【文体】
①けい体（です。ます。）
②じょう体（だ。である。）
※文章の最後…出典

❶めあての確認をして，例文を読む

今日は，自分の考えを伝える二つの例文を比べて読みます。まず，二つの例文を音読しましょう。

　本時では，文章を書くためのポイントを明らかにすることが目標になる。教科書p.87の例文を使って学習を進める。まずは，声に出して例文の内容を把握させたい。

❷例文の共通点・相違点を見付ける

二つの文章を比べて同じところと違うところを見付けましょう。

どちらも初め・中・終わりに分かれています。

安田さんは「です。」だけど，竹内さんは「分かった。」となっています。

　二つの文章を比べ，文章を書く上で共通する大切なポイントと，書き手の考えに合わせて選択するポイントを明らかにしていく。板書では，子どもたちの意見をベン図で整理する。また，構成や内容，記述の仕方なども分類して板書するとポイントをまとめる際に分かりやすい。

本時の目標	・自分の考えを分かりやすく伝えるために，「初め」「終わり」と対応させて「中」に書く内容を考えることができる。	本時の評価	・自分の考えを分かりやすく伝えるために，「初め」「終わり」と対応させて「中」に書く内容を考えている。

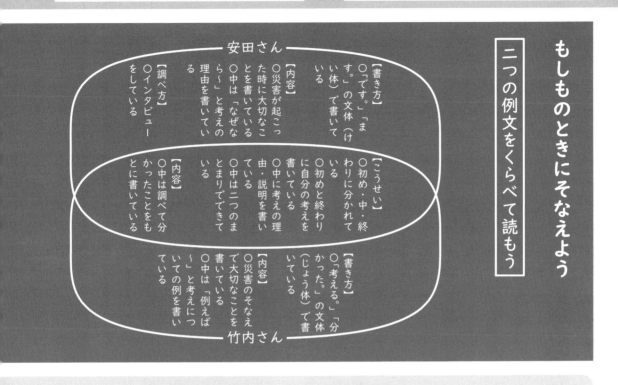

❸ 分かりやすく伝える書き方を見付ける

自分の考えを分かりやすく伝えるためにどんなことに気を付けて書くといいでしょう。比べて分かったことをもとに考えましょう。

最後にもう一度自分の考えを書くことです。なぜかというと……

　二つの文章を比較して明らかになったことをもとにポイントをまとめていく。上記の発問で答えにくい場合は，「2人の書き方でまねしてみたいところはどこですか」「2人の書き方で大切だなと思ったところはどこですか」などの問い方も考えられる。

❹ 振り返りを書く

今日の振り返りを書きましょう。また，中の書き方や文体はどちらの書き方にするか今の考えを書いておきましょう。

中は自分の考えの理由を書きたいな。文体は敬体で書こう。

前の時間に自分の考えをまとめました。見返してみましょう。

　本時の振り返りとともに，中の書き方や文体をどうするのかについて考えさせたい。その際，前時の調べて大切だと思ったこととその理由が書かれているノートを見返しながら考えるように声かけをする。

もしものときにそなえよう

8 / 10時間　準備物：なし

●見本の文章を上手に活用しよう

　はじめての作文では，見本の文章があると苦手な子も書き始めることができます。見本の文章は，教科書の二つの例文や教師や他の学級の友達が書いた文章を提示するとよいでしょう。苦手な子は，上手な文章のまねをすることで，書きやすくなります。書いているうちに，自分の考えに1番合った表現を使って書くことができるようになります。

●フィッシュボーン図を活用して文章を書く

　フィッシュボーン図を活用すると簡単に文章を書くことができます。文章は，初め・中①・中②・終わりの四つで構成されています。フィッシュボーン図の「主張」が，「初め」と「終わり」の段落になります。「理由」「具体例・根拠」が「中①」「中②」になります。後は，フィッシュボーン図に書いてあることを文章にするだけで完成です。

◎分かりやすく伝える書き方
【こうせい】
・はじめ・終わりに自分の考えを書く
・中に考えの理由・説明を書く（二つ）
【内容】
・中の書き方　①考えの理由（なぜなら～）
　　　　　　②考えを説明する例（例えば～）
【文体】
①けい体（です。ます。）
②じょう体（だ。である。）
※文章の最後…出典

❶フィッシュボーン図を振り返る

今日は，いよいよ文章を書きます。フィッシュボーン図をもとに文章を書くと簡単に書くことができます。自分が書いたフィッシュボーン図を振り返りましょう。

　本時では，フィッシュボーン図をもとにして文章に書く。
【フィッシュボーン図から文章への書き方】
①フィッシュボーン図の「主張」は，「初め」と「終わり」の段落に書く
②フィッシュボーン図の「理由」と「根拠・具体例」は，「中①」「中②」に書く
③「中①」「中②」は，先に「理由」を書く

❷分かりやすく伝える書き方を確かめる

自分の考えを分かりやすく伝えるためには，どんなことに気を付けて書くとよかったでしょう。ノートを見返しながら思い出してみましょう。

初めと終わりに自分の考えを書きます。

　文章を書く前に，前時の学習を想起させ，ポイントを押さえる。プロジェクターや電子黒板を活用して6時間目の板書やまとめたスライドを見せると下書きを書く際の手立てとなる。文体などは，間違いやすいので，この時点でどの文体にするのかもう一度確認をしておくとよい。

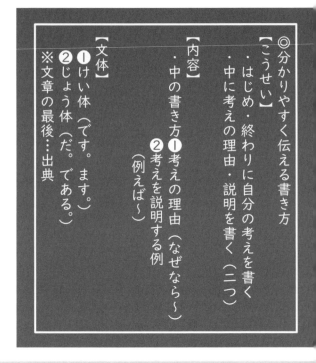

| 本時の目標 | ・文章構成や常体と敬体の違い，主語と述語のつながりなどに注意しながら，文章を書くことができる。 | 本時の評価 | ・文章構成や常体と敬体の違い，主語と述語のつながりなどに注意しながら，文章を書いている。 |

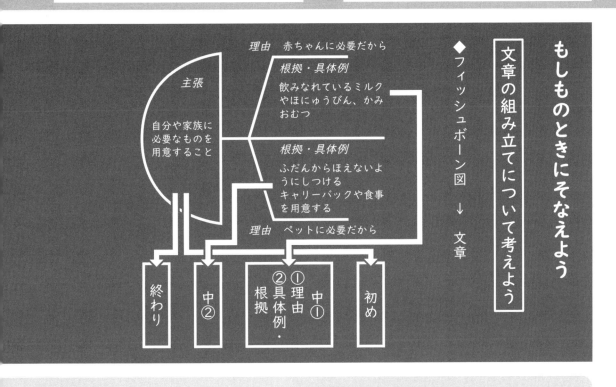

❸文章を書く

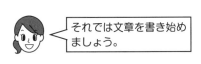

それでは文章を書き始めましょう。

よし。がんばって書くぞ！

　文章を書かせる。書くことが苦手な子には，教科書の二つの例文や教師が書いたお手本，他の学級の子どもが書いた文章をいくつか提示するとよい。様々な文章を見ることで，文章の全体像をイメージして文章が書きやすくなる。

❹書いた文章を振り返る

書いた文章を声に出して読みましょう。

あれ？ ここが何か変だな。

振り返りを書きます。書き直したいところがあればメモしておきましょう。

　書くことに夢中になると，全体のつながりが見えなくなることがある。振り返りの前に，声に出して読む時間を取ることで，つじつまが合わないところがよく分かる。書き直すべきところが見付かれば，ノートにメモしておくとよい。次の推敲の時間にスムーズに書き直すことができる。

第8時　151

9/10時間 もしものときにそなえよう

準備物：付箋，清書用の原稿用紙

● **読み返すポイントを明確にしよう**

　表記と内容の両面から推敲させたい場合，読み返す観点を子どもたちに明確に提示することが大切です。本時は，構成・内容・文体・引用の四つの観点を提示しました。ペアで読み合う時に，どの観点を読んでほしいのかお互いに伝え合い，アドバイスやよかった点について付箋に書きます。

　推敲の時間で文章がよりよくなったと実感できるよう目を付けるポイントを明確にします。

● **落ち着いた雰囲気で**

　清書では早く仕上げたい気持ちから，字が雑になったり，書き間違いをしてしまったりすることがあります。書くペースは人それぞれですが，目安となる時間やペースを示し，落ち着いた雰囲気で清書できるようにしましょう。

◆清書をしよう

❶推敲の観点を確認する

今日は，前時に書いた文章の推敲をします。文章を書いた時のポイントを確認しましょう。

構成・内容・文体・引用に気を付けて読み返そう。

一度自分が書いた文章を読んでみましょう。書き直したいところがあれば，付箋に書いておきましょう。

　読み返すといってもよりよくするために何をどうしたらよいかはっきりしないとただ読むだけの活動になってしまう。そこで，構成・内容・文体・引用の四つの観点で読み直すことを伝える。

❷ペアで読み合う

それでは，ペアでお互いの文章を読み合い，書き直すポイントを付箋に書いて渡しましょう。

私は引用ができているか見てほしいです。お願いします。

付箋

ぼくは構成を見てほしいです。よろしくお願いします。

付箋

　ペアを作ってお互いの文章を読み合う。読む前に四つの観点のうちどこを見てほしいのかを伝える。読んだら付箋を使って一言コメントを書いて渡す。付箋を渡す時には，コメントをもとに一言添えて渡すように指示をする。付箋はあくまでもメモであり，自分の言葉で伝えることもしっかり学ばせたい。

本時の目標	・下書きを友達と読み合い，表記と内容の両面から推敲し，それを生かして清書することができる。	本時の評価	・下書きを友達と読み合い，表記と内容の両面から推敲し，それを生かして清書している。

もしものときにそなえよう
書いた文を読み返し、清書をしよう

◆すいこうのポイント

◎分かりやすく伝える書き方
【こうせい】
・はじめ・終わりに自分の考えを書く
・中に考えの理由・説明を書く（二つ）

【内容】
・中の書き方①考えの理由（なぜなら〜）
②考えを説明する例（例えば〜）

【文体】
①けい体（です。ます。）
②じょう体（だ。である。）
※文章の最後…出典

【引用】
・文章の最後には引用したり、参考にした本を書く　教科書八八ページ

---

❸付箋を参考に書き直す箇所を確認する

みんなのアドバイスをもとにもう一度下書きを読み、書き加えたり、書き直したりするところを考えましょう。

引用した言葉に「　」を付け忘れていたから書きたそう。

「付箋をたくさんもらって楽しかった」で終わることのないように個に戻る場面を設定したい。ここでは読み合った後、もう一度書き直したり書き加えたりする時間をつくる。友達との読み合いによってよりよくなっていくことを実感させたい。

❹清書をする

仕上げの目安は○時○分です。○分までは全員清書の時間とします。できたら静かに待ちます。

早く仕上げたいと思うあまり雑になったり、見落としがあったりしないように、ゆったりと丁寧に書かせたい。仕上げの目安を伝えることで時間調整ができる。「題名〜最初の一行目まで○分で」とペースをつかませるのも一つの方法だ。

第9時　153

もしものときにそなえよう

10 / 10時間

準備物：付箋（カード）

●やりとりする力を付けよう

交流では読み手が感想を伝えてあっさりと終わることがよくあります。少しでもやりとりできる力を付けてほしいものです。例えば、「何でもいいから一つ質問する」ことを条件に入れて交流させてみるのも一つの方法です。

●主張と理由・例とのつながり

振り返りでは、文章の書き方について振り返ります。特に重要であり、子どもたちにとって難しいのは、「どのようにして、理由・例を選びましたか」という問いになります。つまり、「主張と理由・例」とつながりの妥当性を問う振り返りです。自分の考えを伝える時に、聞き手や読み手が納得する理由や例を伝えられるかが重要です。本単元だけでなく、これからも何度も考えることで、次第に分かるようになります。

ふり返り
① どのようにして、理由や例を選んだか
② 理由や例を書くときに気をつけたこと
③ 文章で自分の考えを伝えるために大切なこと

❶めあてを確認して書き手の思いを伝える

今日はいよいよみんなで文章を読み合って感想を伝え合います。

文章を読む時、どんなことに気を付けたらよいでしょう。また、感想にはどんなことを書くとよいでしょう。昨日の振り返りを参考に考えましょう。

「いつもの交流タイム」という意識で読み合うと活発に見えても、交流や感想の質が伴わない。まずは、導入で読む時や書く時のポイントを考え、意識を高めたい。考える際、前の時間の振り返りを見返す。書き手がどのような思いで書いたかということを想像しながら読むことを大切にしたい。

❷読む時のポイントを確かめる

書き手は、みんなに自分の考えを伝えるために精一杯書きました。書き手の伝えたいことを考えながら読みましょう。

しっかり読むぞ。

教科書 p.89を読み、読む時に気を付けることや感想の書き方について確認する。付箋やカードを用意し、感想を書くようにする。赤い付箋は「内容」について、青い付箋は「書き方」についてなどと、「内容」と「書き方」について感想を伝えられるようにする。

154　もしものときにそなえよう

| 本時の目標 | ・書いたものを読み合い，感想を伝え合うとともに，自分の文章のよいところを見付けることができる。 | 本時の評価 | ・書いたものを読み合い，感想を伝え合うとともに，自分の文章のよいところを見付けている。 |

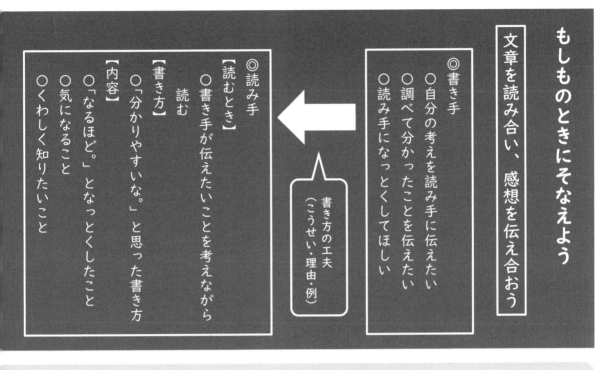

もしものときにそなえよう
文章を読み合い、感想を伝え合おう

◎書き手
○自分の考えを読み手に伝えたい
○調べて分かったことを伝えたい
○読み手になっとくしてほしい

書き方の工夫
（こうせい・理由・例）

◎読み手
【読むとき】
○書き手が伝えたいことを考えながら読む
【書き方】
○「分かりやすいな。」と思った書き方
【内容】
○「なるほど。」となっとくしたこと
○気になること
○くわしく知りたいこと

❸文章を読み合い，感想を伝え合う

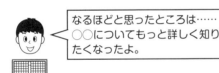
なるほどと思ったところは……○○についてもっと詳しく知りたくなったよ。

ありがとう。わたしも詳しく知りたくて調べたら……

下書きの時と同様に，書いた付箋やカードを渡すだけでなく言葉でも伝えるようにする。聞きたいことや気になることは質問してみるとよい。「相手に必ず何か一つ質問をしよう」とするとより交流を活性化できる。子どもたちの実態に応じて読み合う方法を考えたい。

❹学習全体を振り返る

教科書 p.89の【ふりかえろう】の三つについて，振り返りを書きましょう。

主張と理由・例のつながりを考えるのが難しかったな。

教科書 p.89の【ふりかえろう】をもとに振り返りを行う。まず，〈知る〉〈書く〉〈つなぐ〉それぞれについて，自分の考えをノートに書き，全体で交流する。

冬の楽しみ

2時間

1 単元目標・評価

- 言葉には性質や役割による語句のまとまりがあることを理解し，語彙を豊かにすることができる。（知識及び技能(1)オ）
- 経験したことや想像したことなどから書くことを選び，伝えたいことを明確にすることができる。（思考力，判断力，表現力等B(1)ア）
- 言葉がもつよさに気付くとともに，幅広く読書をし，国語の大切にして，思いや考えを伝え合おうとする。（学びに向かう力，人間性等）

知識・技能	言葉には性質や役割による語句のまとまりがあることを理解し，語彙を豊かにしている。（(1)オ）
思考・判断・表現	「書くこと」において，経験したことや想像したことなどから書くことを選び，伝えたいことを明確にしている。（B(1)ア）
主体的に学習に取り組む態度	言葉がもつよさを認識するとともに，国語の大切さを自覚して思いや考えを伝え合おうとしている。

2 単元のポイント

教材の特徴

　本単元は，行事を通して語彙を豊かにすることが大きな目標となる。これまでの「季節の言葉」の単元と同じように，イメージマップを使い，行事に関連する言葉を集める学習活動を行う。

　冬の行事には「もちつき」「冬至」「大みそか」「お正月」「節分」などがあるが，他の季節に比べて馴染みがあり，体験したことがあるものも多いだろう。「お正月」や「節分」など，各家庭によって過ごし方が異なるものも多い。本時では，自分の体験を思い出しながら，言葉集めをしていくことが重要となる。自分が体験したことをもとに言葉を発表させることで，語彙のイメージを豊かにすることができる。

　また，「豆まき」や「おせち」などは，行事を体験しているものの，その行事に込められた願いなどを知らない子どもも多い。それぞれの行事に込められた願いや思いなどを合わせて学習することが大切である。

❸ 学習指導計画（全2時間）

次	時	目標	学習活動
一	1	• 冬の行事に関係する言葉を集めることができる。 • 冬の行事に興味をもとうとする。	○冬の行事にかかわる言葉を集める。 • 冬の行事を思い出す。 • タブレットを使い，冬の行事にかかわる言葉を調べる。 • 言葉について体験したり，見たりしたことについて交流する。 • 春の七草や俳句を紹介し，自分が好きな冬の行事を決める。
	2	• 好きな冬の行事について，かるたを作ることができる。 • 冬の行事に興味をもとうとする。	○好きな冬の行事についてかるたを作る。 • 好きな行事について言葉を書き出す。 • かるたの作り方を確認し，かるたを作成する。 • 友達と読み合う。

語彙を豊かにする

　4年生の「季節の言葉」のコーナーでは，季節の行事を通して語彙を広げる学習をします。言語活動として，春は説明書を書き，夏は俳句を作り，秋は手紙を書きました。そして，冬はかるたを作ります。

　「言葉が分かる」ということには，いくつかの段階があります。大きくは「言葉を知っている」「言葉のイメージを伴いながら分かる」「言葉を自分で使える」の3段階があります。本単元で扱う冬の言葉は，子どもたちが聞いたことがあったり，大体の意味が分かったりする言葉が多いです。そこで，本単元では，より語彙を豊かにするために，言葉のイメージをもったり，使ったりすることが重要になります。

　イメージを豊かにするためには，その言葉に関連するエピソードを交流することが重要です。例えば，「もちつき」という言葉は，多くの子が知っています。しかし，「杵がとっても重かった」「初めはお米だったけど，こねていくうちにお米の形がなくなって，だんだんおもちになっていった」「おもちをひっくり返すのがとっても熱かった」「もちつきは，朝早くから準備が大変だった」などともちつきに関するエピソードを共有することによって，「もちつき」という言葉のイメージが広がっていきます。体験することが1番よいのですが，すべての言葉について体験する時間はありません。そこで，体験したことがある子どもや見たことがある子どもにその時のことを発表させることで，言葉のイメージを広げます。また，その言葉の動画や写真を見せることも有効です。

　本単元では，かるたを作ります。これが言葉を使う段階になります。かるたに絵を描いたり，読み札を作ることで，その言葉を使います。言葉に関するエピソードを交流したり，かるたを作ったりする活動を通して，豊かな語彙を獲得させましょう。

単元について　157

1/2時間 冬の楽しみ

準備物：模造紙，タブレット

●言葉にかかわるエピソードを発表させる

知っている冬の行事に関係する言葉を発表させる時に，その言葉について見たことや体験したことなども合わせて発表させます。エピソードとともに言葉が発表されることで，より豊かに言葉のイメージをもつことができます。

●旧暦の月の呼び名を復習する

これまで「季節の言葉」のコーナーで，旧暦の月の呼び名の学習を積み重ねてきました。本単元で，すべての呼び方を学習したことになります。多くの中学校でも覚えることが求められます。この場で覚えておくといいですね。ただ，言葉を覚えるのは難しいと思います。それぞれの月の呼び名には，諸説ありますが由来があります。その由来も併せて伝えることで，覚えやすくなります。

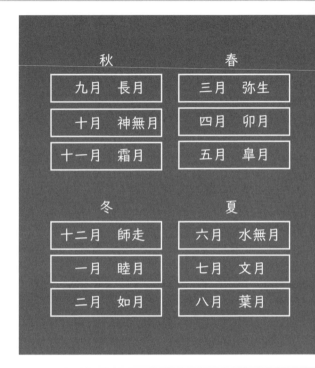

秋	春
九月　長月	三月　弥生
十月　神無月	四月　卯月
十一月　霜月	五月　皐月

冬	夏
十二月　師走	六月　水無月
一月　睦月	七月　文月
二月　如月	八月　葉月

❶冬の行事を思い出す

12月から2月が冬ですね。冬の行事について知っている言葉はありますか？　見たり，体験したりしたことがあったら，併せて発表してください。

「もちつき」を知っています。子ども会で毎年12月にやります。「もちつき」では，臼と杵を使うんだけど，両方ともすごく重たいです。

冬の行事には，親しみ深いものも多い。まず，冬の行事で知っていることについて発表させる。言葉だけでなく，その言葉にまつわるエピソードも発表させる。見たものやにおい，触感など，五感にかかわることもたくさん発表させたい。お雑煮のもちの形や味噌の種類など，家庭によって違うものも多いので，その違いを交流しても面白い。

❷冬の行事について言葉を集める

タブレットを使って，行事につながる言葉を調べて，イメージマップを作りましょう。行事でやることや，使う道具なども調べられるといいですね。

ぼくの班は，「節分」の担当だね。

班ごとに調べる行事を決めて，タブレットを使って冬の行事に関連する言葉を調べ，模造紙にイメージマップを書かせる。イメージマップを初めて書かせる場合は，書き方の説明をする。タブレットが使えない場合は，本や資料を用意して，そこから言葉を探させる。

本時の目標	・冬の行事に関係する言葉を集めることができる。 ・冬の行事に興味をもとうとする。	本時の評価	・冬の行事に関係する言葉を集めている。 ・冬の行事に興味をもとうとしている。

冬の楽しみ　　冬の行事の言葉を見つけよう

冬の行事

二月　如月	一月　睦月	十二月　師走
節分	お正月 七草がゆ	正月事始め 冬至 大みそか
＊5班イメージマップ 正月事始め	＊3班イメージマップ 冬至	＊1班イメージマップ お正月
＊6班イメージマップ 節分	＊4班イメージマップ 大みそか	＊2班イメージマップ 七草がゆ

❸調べたことを交流する

見付けた言葉の中から「おすすめの言葉」を決めましょう。どうして、その言葉がおすすめかも説明しましょう。

私は、「ゆず湯」がおすすめです。ゆずを入れたお風呂に入ることでリラックスできそうだからです。

❹昔の月の言い方を確認する

これまで、春から冬までの季節の言葉を学習してきました。12月を師走と呼ぶように、それぞれの月に昔の呼び方がありましたね。覚えていますか？

わたしは3月生まれだから、「弥生」だけは覚えているよ。

　班で「おすすめの冬の言葉」を決めて、紹介させる。可能なら、おすすめの冬の言葉と関連する写真を、タブレットで見せながら紹介させる。写真と言葉で冬の行事を感覚的にとらえることができる。また、イメージマップを見ながら、おすすめ以外の冬の言葉も紹介する。自由に各グループのイメージマップを見る時間を取ってもよい。

　最後に、これまで学習してきた昔の月の言い方を確認する。時間があれば、「様々な説がありますが、12月の師走は、師匠といえども走り回る忙しい時期だから師走というんだよ」などと、それぞれの月の名前の由来を説明する。覚えたり、発表させたりしてもよい。

冬の楽しみ

2／2時間

準備物：黒板掲示用資料，かるたを書く用紙

●かるたで遊ばせる

　本時では，かるたを作成します。かるたは，遊び道具なので，ぜひ，子どもたちには遊ばせたいものです。やり方を工夫すれば，みんなで遊ぶことができます。例えば，全員の取り札を黒板に貼ります。教師が読み札を読みます。班の代表者1人ずつで，取り札を取ります。全部終わった時に，取った枚数が1番多いグループの勝ちになります。このように，みんなで遊べば，それぞれが書いた取り札や読み札をみんなで味わうことができます。

　また，子どもたちの周りには，遊ぶものがあふれています。しかし，既製品がほとんどです。昔に比べ，自分たちでものを作り，工夫しながら遊ぶ機会が減っています。自分たちで考え，工夫し，試行錯誤しながら何かを作る活動は，創造力を育てます。自分たちで作ったもので遊ぶ楽しさを感じさせたいものです。

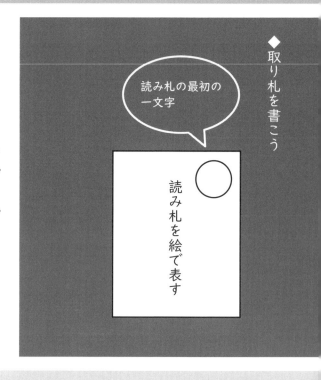

◆取り札を書こう

読み札の最初の一文字

読み札を絵で表す

❶かるたを作る行事を決める

前時に冬の行事を調べました。今日は，見付けた言葉を使ってかるたを作ります。先生が作ってきたかるたを紹介します。

かるたに入れる冬の季節の言葉を決めましょう。

ぼくは，「節分」にしよう。

　まず，本時の授業のゴールイメージをもたせるために，教師が作ったかるたを紹介する。教科書p.90の「ししまい」のかるたでもよい。かるたには，取り札と読み札があることを確認する。

　そして，前時を振り返りながら，「冬の行事に関連する言葉を使ってかるたを作る」ことを提示し，かるたを作る言葉を決めさせる。前時の，イメージマップがあれば提示する。

❷読み札を考える

まずは読み札を作ります。ノートに自分が選んだ冬に関連する言葉や文をたくさん書きましょう。書いた言葉を使って読み札の文を考えましょう。五七調ならリズムもいいですね。

節分だから，豆まき，鬼，恵方巻，方角，鬼は外，福は内，金棒…

　読み札を作るために，行事に関連する言葉をイメージマップを使って広げさせる。そこには，「鬼は外」のようなかけ声など，様々なことを書かせる。そして，見付けた言葉を使って，文を書かせる。五七調でまとめることを伝える。いくつか文を作らせ，その中で1番よいものを選ばせる。

本時の目標	・好きな冬の行事について、かるたを作ることができる。 ・冬の行事に興味をもとうとする。	本時の評価	・好きな冬の行事について、かるたを作っている。 ・冬の行事に興味をもとうとしている。

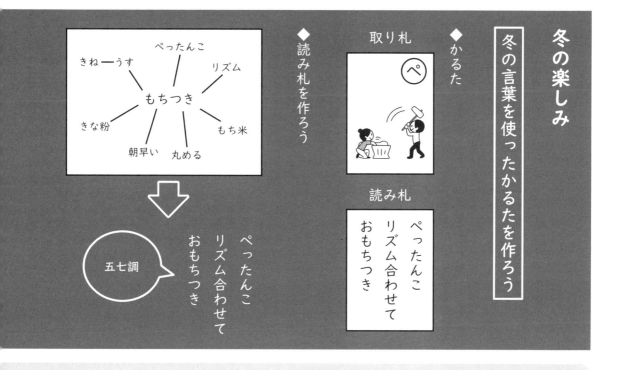

❸絵を描く

次に、絵を描きましょう。右上の丸の中には、初めの平仮名1文字を書きましょう。

みんなで同じ方角向いて、恵方巻を食べている絵を描こう。

取り札に、読み札と関連する絵を描く。なかなか絵が描けない子には、タブレットで言葉を調べて、参考にしながら描かせる。

取り札の右上の丸には、読み札の最初の1文字を書かせる。

❹友達と読み合う

できたものを交流しましょう。最後にこれまでの学習を振り返って考えたことをノートに書きましょう。

最後に、友達と交流する。時間があればかるたで遊ばせる。黒板に全員の取り札を貼り、教師が読み札を読み、班の代表者でかるたを楽しんでもよい。そうすると、描いた絵や文章をみんなで共有することができる。

最後に、学習を振り返らせる。これから始まる冬の季節に期待感をもたせて授業を終える。

詩の楽しみ方を見つけよう

自分だけの詩集を作ろう

（4時間）

1 単元目標・評価

- 言葉の面白さに気付き，本を読みながら自分が好きな詩を集めることができる。（知識及び技能(1)ア(3)オ）
- 自分の作った詩集を紹介し合い，感想を交流することができる。（思考力，判断力，表現力等B(1)オ）
- それぞれの詩の面白さを考えながら，自分の選んだ詩を工夫してまとめ，詩集にして紹介することができる。（思考力，判断力，表現力等C(1)エ・カ(2)イ）
- 言葉がもつよさに気付くとともに，幅広く読書をし，国語を大切にして，思いや考えを伝え合おうとする。（学びに向かう力，人間性等）

知識・技能	言葉の面白さに気付き，本を読みながら自分が好きな詩を集めている。((1)ア(3)オ)
思考・判断・表現	「書くこと」において，自分の作った詩集を紹介し合い，感想を交流している。（B(1)オ） 「読むこと」において，それぞれの詩の面白さを考えながら，自分の選んだ詩を工夫してまとめ，詩集にして紹介している。（C(1)エ・カ(2)イ）
主体的に学習に取り組む態度	楽しみながら，自分の好きな詩を集め，自分だけの詩集として工夫してまとめようとしている。

2 単元のポイント

教材の特徴

　4年生の教科書では，三つの「月」の詩とともに，自分だけの詩集を作る学習活動を示している。載せられている三つの詩には，それぞれの詩の中に月が登場し，1行だけの短い詩，情景とともに語り手の心情を表した詩など，多様になっている。その他にも，比喩があったり，オノマトペがあったりと，多くの工夫が見られる。それぞれの詩が描いている月の情景も大きく異なり，想像しやすくなっている。詩集を作る学習活動では，詩を集めていく活動の中にテーマを求め，「共通点がある詩」「同じ詩人の詩」「書き方が楽しい詩」といった三つのテーマの例を示している。載せる詩の順番を考えさせたり，表紙や目次，後書きを書かせたり，本としてまとめる際の学習活動の例も示している。

162　自分だけの詩集を作ろう

3 学習指導計画（全4時間）

次	時	目標	学習活動
一	1	• 三つの詩から面白いところを考えて交流し，学習の見通しをもちながら，どんな詩を集めていきたいか，ノートに書くことができる。	• 三つの詩の面白いところを考える。 • 三つの詩の中で，どの詩のどんなところが1番好きか，交流する。 • 学習の流れを確認し，今回の学習から，どんな詩を集めていきたいか，ノートに書く。
	2	• 自分が集めたいテーマを決め，詩の本を読みながら，自分の好きな詩を集めていくことができる。	• 好きな詩の集め方を知る。 • 詩の本を読みながら，自分の好きな詩を集めていく。 • 1番好きな詩から，自分の集める詩集のテーマを考える。 • テーマをもとに詩の本を読み，自分の好きな詩を集めていく。
	3	• テーマと詩を載せる順番から，詩集の題名を考え，表紙を作ることができる。	• 自分の詩集に載せる詩を決め，紙に書いていく。 • 詩を載せる順番とその理由を考える。 • テーマと詩を載せる順番から，詩集の題名を考え，表紙を作る。
	4	• 学習を振り返り，自分が伝えたいことを考えながら，後書きを書き，詩集を完成させることができる。	• 学習の振り返りから，後書きに書けることを考える。 • 自分が伝えたいことを考えながら，後書きを書く。 • 詩集を仕上げ，完成させる。 • 友達と詩集を紹介し合い，感想を伝える。

あなたはどんな読み方が好きですか？

　詩は，短い言葉でまとめられた文章ですが，その味わい方はたくさんあります。

　例えば，語り手の立場で詩を味わうことと，詩の工夫や面白さを見付けることでは，楽しみ方が大きく異なります。前者のやり方で，詩の中にいる語り手の立場として，そこに現れている情景を想像させましょう。語り手から見えているもの，音やにおい，味などが感じられるもの，触っているものや体感しているものなど，五感をもとに主観的に考えさせていくと，情景を立体的に感じることができるでしょう。

　また，後者のやり方で，その詩の工夫や面白さを見付けてから，情景を想像させましょう。どうして比喩を使っているのか，連と連の間はどのくらいの時間が空いているのかなどを考えていくと，作者が強調して伝えようとしている情景が見えてくるでしょう。

　さあ，あなたはどんな読み方が好きですか？　子どもたちとともに楽しみながら読みましょう。

自分だけの詩集を作ろう

1 / 4時間
準備物：黒板掲示用資料

●それぞれの詩の面白さを見付けよう

　三つの詩の違いを比べさせながら気付いたことをどんどん発言させていきましょう。それぞれの「月」の見え方の違いを想像させることによって，同じテーマの詩を集める楽しさも実感することができます。「情景」「比喩」「リズム」「繰り返し」「オノマトペ」などの工夫も押さえましょう。

●どんな詩を集めていくか考えよう

　三つの詩の中で，どの詩のどんなところが好きか選ばせていきましょう。そして，学習の流れの中にある「どんな詩を集めたいのか」につなげ，自分が詩のどんなところが好きなのか，考えさせていきましょう。自分の家にある詩集を持って来させるなど，授業時間以外にも，どんな詩を集めたいのか，子どもたちそれぞれに考えさせておくのも効果的です。

◇三つの詩の中で，あなたは，どの詩のどんなところが一番好きですか？

◇自分だけの詩集を作ろう

　詩を読んで，おもしろいところを知る
　↓
　たくさん詩を読んで，自分の1番とテーマを決める
　A 「月」「冬」など，共通点がある詩
　B 同じ詩人の詩
　C 書き方が楽しい詩
　↓
　テーマをもとに，詩を集めて順番を決める
　↓
　表紙・目次・後書きを作って，詩集の完成

今日の学習から，どんな詩を集めたいと思いましたか？

❶それぞれの面白いところを考える

どんなところが面白いところか，「まんげつ」から三つの詩を順番に音読してみましょう。

それでは，みずかみさんの「まんげつ」の面白いところって，どこでしょうか？

「のんのんのんのん」が不思議で，面白いです。

　まずは，教科書にある「月」をテーマにした三つの詩から面白いところを見付けさせていく。
　オノマトペや比喩，リズムなど，それぞれの詩の中にある詩の工夫だけでなく，それぞれの詩に出てくる月の見え方なども考えさせていくと面白い。それぞれの詩の面白さをまとめながら，様々な詩の味わい方があることを子どもたちに感じさせていく。

❷どの詩が1番好きか考える

いろいろ面白いところが出てきましたね。どの詩のどんなところが，1番好きか，隣の人と話し合ってみましょう。

さあ，全体にも教えてください。みずかみさんの「まんげつ」が1番好きな人〜？

　それぞれの詩の面白いところがたくさん集まったら，自分はどの詩が1番好きかを理由とともに交流させていく。また，それぞれの詩の月は，どのように見えるのか，その違いも交流していくと面白い。1番好きな詩を選ぶとともに，好きな理由を考えさせていくことで，この後のどんな詩を集めていきたいのか，集めていくテーマを決める活動につなげていく。

本時の目標	・三つの詩から面白いところを考えて交流し、学習の見通しをもちながら、どんな詩を集めていきたいか、ノートに書くことができる。	本時の評価	・三つの詩から面白いところを考えて交流し、学習の見通しをもちながら、どんな詩を集めていきたいか、ノートに書いている。

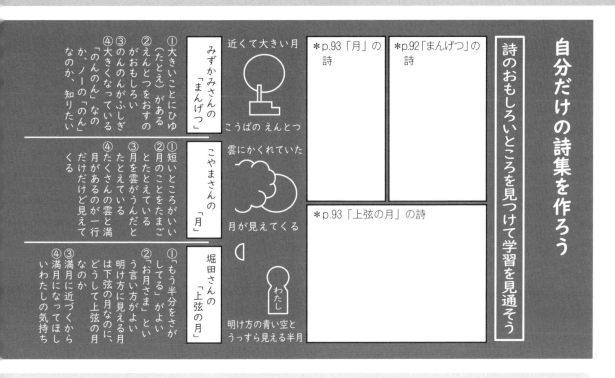

❸学習の流れを確認する

今回の学習では、こんな活動をします。どんなことをしたいのか、学習の流れから考えましょう。

教科書をもとに、学習カードを並び替える

イメージがわきましたか？好きな詩を集めて、テーマを決めて自分だけの詩集を作りましょうね。

今回の単元で好きな詩を集めることを知らせ、学習カードを順番に並べながら、活動の流れを確認させる。教科書を見ながら、確認させていくとよい。特に、「共通点がある詩を集める」のか、「同じ詩人の詩を集める」のか、「書き方が楽しい詩を集める」のか、今回の「月」をテーマにした三つの詩を読み味わう学習からも参考にさせて、考えさせていく。

❹どんな詩を集めたいのか考える

どんな詩を集めたいと思いましたか。ノートに書いてみましょう。

面白い詩をたくさん見付けたいな。

次回は、好きな詩を見付けていきますよ。おうちにある人は、持ってきてください。

次回は好きな詩を見付けていくことを示し、どんな詩を集めたいのか、ノートに書かせていく。特に、どんな詩を集めたいのか、すでに決まった子には、ノートに書くよう促しておく。そして、学習時間以外にも詩に触れたり、家にある詩の本を持って来させたりすることが効果的である。学校図書館の担当の先生と相談し、詩の本を学年の廊下に一時的に置いてもらうこともできる。

2/4時間　自分だけの詩集を作ろう
準備物：黒板掲示用資料

●詩集を読んで，好きな詩を集めよう

　簡単な表の形で，詩集を読みながら，好きな詩をどんどん集めさせていきましょう。一つの本を読む時間を長く設定すると，たくさんの種類の詩に出合えない可能性もあるので，集めたい詩のテーマが決まるまでは，3分や5分など，読む時間を短く設定し，たくさんの詩集を読ませていきましょう。

●集めたい詩のテーマを仮決定しよう

　自分だけの詩集には，やはり自分の1番好きな詩を載せてほしいです。そのうえで，他の詩と折り合いをつけさせながら，テーマを決定させましょう。その後，もっと好きな詩に出合うこともあるかも知れません。詩集の完成まで，テーマは，自由に変更できるようにしておきましょう。

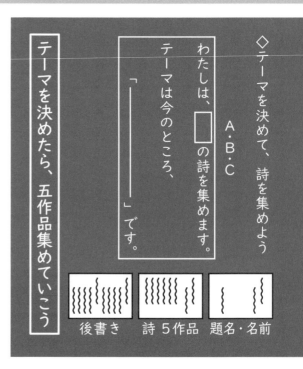

❶好きな詩の集め方を示す

今日は，たくさん詩の本を読んで，自分の好きな詩を見付けます。こんな風にノートにまとめていきますよ。

あ，「春のうた」！　なつかしいな！

「しるし」のところは，1番気に入った詩に印を付けます。必ず，一つは好きな詩を見付けてください。

　今回の学習では，実際に詩の本を読みながら，自分の好きな詩を見付けさせていく。学校図書館の担当の先生に相談し，クラスの子どもの人数分，詩の本があることが望ましい。活動の前に，読んで好きな詩を見付けたら，詩人の名前と題名をノートに表で書いて集めていくことを示しておく。「忘れもの」や「春のうた」など，4年生の教科書に載っていた詩を見本に出すとよい。

❷詩を読んで好きな詩を集める

3分経ったら声をかけるので，必ず違う本に交換しましょう。もちろん途中で交換してもいいですよ。

どの本から読んでみようかな？

それでは，たくさん読んで好きな詩を集めましょう。

　また，活動前に，1番好きな詩を選んで印を付けることや，その詩をもとにテーマを決めていくといった今回の学習の活動の見通しをもたせておく。短い時間の中で，少しでも多くの詩の本から，好きな詩を見付けてほしいので，3分ごとに教師が声をかけたら，読んでいる本を違う本と必ず交換することを示しておく。すると，15分の活動で，最低5冊の詩の本を読むことができる。

本時の目標	・自分が集めたいテーマを決め，詩の本を読みながら，自分の好きな詩を集めていくことができる。	本時の評価	・自分が集めたいテーマを決め，詩の本を読みながら，自分の好きな詩を集めていっている。

自分だけの詩集を作ろう

詩を読みながら、一番好きな詩とテーマを考えよう

◇自分が好きな詩を集めよう

しるし	題名	詩人の名前
	まんげつ	みずかみかずよ
	忘れもの	高田敏子
☆	春のうた	草野心平
つき		谷川俊太郎

◇自分が一番好きな詩にしるしをつけてテーマを考えよう

たとえば
① かえるの出てくる詩
② 春の詩
③ 季節の詩
④ おもしろいオノマトペの詩

A 「月」「冬」など，共通点がある詩

B 同じ詩人の詩

C 書き方が楽しい詩

❸ 1番好きな詩からテーマを決める

例えば、「春のうた」を1番に決めたら、どんなテーマができるでしょうか？

かえるが出てくる詩を集められます。

「春のうた」だから、季節の詩を集めることもできるわ。

テーマは、2番目に好きな詩と組み合わせてもいいですね。

好きな詩が集まってきたら，その中で1番好きな詩を選ばせる。その詩からつながるテーマを決めるよう指示をする。1番ではない残りの詩を残しておくかどうかも考えさせながら，共通するテーマを考えさせていく。他の詩も捨てがたく，共通点がない場合には，「書き方が楽しい詩」のテーマに着目させ，「わたしの心をうつ詩」といった広いテーマで集めさせるとよい。

❹ テーマをもとに詩を読んで集める

それでは，今のところのテーマをみんなで紹介し合いましょう。

ぼくは，Bの詩を集めます。テーマは今のところ，「かっこいい谷川俊太郎さんの詩」です。

それでは、また本を読んでいきますよ。友達にぴったりの作品を見付けたら紹介してあげましょうね。

今考えているテーマについて発表させる。今回考えた詩のテーマは，あくまで暫定的なものであることを示し，見付けていく中で，集めたいテーマが変わってもよいことを伝えておく。それぞれの子どもたちが今考えているテーマを交流させておくことで，協力しながら詩を集めることもできる。その後，残りの時間も好きな詩を見付ける時間として活動させていく。

3/4時間 自分だけの詩集を作ろう

準備物：黒板掲示用資料，A5程度の白紙

● 集める詩は5作品と少なめに設定しよう

詩集を作るためには，好きな詩を考えるだけでなく，実際に詩を紙に写していかないといけません。載せる順番を考える活動も行うので，5作品程度の分量が妥当だと考えます。そして，できる子については，その子の意欲に応じてさらに1～2作品増やすこともよいでしょう。

● テーマと載せる順番を題名に反映させよう

教師の見本を参考に，詩を載せる順番についてもしっかり考えさせていきましょう。そして，その順番が何の順番なのか，テーマとともに題名からも分かるように書かせていきましょう。題名に，修飾語を付け足すことによって，さらにその人らしさが出てきます。他の人にも，どんな風に読んでもらいたいのかが分かる題名にさせましょう。

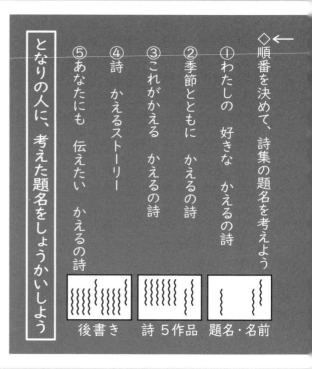

◇順番を決めて、詩集の題名を考えよう
① わたしの 好きな かえるの詩
② 季節とともに かえるの詩
③ これがかえる かえるの詩
④ 詩 かえるストーリー
⑤ あなたにも 伝えたい かえるの詩

となりの人に、考えた題名をしょうかいしよう

後書き ／ 詩 5作品 ／ 題名・名前

❶ 活動の流れを示す

さあ，今日は自分だけの詩集に載せる詩の順番を考えますよ。先生の見本を見てみましょう。

 あ，かえるをテーマに集めてる。

自分だけの詩集には，5作品の詩を集めて，まとめていきます。

今回の学習で，テーマと自分の詩集の中に載せたい詩を確定させ，順番や詩集の名前を決めさせていく。まず，教師が見本として，集めた詩の順番を考えることや題名を考えることの活動の流れを黒板で示していく。

集める詩は5作品としたが，詩を紙に書いて題名も早く作れた子は，載せる詩の数を増やしてもよいことにする。

❷ どんな順番ができるか考える

先生の見本は、こんな順番にしました。どんな順番だと思いますか？

先生の好きな順番！

きっと、春から順番に、紹介していくのよ。

それも、おもしろいですね。実は、先生の考えたストーリー順で、後書きで紹介しようと考えています。

どんな順番で詩を載せるのかも，教師の見本をもとに，クラス全体で考えさせていく。その考えた順番を，詩集の題名に必ずつなげるよう板書で示し，ルールとしておく。クラス全体でやり方を確認した後，隣の人と相談しながら，順番と題名を考える時間を設定しておく。順番と題名の決定は，今回の学習の最後までに決定させておくことを示しておく。

本時の目標	・テーマと詩を載せる順番から、詩集の題名を考え、表紙を作ることができる。	本時の評価	・テーマと詩を載せる順番から、詩集の題名を考え、表紙を作っている。

自分だけの詩集を作ろう

詩を集めて、詩集にのせる順番を決めよう

- A 「月」「冬」など、共通点がある詩
- B 同じ詩人の詩
- C 書き方が楽しい詩

◇五作品の詩を集めて、紙に書いていこう
題名→詩人の名前→詩→(のっていた詩集の名前)

順番	題名	詩人の名前
1	春のうた	草野心平
2	かえるのぴょん	谷川俊太郎
3	たんじょうび	かえるたくお
4	かえるのうた	まど・みちお
5	河童と蛙	草野心平

◇どんな順番ができるかな？
①好きな順
②季節の順
③かえるらしい順
④ストーリー順
⑤伝えたい順　など

---

❸集めた詩を紙に書いて集める

先生だったらこんな風にしますよ。何か質問はありますか？

前に考えたテーマと変えてもいいですか？

もちろん、いいですよ。それでは、考えながら丁寧に詩を紙に写していきましょう。

❹テーマと順番から題名を決める

最後に、題名を考えます。先生の詩集だったら、どんな名前になりますか？

「わたしの好きなかえるの詩」がいいです。

さらに、「ドキドキ！　わたしの好きなかえるの詩」などと付け加えることもできますよ。さあ、自分の題名を考えてみましょう。

　学習の流れが確認できたら、子どもたちがそれぞれ自分で好きな詩を用紙に書き、詩集作りを進めさせていく。詩集の完成が、テーマの最終決定であることも伝えておく。用紙は、Ａ４のコピー用紙を半分に切ったＡ５サイズの白紙を渡しておくとよい。それぞれのページには、「題名」と「詩人の名前」「詩」だけでなく、「載っていた詩集の名前」も添えておくとよいことも示しておく。

　ある程度活動が進んだら、いったん手を止めさせ、題名のページも作成するよう指示する。題名には、自分の決めたテーマや詩集に載せた詩の順番が分かりやすい題名にすることを、教師の見本をもとに指定する。また、それ以外にも、オノマトペや「すごい・すてきな」といった連体詞などの言葉を入れて、自分だけの題名になるよう伝えてから活動させていく。

自分だけの詩集を作ろう

4/4時間

準備物：黒板掲示用資料，前回までの学習で子どもたちが書いた詩のプリント，A5程度の白紙

●学習の振り返りを「後書き」につなげよう

単元の終わりとして，学習を振り返る活動から，どんな後書きが書けるのか，例をクラス全体で出し合い，共有させましょう。そして，その中から，自分が伝えたいことを選んだり，組み合わせたりさせながら，子どもたちに「後書き」のページを書かせていきましょう。

●早く完成した子への時間調整の配慮も大事

早く完成した子には，作品の付け足しやそれぞれの詩について挿し絵を描かせたり，模様や色を付け足させたりといった指示をして，時間調整をさせましょう。完成した子が増えてきたら，その子たちが集まる場所を指定しましょう。2人組で詩集を交換・紹介させ，感想を伝え合わせるなどができる場を設定しましょう。

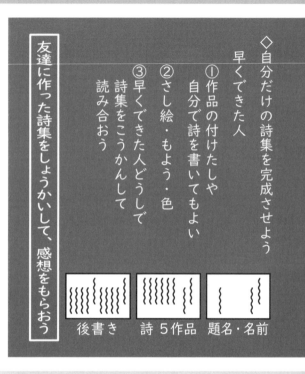

❶今までの学習を振り返る

さあ，今日で詩集も完成です。今まで，どんな学習の流れで，活動してきましたか。確認してみましょう。

学習カードを並び替える

うん。この流れですね。この詩集作りの中で，あなたはどの活動に1番こだわったのか，隣の人と交代で話してみましょう。

本時で詩集作りも終わりなので，最後に今までの活動を振り返らせ，自分が学習の中でこだわったことを後書きのページとして書かせていく。まずは，第1時で示した学習カードを，活動した順番通りに並び替えさせて，学習を振り返らせていく。そして，自分が何に1番こだわったのか，理由とともに考えさせ，隣の人と交代で伝え合わせていく。

❷後書きに何が書けるか考える

今日は，詩集の最後に後書きを書きます。どんなことが書けるか，今までの学習をもとに考えてみましょう。

このテーマを選んだ理由が書けます。

1番好きな詩の紹介もできます。

いろいろ出てきましたね。これを参考に，後書きに何を書きたいのか，隣の人に話してみましょう。

その後，後書きとしてどんなことが書けるのか，クラス全体で共有する。その前の活動で隣の人と伝え合わせた自分がこだわったことの具体化だけでなく，「それぞれの詩を比べて考えたこと」や「好きな詩人の紹介」なども後書きに書けることを示しておく。

そのうえで，もう一度，隣の人と交代で相談させ，何をどう書きたいのか伝えさせる。

本時の目標	・学習を振り返り，自分が伝えたいことを考えながら，後書きを書き，詩集を完成させることができる。	本時の評価	・学習を振り返り，自分が伝えたいことを考えながら，後書きを書き，詩集を完成させている。

自分だけの詩集を作ろう

後書きを書いて、自分だけの詩集を完成させよう

◇ 学習をふり返ろう

```
詩を読んで、
おもしろい
ところを知る
    ↓
たくさん詩を読んで、
自分の一番と
テーマを決める

A 「月」「冬」など、
  共通点がある詩
B 同じ詩人の詩
C 書き方が楽しい詩
    ↓
テーマをもとに、
詩を集めて
順番を決める
    ↓
表紙・目次・後書き
を作って、
詩集の完成
```

◇ 伝えたいことを考えて、後書きを書こう

伝えたいことの例
① このテーマを選んだ理由
② このテーマから伝えたいこと
③ 一番好きな詩のしょうかいと理由
④ この順番で詩集にした理由
⑤ それぞれの詩をくらべて考えたこと
⑥ 好きな詩人のしょうかい
⑦ おもしろいと思ったところのしょうかい

自分が伝えたいことを考えながら選んだり、組み合わせたりして、後書きをくわしく書こう

❸ 後書きを書く

黒板のものをヒントに，選んだり，組み合わせたりしていいですよ。まわりの人も読みたくなるように，おしゃれに後書きを書いてみましょう。

好きな詩を書いた後に，まだ書けるところがあるから，本に載っていた詩人の紹介も載せよう。

　もちろん，後書きに書く内容は，黒板に書かれたものを参考に，選んだり組み合わせたり，オリジナルのものがあってよいことを示しておく。
　用紙に無駄な余白がないように，付け足しながら後書きを書くことも伝えておく。
　活動が始まったら，教師は活動が止まっている子にどの活動をがんばったのか聞きながら，指導や支援を行う。

❹ 自分だけの詩集を完成させる

早くできた人は，絵やデザインを入れてもいいですよ。
自分だけの詩集を完成させましょう。

題名の紙に，絵を描こうかな。

完成した人は，ホチキスで留めるので持ってきてくださいね。完成した人同士で交換して，読み合いましょう。

　今回の学習で，自分だけの詩集を完成させる。早くできあがった子は，作品を付け足しさせたり，絵を描かせたりしながら，それぞれが気にいるように仕上げさせる。
　また，製本をして早めに完成した子たちが集まる場所を決め，そこにいる子たちで，詩集を交換して読み合ったり，感想を伝え合ったりしてもよい。

第4時　171

書くときに使おう

言葉から連想を広げて

2時間

1 単元目標・評価

- 必要な語句などの書き留め方を理解し使うことができる。(知識及び技能(2)イ)
- 自分の考えとそれを支える理由や事例との関係を明確にして，書き表し方を工夫することができる。(思考力，判断力，表現力等 B(1)ウ)
- 言葉がもつよさに気付くとともに，幅広く読書をし，国語を大切にして，思いや考えを伝え合おうとする。(学びに向かう力，人間性等)。

知識・技能	必要な語句などの書き留め方を理解し使っている。((2)イ)
思考・判断・表現	「書くこと」において，自分の考えとそれを支える理由や事例との関係を明確にして，書き表し方を工夫している。(B(1)ウ)
主体的に学習に取り組む態度	進んで連想を広げて書き表し方を工夫し，学習の見通しをもって，一言で詩を書こうとしている。

2 単元のポイント

言語活動

　本単元では，言葉から連想を広げて，思い付いた言葉を使って，一言の詩を創作する単元である。言葉から連想を広げる力は，文学を読む学習につながるとても大切な力である。例えば，ごんぎつねで出てくる「うなぎ」や「しだのしげった森」という言葉から，「ぬるぬるする」「焼いて食べるとおいしい」「つかみにくい」とか「じめじめする」「虫とかが多そう」「暗くてさみしいそう」などと連想することができれば，読みはより豊かになる。豊かに連想を広げるためには，①その言葉をより具体的にイメージすること，②五感(視覚・聴覚・味覚・嗅覚・触覚)をもって観察すること，③観察したことからイメージしたことを言葉で表現すること，が求められる。人には，目から入ってくる情報が得意などと，その人の得意な感覚と苦手な感覚がある。本単元では，できるだけ様々な感覚から，想像を豊かにする練習を積むことが求められる。ワークシートなどを工夫し，視覚・聴覚・味覚・嗅覚・触覚のそれぞれの感覚から，イメージを広げたり，グループ活動などを通して友達の連想を知って自分のイメージを豊かにする活動がより効果的である。

172　言葉から連想を広げて

3 学習指導計画（全2時間）

次	時	目標	学習活動
一	1	・五感を使って言葉から豊かに想像を広げることができる。	○各々の言葉で連想を広げる。 ○詩を創作する。 ○一言詩クイズをする。 ○学習を振り返る。
	2	・自分が連想したことをもとに，詩の書き表し方を工夫することができる。	○「ニンジン」を読む。 ○連想の道筋を考える。 ○違う言葉で連想を広げる。 ○詩を創作する。

作った詩の発表の仕方を工夫する

　本単元の最後には，自分が作った詩を交流する活動を行います。創作した詩の交流では，順番に発表していったり，机に置いた詩をみんなで見て回って感想を付箋に書いて貼ったり，タブレットでお互いに見合ったりする場面をよく見かけます。そのような活動もとても効果的なのですが，本単元で創作する詩の特性から，交流の仕方を工夫すると，より主体性にかかわりながら詩の交流をすることができます。

　本単元で創作する詩は，言葉からそれぞれがイメージしたことを端的な言葉で表します。つまり，それぞれのその言葉のとらえ方やその人の個性が表れやすい詩になります。そこで，「おふろあがり」という詩を提示し，「題名は何でしょう？」などとクイズのように詩を交流すると子どもたちは楽しみながら詩を味わうことができます。また，一つの言葉から数人でそれぞれ詩を作ったり，１人でいくつかの詩を創作すれば，その詩をいくつか紹介し，「題名は何でしょう？」と聞くことができます。子どもたちからは「○○さんは，にんじんがきらいだから……」とか「○○くんの性格を考えれば……」などと，その子の個性を考えながら，なぜそのように表現したのか，連想の道筋を考えることができます。

　詩の交流を通して，その人の個性や思いを想像し，評価をし合うことで，子どもたち同士の関係を深めることができます。国語の授業を通して，子どもたちの関係がより深まることができれば，とてもあたたかい学級になると思います。

単元について　173

言葉から連想を広げて

1/2時間

準備物：ワークシート（p.278）

●単元の活動をイメージさせる

本単元では，言葉から五感を意識して連想を広げ，詩を作り，題名を隠して交流することが目標になります。単元の導入である本時では，子どもたちに今後の活動をイメージさせることがとても重要です。

そのために，本時では，まど・みちおさんの「ニンジン」の詩の題名を想像させる活動から始めます。子どもたちに想像させ，そのように想像した理由を説明させます。想像した理由を考えることは，まど・みちおさんの連想の道筋を想像したことになります。授業の初めにこのような活動をすることで，単元のゴールのイメージを具体的に想像することができます。また，「ニンジン」の学習の後に，違う言葉を使ってみんなで連想を広げ，詩を作る学習を行います。この活動は，次時に自分たちで詩を作る練習の時間になります。

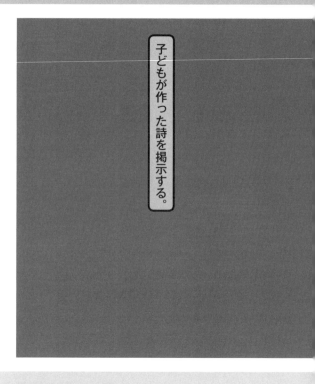

子どもが作った詩を掲示する。

❶「ニンジン」を読む

今日は，一言で書いた詩を学習します。詩は「おふろあがり」。題名は何だと思いますか。

ゆげが出てそうだから「おんせんまんじゅう」かな？

まどさんは，「ニンジン」という題名にしました。みなさんにも，最後にこんな詩を作ってもらいます。

単元の最後で，題名を隠して見せ合うクイズを行う。そのため，「ニンジン」も同じようにクイズのように提示し，単元の終わりの姿をイメージさせる。子どもたちが「おんせんまんじゅう」と答えた時に，「なんでそう考えたの？」と問い返すことで，連想の道筋を考える練習をする。

❷連想の道筋を考える

まどさんは，なぜそのように表現したのか，連想の道筋を考えてみましょう。

ニンジンは赤いでしょ。おふろあがりの体はあったかくて赤いから，そうつなげたんだと思う。

まど・みちおさんの連想の道筋を想像させる。まどさんには，ニンジンがどのように見えたのかを，ワークシートと同じように板書をしていくと，次の活動のイメージをより豊かにもつことができる。

本時の目標	・五感を使って言葉から豊かに想像を広げることができる。	本時の評価	・五感を使って言葉から豊かに想像を広げている。

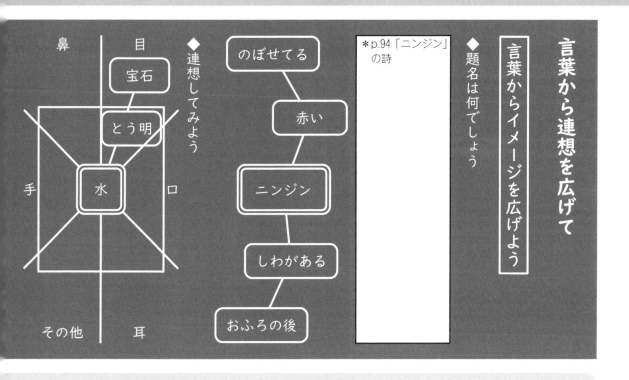

❸違う言葉で連想を広げる

それでは，みんなで連想の練習をしてみましょう。今日の言葉は「水」です。五感を意識して連想しましょう。

触ると形がどんな風にも変わります。何にでもなれる。

私たちの体は水でできています。みんなの命を支えています。

　次時に，自分たちで詩を創作するために，全体で練習をする。ワークシートの説明を兼ねて，六つのブロック（五感とその他）と，二つの四角（内側は観察して気付いたこと，外側は連想したこと）のように，板書で子どもたちの発言を整理する。言葉は，子どもたちが考えやすいように，学級の様子に合わせて，提示するとよい。

❹詩を創作する

それでは，黒板をヒントに，詩を作ってみましょう。できたら，たくさん作ってみましょう。作った詩は，グループで交流しましょう。

　最後に詩を創作する。一つだけではなく，複数作らせるとよい。自分が作った詩の中から，お気に入りの物を一つ決めさせ，交流する。グループで交流させてもよいし，作った詩を画用紙などに書かせ，黒板に貼ってもよい。友達の作った詩をたくさん見ることで，苦手な子も活動のイメージをもちやすくなる。

第1時　175

言葉から連想を広げて

2/2時間

準備物：ワークシート（p.278）

●五感を意識したワークシート

本時では，言葉から五感を意識して連想を広げることが目標になります。しかし，子どもたちに「五感を意識させること」はとても難しいものです。そこで，本時ではワークシートを使います。言葉の周りを，「視覚」「触覚」「嗅覚」「味覚」「聴覚」「その他」の六つのブロックに分けます。それぞれのブロックに気付いたことを書き，連想を広げていきます。書きながら，空欄になっているところは，その子があまりイメージできていない感覚であることを自覚することができ，考えを促すことができます。

また，言葉のまわりを二重の四角にします。連想するためには，「観察して気付いたこと」と「そこから想像したこと」の段階があります。それぞれの段階を分けたワークシートを用意することで，子どもたちは意識して取り組むことができます。

◆詩を作ろう
・子どもが作った詩を掲示する。

❶各々の言葉で連想を広げる

前時の学習を覚えていますか。今日は，自分たちで詩を作ってみましょう。言葉は，自由に決めていいです。
それでは，ワークシートを使って連想を広げてみましょう。

板書などを使って前時に学習したことを振り返り，本時では各々で詩を作ることを伝える。そして，ワークシートについて説明する。
①五感とその他の六つのブロックがあること
②四角の内側は気付いたことを書き，外側は連想したことを書くこと
　言葉は，いくつか提示して選ばせてもよいし，自分で考えさせてもよい。

❷詩を創作する

ワークシートが書けたら，詩を作ってみましょう。言葉と言葉を組み合わせたり，言葉の順番を入れ替えるとよりよい詩ができますよ。

詩を創作させる。いくつか作らせて，一番よいものを選ばせるとよい。
　一人で考えることが苦手な子が多い場合には，ワークシートを書く段階から，グループで一つのワークシートを書かせてもよい。

本時の目標	本時の評価
・自分が連想したことをもとに，詩の書き表し方を工夫することができる。	・自分が連想したことをもとに，詩の書き表し方を工夫している。

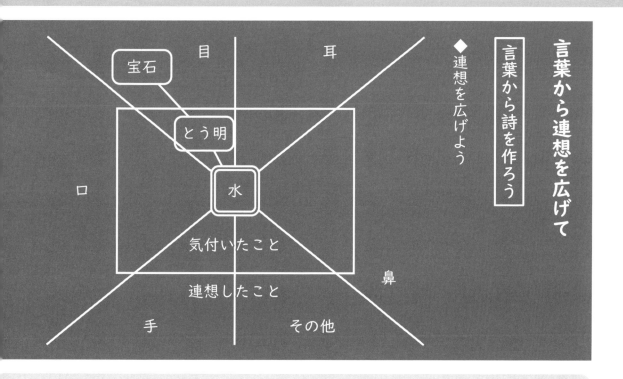

❸一言詩クイズをする

詩を書くことができたら，グループで交流させる。交流は，題名を隠して，詩だけを伝え，題名を想像させる。その時に，何でそのように予想したかの理由を発表させる。理由を発表させることで，連想の道筋を考えることができる。

交流後には，「グループでおすすめはありますか」などと聞き，全体で交流をする。

❹学習を振り返る

最後に単元の学習を振り返る。学習した感想や学んだことを交流する。

本単元では，「五感を用いた連想」に重点を置いているため，自分が連想するのに苦手な感覚や得意な感覚について振り返ると，今後の文学の学習にもつながる。

熟語の意味

2時間

Ⅰ 単元目標・評価

• 熟語の意味や構成を理解し，適切に使用することができる。(知識及び技能(1)エ)
• 言葉がもつよさに気付くとともに，幅広く読書をし，国語を大切にして，思いや考えを伝え合おうとする。(学びに向かう力，人間性等)

知識・技能	熟語の意味や構成を理解し，適切に使用している。((1)エ)
主体的に学習に取り組む態度	進んで4年生までに配当されている漢字を読み，これまでの学習を生かして，漢字や熟語を正しく読んだり書いたりしようとしている。

② 単元のポイント

教材の特徴

　これまでの学習で，子どもたちは，たくさんの熟語に出合ってきていることであろう。漢字の反復練習ばかりの学習では，漢字への抵抗感が増し，漢字習得への意欲が低下する子どもも出てくる。漢字には，音と訓があり，訓を手がかりにすることで，熟語の意味が理解できることがある。また，熟語は，漢字の組み合わせを手がかりにすることで，熟語の意味を理解することができる。

　1単位時間の中で，訓を手がかりに熟語の意味を考えたり，漢字の組み合わせを手がかりに熟語の意味を考えたりするなど，熟語の意味や構成を理解する力を身に付けさせていく。また，熟語集めや熟語の分類をするなど，適切に使用することができる力も身に付けさせていきたい。

言語活動

　本単元では，言語活動として「熟語集め」「熟語の分類」を設定した。「熟語集め」「熟語の分類」を行うためには，熟語の定義，訓や漢字の組み合わせを手がかりにした熟語の意味の理解→熟語集め→熟語の分類というステップを踏んでいく必要がある。よって，一つ一つの学習活動に必然性・必要感が生まれる。どんな意見でも先生や仲間が温かく受け入れてくれるという雰囲気づくりを心がけながら，「みんなで問題を解くことは楽しい」という経験を積ませると同時に，本単元で身に付けさせるべき力を身に付けさせていきたい。

178　熟語の意味

3 学習指導計画（全2時間）

次	時	目標	学習活動
一	1	• 熟語の定義を理解し，訓を手がかりに，熟語の意味を考えることができる。	○熟語の定義を確認し，熟語を集める。 ○熟語の意味を考える。 ○訓を手がかりにして，教科書 p.96の「等分」と「改良」の意味を考える。 ○訓を手がかりにすると意味が分かる熟語を集める。
二	2	• 漢字の組み合わせを手がかりにして，熟語の意味を考えることができる。	○似た意味をもつ漢字の組み合わせについて考え，熟語を集める。 ○反対の意味をもつ漢字の組み合わせについて考え，熟語を集める。 ○修飾の関係にある漢字の組み合わせについて考え，熟語を集める。 ○漢字の組み合わせを手がかりにして，教科書 p.97の例題の熟語の意味を考え，分類する。

単元について　179

熟語の意味

1 / 2時間
準備物：国語辞典，漢字辞典，漢字ドリル

●熟語の定義の理解と熟語集め

「熟語」は，「二字以上の漢字の組み合わせでできた言葉」という定義について確認し，学級全員で共通理解を図ります。そして，一定時間内にできるだけたくさんの自分の知っている熟語や身の回りから探した熟語を集め，交流することで，「熟語」の理解が深まります。

●訓を手がかりにして熟語の意味をとらえる

「等分」は「等しく分ける」，「改良」は「改めて良くする」という意味であることをとらえさせます。ここで，四つの漢字の読み方の共通点を考えさせることで，四つの漢字の読み方が全部訓読みになっていることに気付かせていきます。

◇熟語集めをしよう！
・青空…青い空
・黒板…黒い板
・白紙…白い紙
・……

❶熟語の定義を確認し，熟語を集める

　今日は，「熟語」について学習します。「熟語」とは何か分かりますか？

「二字以上の漢字の組み合わせでできた言葉」だよ！

例えば，「給食」とか…

「黒板」も熟語だね！

「熟語」は，「二字以上の漢字の組み合わせでできた言葉」という定義について確認し，板書にも位置付ける。できるだけたくさん知っている熟語をノートに書かせる。そして，「ノートに書けた熟語を発表してください」という指示で，子どもたちは，「給食」「黒板」などの自分の知っている熟語や身の回りから探した熟語を交流することができるであろう。

❷熟語の意味を考える

　「等分」「改良」は何と読みますか？「等分」「改良」の意味は？

あっ，分かった！「とうぶん」です。

これは，「かいりょう」かな？

「等しく分ける」「改めて良くする」です。

まず初めに，「等分」「改良」という熟語を板書する。次に，読み方を考えさせる。そして，「等分」「改良」の意味について考えさせる。「等分」は「等しく分ける」，「改良」は「改めて良くする」という意味であることをとらえさえる。ここで，「四つの漢字の読み方に共通点はありませんか」と発問する。「あ，わかった！ 四つの読み方が全部訓読みになっている！」などの反応を引き出したい。

| 本時の目標 | ・熟語の定義を理解し，訓を手がかりに，熟語の意味を考えることができる。 | 本時の評価 | ・熟語の定義を理解し，訓を手がかりに，熟語の意味を考えている。 |

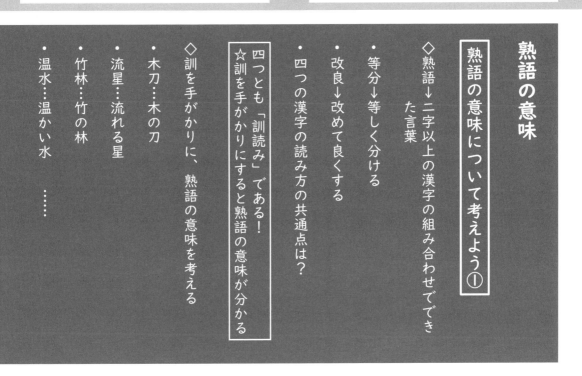

熟語の意味

熟語の意味について考えよう①

◇熟語→二字以上の漢字の組み合わせでできた言葉

・等分→等しく分ける
・改良→改めて良くする
・四つの漢字の読み方の共通点は？

☆訓を手がかりにすると熟語の意味が分かる
四つとも「訓読み」である！

◇訓を手がかりに，熟語の意味を考える
・木刀…木の刀
・流星…流れる星
・竹林…竹の林
・温水…温かい水
　……

❸訓を手がかりにして意味を考える

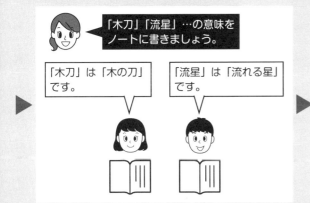

「訓を手がかりにすると熟語の意味が分かる」という学習したことを活用できる場面にしていきたい。手が止まってしまった児童には，国語辞典・漢字辞典・教科書・漢字ドリル等の熟語を参考にしてよいことを伝える。また，どうしても思い付かない場合には，「ペア交流」「１分間お散歩」などの時間を確保し，すらすらできている児童のノートを参考にさせるなどの方法もある。

❹意味が分かる熟語を集める

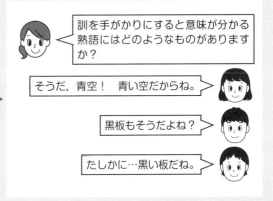

「訓を手がかりにすると意味が分かる熟語にはどのようなものがあるのか」について子どもたちとやりとりをし，例を挙げながら学級全員で共通理解を図る。その後，一人一人のノートに自分の考えを記述させ，全体で交流していく。自分たちが発見した「訓を手がかりにすると意味が分かる熟語」を全体交流することで，「熟語を考えてよかった！」などの学びの有用感を味わわせたい。

熟語の意味

2/2時間

準備物：国語辞典，漢字辞典，漢字ドリル

● 熟語の組み合わせについて考える

　例えば，「高低」は，「高い」「低い」という意味であり，「勝敗」は「勝つ」「敗れる」という意味であることを確認します。「この二つの熟語に共通点はありませんか」と問うことで，「反対の意味をもつ漢字が組み合わさっている」というような発言が出されます。熟語の組み合わせについて思考することで，深い理解につながります。

● 組み合わせを手がかりに熟語を見付ける

　熟語には，「上の漢字が，下の漢字を修飾する関係にある組み合わせ」があるということは，学級全員が押さえなければならないことですが，その組み合わせの具体例を見付けることが次の学びに生きて働く力を獲得することにつながります。

◇ 熟語の意味を考えよう
・明暗（明るい・暗い）→
・白紙（白い紙）→③
・岩石（岩・石）→①
・消火（火を消す）→④
◇ 熟語集めをしよう

❶ 似た意味をもつ漢字の熟語を集める

「願望」「救助」とは，どんな意味ですか？

「願望」は「願う」「望む」という意味，「救助」は「救う」「助ける」という意味だよね。

両方とも意味の似ている漢字が組み合わさっているよ。

　「願望」「救助」と板書し，その意味を考えさせる。「願望」は「願う」「望む」という意味であり，「救助」は「救う」「助ける」という意味であることを確認する。「二つの熟語に共通点はありませんか？」と問う。「両方とも意味の似ている漢字が組み合わさっている」というような発言が期待される。二つの熟語は，「にた意味をもつ漢字の組み合わせ」であることについて全体で共通理解を図る。

❷ 反対の意味をもつ漢字の熟語を集める

「高低」「勝敗」とは，どんな意味ですか？

「高低」は「高い」「低い」という意味，「勝敗」は「勝つ」「敗れる」という意味だよね。

今度は，両方とも反対の意味をもつ漢字の組み合わせになっているよ。

　「高低」「勝敗」と板書し，その意味を考えさせる。「高低」は「高い」「低い」という意味であり，「勝敗」は「勝つ」「敗れる」という意味であることを確認する。「二つの熟語に共通点はありませんか？」と問う。「反対の意味をもつ漢字が組み合わさっている」というような発言が期待される。二つの熟語は，「反対の意味をもつ漢字の組み合わせ」であることについて全体で共通理解を図る。

本時の目標	・漢字の組み合わせを手がかりにして，熟語の意味を考えることができる。	本時の評価	・漢字の組み合わせを手がかりにして，熟語の意味を考えている。

熟語の意味

熟語の意味について考えよう②

① □＝□（意味がにている）
・願望（願う・望む）
・救助（救う・助ける）
② □⇔□（意味が反対）
・高低（高い・低い）
・勝敗（勝つ・負ける）
③ □→□（上が下を説明）
・前進（前に進む）
・海底（海の底）
④ □←□（下が上を説明）
・登山（山に登る）
・読書（書を読む）

❸修飾の関係にある漢字の熟語を集める

「前進」「登山」とは，どんな意味ですか？

「前進」は「前に進む」という意味，「登山」は「山に登る」という意味だね。

ん？「前進」は上の漢字が下の漢字を説明していて，「登山」は下の漢字が上の漢字を説明しているね。

「前進」「登山」と板書し，その意味を考えさせる。「前進」は「前に進む」という意味であり，「登山」は「山に登る」という意味であることを確認する。「二つの熟語に相違点はありませんか？」と問う。「『前進』は上の漢字が下の漢字を説明していて，『登山』は下の漢字が上の漢字を説明している」というような発言が期待される。二つの熟語の修飾の仕方について全体で共通理解を図る。

❹熟語の意味を考え，分類する

「白紙」はどんな意味で，何番の仲間に入りますか？

「白紙」は，「白い紙」という意味で，③の「上の漢字が，下の漢字を修飾する関係にある組み合わせ」です。

熟語を分類する場面で，手が止まってしまった児童には，国語辞典・漢字辞典・教科書・漢字ドリル等の熟語を参考にしてよいことを伝える。また，どうしても思いつかない場合には，「ペア交流」「1分間お散歩」などの時間を確保し，すらすらできている児童のノートを参考にさせるなどの方法もある。「熟語を分類することができた！」のような学びの有用感を味わわせたい。

漢字の広場⑤

2時間

Ⅰ 単元目標・評価

- 3年生までに配当されている漢字を書き，文や文章の中で使うことができる。(知識及び技能(1)エ)
- 間違いを正したり，相手や目的を意識した表現になっているかを確かめたりして，文や文章を整えることができる。(思考力，判断力，表現力等 B(1)エ)
- 言葉がもつよさに気付くとともに，幅広く読書をし，国語を大切にして，思いや考えを伝え合おうとする。(学びに向かう力，人間性等)

知識・技能	3年生までに配当されている漢字を書き，文や文章の中で使っている。((1)エ)
思考・判断・表現	「書くこと」において，間違いを正したり，相手や目的を意識した表現になっているかを確かめたりして，文や文章を整えている。(B(1)エ)
主体的に学習に取り組む態度	進んで3年生までに配当されている漢字を書き，これまでの学習を生かして，文を書こうとしている。

② 単元のポイント

言語活動

　本単元では，絵を見ながら，3年生で習った漢字を使い，文章を書く学習を行う。文章を書くには，「どこで」「誰が」「何をしたか」を明確にする必要である。しかし，ただ絵に描かれた状況を文章に書くだけでは面白くない。そこで，本単元では，4人ほどのグループで物語を作る学習を行う。次のような条件を設定する。

①「どこで」「誰が」「何をしたか」を明確にした文を作る。

②3年生で習った漢字を2つ以上使って一文を作る。

③次の人は，接続詞を使い，前の人の文章に続けながら同じように文章を作り，物語を進める。

④漢字の使い方や送り仮名，句読点等が正しく使えているかをグループで確かめる。

　子どもたちは楽しみながら物語を進めていく。楽しみながら漢字を活用することで，より確実な習得につながる。

3 学習指導計画（全2時間）

次	時	目標	学習活動
一	1	• 3年生までに配当されている漢字を書き，場面の様子に合わせて使うことができる。	○漢字の読み方を確認する。 ○文章を作る。 ○つなぎ言葉を提示して物語を作る。 ○グループで物語を作る。
	2	• 3年生までに配当されている漢字を書き，文や文章の中で使うことができる。	○つなぎ言葉を紹介する。 ○つなぎ言葉を提示して物語を作る。 ○グループで物語を作る。 ○できたお話を交流する。

文章を作ることの価値

　本単元は，3年生までに学習した漢字を文章の中で使うことで，より活用できる知識として漢字を定着させることが大きな目標となります。

　日頃，子どもたちは，ひらがなを見て漢字に直したり漢字を読んだりするような学習を積み重ねています。漢字テストでも，同じような問題をよく見かけます。しかし，漢字の言葉の意味を具体的にイメージすることは少ないものです。例えば，「せいり」を「整理」という漢字に書くことができても，「整理」を具体的にイメージできているわけではありません。「整理する」とは，お父さんが洗濯物を取り込み，たんすの中にたたんで入れたり，机の上に広がっている書類や物を片付けたりすることです。「整理」という漢字を書いた時に，そこまでイメージする子どもは少ないものです。本単元では，文章を書く学習を行います。文章を書くためには，その漢字（言葉）の意味をイメージしなくては書くことはできません。「漢字を使える」というのは，日常の中で文脈に応じて漢字を書き表すことができることを言います。文章を書く活動を通して，言葉（漢字）のもつイメージをより豊かにしてもらいたいものです。

単元について　185

1/2時間 漢字の広場⑤
準備物：なし

● 絵から物語を展開する

　本時では，3年生で習った漢字を使って文章を作ります。文章を作る時に，絵に描かれている状況から文章を作るように伝えます。絵と関連付けることで，漢字の意味を考えて使うことができます。

　文章を作る時には，物語を発展できるような文章を作ると物語が進むことを子どもたちに伝えてもいいでしょう。

【例】
① 二階で，おばあさんが洋服を整理していると，たんすの中から，1枚の紙きれを見つけました。
② それは，となりの部屋で漢字の勉強をしているまごのテストでした。

子どもが考えた文章を書く。

❶ 漢字の読み方を確認する

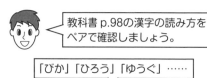
「教科書 p.98の漢字の読み方をペアで確認しましょう。」
「びか」「ひろう」「ゆうぐ」……

　まず，漢字の読み方を確認する。ペアやグループで確認してもよいし，子どもたちと一つ一つ確認してもよい。「整理」や「住所」「美化」など，子どもたちが意味を理解しにくい言葉があれば，辞書をひかせたりしながら意味を確認する。

❷ 絵に出てくる人物を確認する

「絵には，たくさんの人がいますね。どんな人がいますか。」

「ボランティアの人が掃除をしています。カップルが信号を待っています。」

「道路に手帳を持っている人がいます。探偵かな。」

　文章を作るために，絵に登場する人物について確認する。「どこで」「誰が」「何をしたか」ということを確認すればよい。

　どんな人か意見が割れる場合は，お互いの考えを交流すると，次時の物語を作る段階でより豊かになる。

本時の目標
・3年生までに配当されている漢字を書き，場面の様子に合わせて使うことができる。

本時の評価
・3年生までに配当されている漢字を書き，場面の様子に合わせて使っている。

漢字の広場⑤

漢字を使ってお話を広げよう

◆漢字の読み方を確認しよう
　美化……美しく変化させること
　整理……片付けること

◆絵に出てくる人
・公園で遊ぶ親子
・六人家族
・カップル
・公園をそうじするおじさん
・ねこ
・公園であそぶ子ども
・手帳を持つおじさん

◆絵から文を作ろう
①「どこで」「だれが」「何をしたか」を明確にした文を作る
②三年生で習った漢字を二つ以上使って一文を作る

❸文章を作る

絵を参考に，教科書の漢字を二つ以上使って文を書いてみましょう。できるだけたくさんの漢字を使いましょう。

絵を参考に，教科書の漢字を二つ以上使って文を書かせる。次の二つの条件を確認する。
①「どこで」「誰が」「何をしたか」を明確にした文を作る。
②3年生で習った漢字を二つ以上使って一文を作る。
一つできたら，他にも文章を書かせるとよい。

❹書いた文章を交流する

書いた文章を交流しましょう。漢字の使い方や送り仮名，句読点等が正しく使えているかをグループで確かめましょう。

「屋根付きの車庫には，先月買ったばかりの新車がある。」

書いた文章をグループで交流する。漢字の使い方や送り仮名，句読点等が正しく使えているかをグループで確かめさせる。
時間があれば，「一文の中で一番多くの教科書にある言葉を使った人は誰でしょう」などと，聞くとよい。

2／2時間 漢字の広場⑤

準備物：なし

●つなぎ言葉を使う

　本時は，つなぎ言葉を使って，文章をつないでいく学習をします。つなぎ言葉を提示することで，子どもたちは自由に文章を展開することができます。文章を展開できるとは，思考を展開できるということです。つなぎ言葉を使うことができる子どもは，自分の思考を広げることができます。

【つなぎ言葉の例】

だから，すると，それで，そこで，よって，しかし，ところが，でも，けれど，だけど，それでも，が，それなのに，しかしながら，だって，ですが，また，そして，それから，また，そのうえ，それに，しかも，さらに，おまけに，それとも，あるいは，または，もしくは，なぜなら，つまり，すなわち，ようするに，たとえば，ただし，もっとも，なお，さて，ところで，では，ときに，そもそも

◆グループでお話を広げよう
① 「どこで」「だれが」「何をしたか」を明確にした文を，一人一文作る
② 3年生で習った漢字を二つ以上使う
③ 次の人は，つなぎ言葉を使い前の人に続ける
④ 漢字の使い方や送り仮名，句読点等が正しく使えているかをグループで確かめる

❶つなぎ言葉を紹介する

つなぎ言葉を知っていますか。つなぎ言葉があれば，お話を展開することができます。いくつか紹介しますね。使ったことがないつなぎ言葉はありますか。

　まず，つなぎ言葉を提示する。電子黒板などで提示してもよい。子どもたちが，続きを考える時に使えるように提示する。なじみのないものは，どんな時に使うのか確認しながら紹介する。

　つなぎ言葉を使えば，物語を展開できることを伝える。

❷つなぎ言葉を提示して物語を作る

私も考えました。「二階で，おばあさんが洋服を整理していると，たんすの中から，1枚の紙きれを見つけました。」

つなぎ言葉を使って続きを考えてみましょう。

それは，となりの部屋で漢字の勉強をしているまごのテストでした。

　子どもたちがイメージしやすいように，練習する。まずは，教師が初めの文章を伝える。そして，つなぎ言葉を使って，続きの文章を考えさせる。何人かに発表させたり，さらに続けて文章をつなげることで，活動の内容を理解させる。

| 本時の目標 | ・3年生までに配当されている漢字を書き，文や文章の中で使うことができる。 | 本時の評価 | ・3年生までに配当されている漢字を書き，文や文章の中で使っている。 |

漢字の広場⑤

漢字を使ってお話を広げよう

◆つなぎ言葉を使ってお話を広げる

【つなぎ言葉】

だから、すると、それで、そこで、よって、しかし、ところが、でも、けれど、だけど、それでも、が、それなのに、しかしながら、だって、ですが、また、そして、それから、また、そのうえ、それに、しかも、さらに、おまけに、それとも、あるいは、または、もしくは、なぜなら、つまり、すなわち、ようするに、たとえば、ただし、もっとも、なお、さて、ところで、では、ときに、そもそも

---

❸グループで物語を作る

文章を作る時に，物語を発展できるような文章を作ると，物語が進みやすくなります。1人1文を考えます。次の人は，つなぎ言葉を使って続きを考えます。グループでお話を展開していきましょう。

グループで取り組ませる。考えた文章は，ノートに書かせ，グループで送り仮名や書き間違いがないか確認させる。
①1人1文を書く。「どこで」「誰が」「何をしたか」を明確にした文を作る
②3年生で習った漢字を二つ以上使って一文を作る
③次の人は，接続詞を使い，前の人の文章に続けながら同じように文章を作り物語を進める

❹できたお話を交流する

グループでできたお話を発表しましょう。

できたお話を発表させる。漢字を文脈の中で活用することが目標なので，お話については楽しみながら交流させたい。

きょうみをもったことを中心に，しょうかいしよう

風船でうちゅうへ

8時間

Ⅰ 単元目標・評価

- 考えとそれを支える理由や事例，全体と中心など情報と情報との関係について理解することができる。（知識及び技能(2)ア）
- 文章を読んで理解したことに基づいて，感想や考えをもつことができる。（思考力，判断力，表現力等Ｃ(1)オ）
- 文章を読んで感じたことや考えたことを共有し，一人一人の感じ方などに違いがあることに気付くことができる。（思考力，判断力，表現力等Ｃ(1)カ）
- 言葉がもつよさに気付くとともに，幅広く読書をし，国語を大切にして，思いや考えを伝え合おうとする。（学びに向かう力，人間性等）

知識・技能	考えとそれを支える理由や事例，全体と中心など情報と情報との関係について理解している。（(2)ア）
思考・判断・表現	「読むこと」において，文章を読んで理解したことに基づいて，感想や考えをもっている。（Ｃ(1)オ） 「読むこと」において，文章を読んで感じたことや考えたことを共有し，一人一人の感じ方などに違いがあることに気付いている。（Ｃ(1)カ）
主体的に学習に取り組む態度	文章を読んで理解したことに基づいて，進んで感想や考えをもち，学習課題に沿って，要約して紹介する文章を書こうとしている。

② 単元のポイント

言語活動

　本単元では，要約を学習する。「要約」は４年生の説明文の単元では，とても大切な学習である。「未来につなぐ工芸品」は，筆者が伝えたいことを要約する学習であった。それに対して，本単元では，「自分が興味をもったところを要約する」学習となっている。要約をする時に，子どもたちは「大事な言葉」を見付ける。筆者が伝えたいことを要約する時は，筆者にとって大事な言葉を選ばなければならない。自分の興味をもったことを要約するには，自分の興味を伝えるために大事な言葉を選ぶ。自分の興味が相手に伝わるように，大事な言葉を選ぶことができるかが本単元の大きなポイントとなる。

190　風船でうちゅうへ

3 学習指導計画（全8時間）

次	時	目標	学習活動
一	1	・「風船でうちゅうへ」を読み，大まかな内容をとらえることができる。	○序論を筆者と対話しながら読む。 ○知りたくなったことを共有する。 ○「風船でうちゅうへ」を読む。 ○心に残ったことを書く。
	2	・「風船でうちゅうへ」を読み，文章の内容を確かめることができる。	○前時を振り返る。 ○心に残ったことを発表する。 ○発表が少ない段落を読み返す。 ○一番好きな段落を見付ける。
	3	・「風船でうちゅうへ」の文章の構成をまとめることができる。	○初め・中・終わりに自力で分ける。 ○初め・終わりの段落を確認する。 ○中を自力で分ける。 ○話し合いながら，中を分ける。
	4	・「風船でうちゅうへ」を読み，自分が文章を読んで感じたことをまとめることができる。	○筆者が伝えたい段落を見付ける。 ○筆者が伝えたいことは何か考える。 ○意見を交流する。 ○文章を読んで感じたことを書く。
二	5	・「風船でうちゅうへ」を読み，自分が興味をもったところをはっきりさせることができる。	○単元のゴールを共有する。 ○教科書 p.108「もっと読もう」を読む。 ○興味をもったところを見付ける。 ○自分が一番興味をもったところを明らかにする。
	6	・「風船でうちゅうへ」を読み，興味をもったことに沿って大事な言葉や文を選ぶことができる。	○自分の興味を友達に説明する。 ○大事な文や言葉を抜き出す。 ○友達と選んだ言葉や文を比べる。 ○要約をする。
	7	・「風船でうちゅうへ」を読み，興味をもったことに沿って要約することができる。	○前時のノートを振り返る。 ○1分間の要約をする。 ○2分間の要約をする。 ○要約をノートに書く。
	8	・「風船でうちゅうへ」を読み，興味をもったところを中心に要約して紹介する文章を書くことができる。	○紹介文の型を確認する。 ○紹介文を書く。 ○書いたものを交流する。 ○単元を振り返る。

単元について　191

風船でうちゅうへ

準備物：なし

●はじめての感動を記録させる

　本時で，子どもたちは，はじめて「風船でうちゅうへ」というお話に出会います。その時の心の動きは是非とも記録させておきたいものです。子どもたちは，今後8時間をかけて「風船でうちゅうへ」というお話を何度も読みます。何度も読んでいるうちに，はじめの感想や感動はだんだんと薄れてしまうものです。

　そこで，教師が本文をはじめて範読する時に，「すごいな」とか「なんでだろう」とか「いいな」と思ったことが出てきたら線を引かせておくことが有効です。また，線を引いておくと，自分の興味がどこにあったのか，後で見返すこともできます。本単元では，興味をもったところを要約する学習をするので，その時の参考にすることができます。

風船でどうやってうちゅうまで行ったの？
風船はわれないでうちゅうまで行くの？
◆どんなことが知りたくなった？
○どうやってうちゅうまで行ったのか
○どんな風船で行ったのか
○どんな苦労があったのか

❶はじめの段落を筆者と対話しながら読む

はじめの段落を，筆者と対話しながら読みたいと思います。説明文は，筆者が読者のあなたたちに語りかけているものです。一文ずつお返事をしましょう。

どうやって写真を撮ったんだろう。

　はじめの段落を，「未来につなぐ工芸品」の時と同じように，筆者と対話しながら読む。時間があれば，一文ずつ試写し，返事を書かせて交流する。時間がないようなら，一文ずつ教師が読み，返事をさせ，交流させる。子どもたちの返事は肯定的に受けとめ，本文を読むことが楽しみになるような雰囲気づくりをする。

❷知りたくなったことを共有する

どんなことを知りたくなりましたか。

どんな風船で宇宙の写真を撮ったんだろう。

なんで宇宙の写真を撮りたいんだろう。

　子どもたちに「どんなことを知りたくなりましたか」と聞く。知りたくなったことに，「どうしてだと思う？」などと，予想をさせてもよい。子どもたちが知りたくなることは，説明文を読み進める観点となる。読む観点をもつことで，文章を読みやすくすることができる。

本時の目標	・「風船でうちゅうへ」を読み、大まかな内容をとらえることができる。	本時の評価	・「風船でうちゅうへ」を読み、大まかな内容をとらえている。

風船でうちゅうへ

はじめの段落を読もう

◆岩谷圭介さんと対話読みをしよう

ここに、一まいの写真があります。

きれいな写真だな。宇宙の写真かな。どこでとったの？

写っているのは、うちゅうと青い地球です。

思った通りだ。

うちゅうと地球のさかいがきれいだな。

この写真は、わたしがとりました。

岩谷さんは宇宙飛行士なのかな。どうやって写真をとったの？

カメラを付けた風船を使ってです。

カメラを付けた風船って何？

風船でうちゅうまで行ったの？

風船でも、こんな世界まで行くことができるのです。

---

❸「風船でうちゅうへ」を読む

それでは、「風船でうちゅうへ」を読んでみましょう。「すごいな」とか「なんでだろう」とか「いいな」と思ったことが出てきたら、教科書のその部分に線を引きましょう。

　本文を教師が範読する。子どもたちの心に残ったことを記録させるために、「すごいな」とか「なんでだろう」とか「いいな」と思ったことが出てきたら、教科書のその部分に線を引かせる。

❹心に残ったことを書く

どんなところに線を引きましたか。「風船でうちゅうへ」を読んで心に残ったことをノートに書きましょう。書く時に心に残った形式段落を書き、その後に思ったことを書きましょう。

ぼくは、5段落が心に残ったよ。25個の風船で100mも上がることにびっくりしたよ。

　最後に、心に残ったことを書かせる。書く時は、形式段落を書かせ、その段落から思ったことを書かせるようにする。一つではなく、複数の段落から感想を書かせておくとよい。次時に、子どもたちの感想を形式段落ごとに交流する。

風船でうちゅうへ

2/8時間　準備物：なし

●文章の内容を確認する

　前時の範読の時に、「心に残ったところに線を引く」活動をしています。本時では、自分が線を引いたところと、そこから考えたことや疑問に思ったことを交流します。一度の範読で、書かれていることを理解するのは難しいものです。だからといって、「各段落にどんなことが書いてありましたか」と順番に確認していく授業は、子どもたちにとって退屈なものです。そこで、「心に残ったことの交流」を行います。「心に残ったこと」には、読んで分かったことか、読んでも分からなかったことのどちらかが挙げられます。子どもたちの分かったことや分からなかったことを交流することで、内容の確認や誤読の修正をすることができます。子どもたちの思いから確認していくので、主体的に活動することができます。

◆心にのこった段落を選ぼう

⑭風船の数が多いほどおそくなる
⑮十一号機で、初めて宇宙をとる
⑯十六号機　空の色が青から黒へ変わる
⑰たくさん失敗しながら乗り越えていく

❶前時を振り返る

前時に「すごいな」とか「なんでだろう」とか「いいな」と思ったところに線を引きました。ノートや教科書を見返して、振り返ってみましょう。

ぼくは4号機が見付かったところが心に残ったなぁ。

　前時に、心に残ったことを形式段落と一緒に書いている。また、教科書には、「すごいな」とか「なんでだろう」とか「いいな」と思ったところに線を引いている。それらを読み返しながら、前時を振り返らせる。

❷心に残ったことを発表する

心に残ったところと、その理由や考えたことを発表しましょう。発表する時は、段落番号を先に言ってください。

私が心に残ったのは4段落の、25個の風船を取り付けたところです。だって…

　心に残ったことを発表させる。発表する時は、線を引いた段落を言ってから、考えたことやその理由を発表させる。教師は、段落ごとに子どもたちの心に残ったことを黒板にまとめていく。本時は、書かれている内容の確認が目標なので、文章を正確に理解できるように子どもたちとやり取りをする。

本時の目標	・「風船でうちゅうへ」を読み，文章の内容を確かめることができる。	本時の評価	・「風船でうちゅうへ」を読み，文章の内容を確かめている。

風船でうちゅうへ

心に残ったことを交流しよう

◆心に残ったこと
① 風船でうちゅうに行ったこと　こんな世界
② うちゅうへ行くものを自分で作りたい
③ わたしのちょうせんは始まりました
④ 一号機　二十五個の風船　ひもでつなぐ
⑤ ゆれたえいぞう　次にすすむためのヒント
⑥ 二号機　ひもの結び方　回収の大切さ
⑦ 三号機　カメラを回収　ゆれが少ない
⑧ 四号機からひもなしで飛ばす
⑨ できるだけ大きい風船　GPS端末
⑩ 四号機　どこにあるか分からない
⑪ 四号機が見つかる　もう少しがんばって
⑫ データをもとに飛ぶ方向を予測
⑬ 風船は一つじゃなくてもよい

❸発表が少ない段落を読み返す

みなさんが発表したものを，段落ごとに，板書にまとめました。14段落があまりありませんね。14段落にはどんなことが書いてありましたか。

いまいち意味がわからなかったんだよなぁ。

風船が多すぎると，上に上がるスピードが逆に遅くなるってことだね。

　子どもたちの心に残ったところを段落ごとに発表させると，あまり意見が出ない段落がある。そこは，子どもが内容を理解できていない段落であることが多い。「どんなことが書いてありましたか」などと聞くことで，書かれている内容を読み取ることができる。

❹一番好きな段落を見付ける

今日は，各段落の内容を確認しました。興味をもった段落はありますか。

私は15段落に興味をもちました。何度も何度も試して，ようやく成功したことがすごいと思いました。

　最後に板書を振り返りながら，「どの段落が一番心に残りましたか」と聞く。本単元の最後には，興味をもったことを中心に要約する学習を行うので，少しずつ自分の興味を明らかにする。

3 / 8時間　風船でうちゅうへ

準備物：全文を1枚にまとめたプリント

●文章構成を考える

　説明文は、読み手が分かりやすいように、工夫された文章構成で書かれています。文章構成を考えるとは、「序論（初め）」・「本論（中）」・「結論（終わり）」に分け、さらに、「本論」を分けることです。段落を分ける活動をすることで、文章全体を俯瞰して見ることができ、結論と本論のつながりや、論の進め方を見ることができます。本教材では、「序論」と「結論」は容易に見付けることができます。授業では、本論を分ける活動が中心になります。

　文章構成を考える時は、教科書でするより、全文を1枚のプリントにまとめたものでした方が、つながりが見えて考えやすいです。

　段落をどう分けたかということよりも、分けるプロセスの中で、各段落にどのようなことが書いてあるかを考えることが一番大切です。

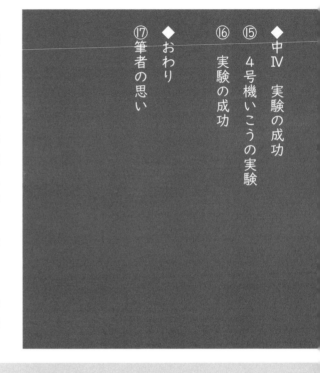

中Ⅳ　実験の成功
◆
⑮　4号機いこうの実験
⑯　実験の成功
◆
おわり
⑰　筆者の思い

❶初め・中・終わりに自力で分ける

　今日は文章構成について考えます。まずは、初め・中・終わりに分けます。ペアで話し合いながら考えてみましょう。

　終わりは、筆者の思いがまとめられてる段落だから…

　本時では、文章構成を考える。まずは、初め・中・終わりの三つに分ける活動を行う。1人でやらせても、ペアやグループでやらせてもよい。分けた理由が大切なので、ノートやプリントなどに書かせておく。

❷初め・終わりの段落を確認する

　それではみんなで考えてみましょう。

　16段落まで、実験のことが書かれていて、17段落に筆者の思いが書いてあるから、17段落が終わりの段落です。

　2段落から実験の動機が書かれているから、1段落が初めの段落です。

　「初めの段落はどこか」と「終わりの段落はどこか」について話し合う。終わりの段落は、⑯までが、実験の具体について書かれているので、分かりやすい。初めの段落は、①だけか、①〜③で意見が分かれることが予想される。実験の時系列で書かれており、②から具体的な話が始まってるので、①が初めの段落の方がまとめやすい。

| 本時の目標 | ・「風船でうちゅうへ」の文章の構成をまとめることができる。 | 本時の評価 | ・「風船でうちゅうへ」の文章の構成をまとめている。 |

風船でうちゅうへ

段落構成を考えよう

◆初め
① 話題提示　風船でうちゅうへ

◆中Ⅰ
② 子どものときの夢
③ わたしのちょうせんのはじまり

　　実験の動機

◆中Ⅱ
④⑤ 1号機　二十五個の風船
⑥ 2号機　大きな一つの風船
⑦ 3号機　ひもをつけた実験の成功

　　ひもをつけた実験

◆中Ⅲ
⑧⑨⑩⑪ 4号機　ひもなし実験と回収
⑫ 4号機からの学び①　気象データ
⑬⑭ 4号機からの学び②　風船の数

---

❸ 中を自力で分ける

それでは中を分けましょう。ペアで話し合いながら考えてみましょう。

3号機までは，ひもを付けて飛ばし，4号機からひもなしで飛ばしているね。

　中を分ける。❶同様に，ペアやグループでさせてもよいし，個人でさせてもよい。子どもたちが悩むようなら，「中を4つに分けましょう」などと，分ける数を指定すると考えやすくなる。子どもたちの力量に合わせて考える。

❹ 話し合いながら，中を分ける

それでは中を分けましょう。

②〜③は実験の動機が書かれているので一つのまとまりだと思います。

④〜⑦はひもを付けて飛ばす実験なので一つのまとまりだと思います。

⑧〜⑭は4号機について書かれているので一つのまとまりだと思います。

　中を分ける話し合いをする。
中Ⅰ　②〜③　実験の動機
中Ⅱ　④〜⑦　ひもを付けた実験
中Ⅲ　⑧〜⑭　ひもを付けない実験
中Ⅳ　⑮〜⑯　実験の成功
　上記は，分け方の一つの例だが，子どもたちと話し合いながら整理するとよい。

風船でうちゅうへ

4／8時間
準備物：黒板掲示用資料

●筆者が伝えたいことを考える

　説明文の学習として、3・4年生では要約、5・6年生では要旨の読み取りを行います。要約は、目的や必要に応じて、文章を短くまとめることで、要旨は、筆者が文章で取り上げている内容の中心、あるいは筆者の考えの中心となる事柄です。

　本時では、自分が文章を読んで感じたことを考えるために、筆者が自分に伝えたいことを考えます。4年生の後半になり、「筆者は何か伝えたいことがあり、それを伝えるために文章を書いている」ということを意識することは大切な学びです。

●二項対立で思考を揺さぶる

　本時では、筆者が伝えたいことは、「宇宙の写真を撮ったこと」なのか「挑戦することのよさ」なのかを考えます。比較しながら、失敗しながら前へ進むことが大切であることを考えさせます。

◆「風船でうちゅうへ」から感じたこと
・まだ次の実験に向けてちょうせんしている
・1号機から2号機、2号機から3号機と、毎回失敗したことをいかして次の実験をしている

❶筆者が伝えたい段落を見付ける

「風船でうちゅうへ」は、岩谷さんが、わたしたちにどうしても何かを伝えたくて書いたものです。どの段落に、その思いがまとめられているでしょうか。

最後の段落にメッセージが込められている気がする。

特にどの言葉から感じますか。

　筆者が伝えたいことを考えるために、まず筆者の思いが書かれている段落を見付ける。終わりの17段落に書かれていることはすぐに見付けることができる。「特にどの言葉から感じますか」などと聞き、筆者の思いを感じる言葉を見付ける。

❷筆者が伝えたいことは何か考える

岩谷さんが伝えたいことは何でしょうか。ノートに書いてみましょう。

　筆者が伝えたいことは何かを考え、ノートに書かせる。
　「岩谷さんがつたえたいことは（　　　）です。
　　それは、（　　　）ということです。」
　などと文例を示すと書きやすくなる。
・風船で宇宙の写真を撮ったこと
・失敗しながら乗り越えることが大切
・夢をあきらめないことが大切

198　風船でうちゅうへ

本時の目標	・「風船でうちゅうへ」を読み,自分が文章を読んで感じたことをまとめることができる。	本時の評価	・「風船でうちゅうへ」を読み,自分が文章を読んで感じたことをまとめている。

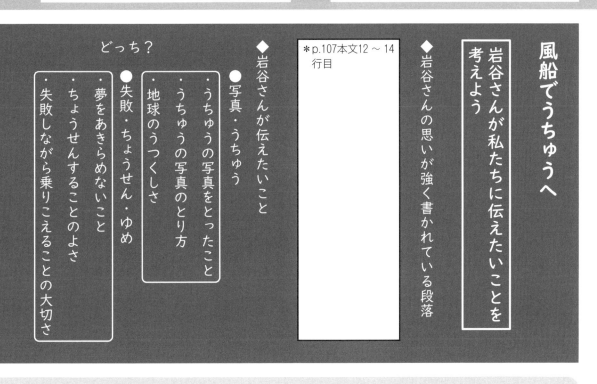

❸意見を交流する

岩谷さんが伝えたいのは「宇宙の写真を撮ったこと」でしょうか。「挑戦することのよさ」なのでしょうか。

宇宙の写真を撮ることへの思いがいっぱい書いてあるけどなぁ。

「失敗しながら乗りこえる」って本論に書いてありましたか。

　子どもたちの意見を交流する。子どもたちの意見を見ながら,岩谷さんが伝えたいのは「宇宙の写真を撮ったこと」なのか「挑戦することのよさ」なのか問い,最後の一文に着目させる。そして,本論とのつながりを考えるために,「『失敗しながら乗りこえる』って本論に書いてありましたか」と問う。

❹文章を読んで感じたことを書く

あなたは,「風船でうちゅうへ」を読んでどんなことを感じましたか。

私は,失敗してもそこから何かを学んで,再挑戦することが大切だと思いました。

　最後に,「あなたは,『風船でうちゅうへ』を読んでどんなことを感じましたか」となげかけ,感想を書かせる。ここでは,文章を読んで感じたことなので,筆者の考えに対する自分の考えではない。次時以降の,興味をもったことを中心に要約する学習につながるので,しっかりと書かせたい。

第4時　199

5 風船でうちゅうへ
8時間

準備物：黒板掲示用資料

●興味をもったところをはっきりさせる

　本時では，自分の興味をもったところをはっきりさせることが目標です。しかし，自分が興味をもったところを自覚するのは，意外と難しいものです。そこで，これまでの学習をヒントに考えます。これまでの学習の中で，「自分の心に残ったところ」と「筆者が伝えたいこと」を学習してきました。教科書を見ると，初読の時に自分の心に残ったところに線が引かれています。また，前時には筆者が伝えたいことを考えました。これらをもとに，自分の興味をもったところを明らかにしていきます。子どもたちの興味は，大きく分けて，次の二つに分かれるでしょう。一つは，岩谷さんに関することです。岩谷さんの失敗から学んだり，夢を追い求め続けている姿です。もう一つは，風船カメラの仕組みなどです。この二つを提示し，子どもたちに考えさせるとよいでしょう。

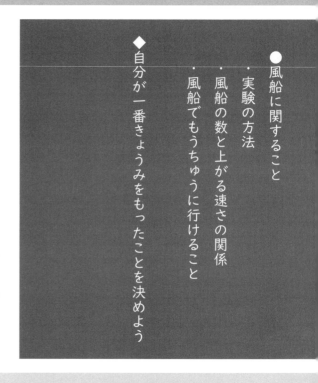

◆自分が一番きょうみをもったことを決めよう

●風船に関すること
・実験の方法
・風船の数と上がる速さの関係
・風船でもうちゅうに行けること

❶単元のゴールを共有する

昨日まで，「風船でうちゅうへ」を読んできました。この後は，自分が興味をもったところを紹介する文章を書きます。教科書 p.111の「しょうかいする文章の例」を読みましょう。

この紹介文を書いた人は何に興味をもったと思いますか。

失敗から学ぶ姿かな。

　単元のゴールをイメージするために，自分が興味をもったところを紹介する文章を読む。教科書の文章を紹介してもよいが，教師自身が書いたものを読むと子どもの意欲が向上する。一つではなく，複数読むとより具体的に紹介する文章をイメージしやすくなる。

❷教科書 p.108「もっと読もう」を読む

教科書 p.108「もっと読もう」を読みましょう。

読んでどんなことを思いましたか。

風船が上空で大きくなることは知らなかった。飛行機よりも上に行くことにびっくりしたよ。

　教科書 p.108「もっと読もう」を読む。風船が上空でどのようになるのかが分かったり，これからどのように研究を進めていくのかがわかり，子どもたちの好奇心を刺激する内容となっている。「読んでどんなことを思った？」などと聞くことで，書かれている内容を確認することができる。

本時の目標	・「風船でうちゅうへ」を読み、自分が興味をもったところをはっきりさせることができる。	本時の評価	・「風船でうちゅうへ」を読み、自分が興味をもったところをはっきりさせている。

風船でうちゅうへ

一番興味をもったことを見つけよう

◆単元のゴール
① 一番きょうみをもったところを決める
② きょうみをもったことに合わせて要約する
③ しょうかいする文を書く

*p.111「❷しょうかいする文章の例」

● 岩谷さんに関すること
・失敗したのに続けたところ
・ゆめをあきらめなかったところ
・失敗から何かを学ぶところ
・こんなんを楽しんでいるところ

◆ みんながきょうみをもったところ

❸ 興味をもったところを見つける

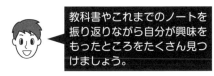
教科書やこれまでのノートを振り返りながら自分が興味をもったところをたくさん見つけましょう。

風船の数や大きさに興味をもったよ。

自分が興味をもったところを発表しましょう。

子どもたちの興味をもったことをできるだけたくさん発表させる。初読の時に、自分が興味をもったところに引いた線や、前時に学習した筆者の伝えたいことを参考にすることができる。子どもたちの発表したことは、「岩谷さんに関すること」と「風船に関すること」の二つに分けて書くと整理しやすい。

❹ 自分が一番興味をもったところを明らかにする

みなさんの興味を二つに分けて板書しました。二つはどのようなまとまりでしょうか。

「岩谷さんのこと」と「風船のこと」かな。

それでは、自分が一番興味をもったことを一つ決めましょう。

私は、岩谷さんの夢をあきらめないところに一番興味をもったよ。

子どもたちが興味をもったことを、「岩谷さんに関すること」と「風船に関すること」などの二つにまとめ、自分が一番興味をもったことを一つ決めさせる。次時に、自分が一番興味をもったことに沿って大事な言葉を見付けていく活動をすることを伝え、授業を終える。

第5時 201

6/8時間 風船でうちゅうへ

準備物：なし

●興味をもったところを具体化する

　本時では，興味をもったことに沿って，大事な言葉や文を選ぶことが目標になります。子どもたちが，少しでも言葉や文を選びやすくするために，「自分が興味をもったこと」をしっかりとイメージすることが大切です。例えば，「失敗から学ぶ」ということは，「1号機の失敗から，カメラのゆれを減らさないといけないことが分かった」や「私も習い事のピアノでうまくいかなかった時，なんでうまくいかないのか理由を探してそこを練習する」などと，文章中や自分の身の回りの中のどのようなことを表すのかをイメージします。そのイメージがあると，言葉を選びやすくなります。そのために，本時では，はじめに自分が興味をもったことを友達に説明する時間を設定しています。

◆友達と比べてみよう
・選んだ言葉や文をつなぐ
・書かずに，話して要約する

◆要約してみよう
・たりなかったら言葉や文を書き加える

❶自分の興味を友達に説明する

前時に，自分が興味をもったことを決めましたね。それがどういうことなのか，友達に紹介してみましょう。

私は，「失敗したのに実験を続けたところ」に興味をもちました。ふつう，何度も失敗するといやになるし，あきらめてしまうからです。

　前時のノートを振り返りながら，自分が興味をもったことを確認する。そして，友達に，「自分が興味をもったこと」を説明する。ここでは，それがどのようなことなのかを説明すればよい。まずは，教師が，モデルとしてやってみると，子どもはイメージをもちやすい。ペアを変えながら，何度か話させると，自分の中でも整理されてくる。

❷大事な文や言葉を書き出す

自分が興味をもったことに沿って大事な言葉や文をノートに書き出します。大事な文や言葉って，どのようなものですか。

興味をもったことに関係があったり説明している言葉や文です。

それでは，大事な言葉や文をノートに書き出しましょう。

　自分が興味をもったことに沿って大事な言葉や文をノートに書き出させる。ただ，「大事なこと」と言われると戸惑う子どもも多い。そこで，「大事なことってどういうこと？」などと子どもに問いかけ，今から行う活動の見通しをもたせる。難しいようなら，一斉に模範でやってみる。

| 本時の目標 | ・「風船でうちゅうへ」を読み，興味をもったことに沿って大事な言葉や文を選ぶことができる。 | 本時の評価 | ・「風船でうちゅうへ」を読み，興味をもったことに沿って大事な言葉や文を選んでいる。 |

風船でうちゅうへ

きょうみにそって大事な文や言葉を書こう

◆ 自分のきょうみにそって大事な言葉や文を書き出そう

　大事って何？
　・関係あるところ
　・人に伝えるときにその言葉がないと分からないこと
　・いつのことか分かる言葉

◆ 言葉や文を書き出そう
　例　失敗から学ぶこと
　④1号機　二十五個の風船にカメラ
　⑤ゆれたえいぞう　音が聞こえた
　⑥2号機　大きな風船一つ
　　風が強くて回収できない
　⑦3号機　風がない日を選ぶ　順調

❸友達と選んだ言葉や文を比べる

書き出した言葉や文を友達と比べてみましょう。どうしてその言葉や文を書き出したのか理由を交流しましょう。

ぼくは，失敗がキーワードだから，失敗とそこからの工夫について選んだよ。

興味が違うから，選ぶ言葉や文が違うね。

　選んだ言葉や文は，本文をコピーしたものに線を引かせてもよいが，後の要約の活動を考えると，言葉や文をノートに書き出させた方がよい。必ず形式段落の番号は記録させておく。
　そして，線を引いたものや書き出した言葉を友達と比較させる。選んだ理由などを交流すると，自他の違いに目を向けさせやすい。

❹要約をする

それでは簡単に要約してみましょう。書き出した言葉をもとに，要約したものを口頭で話してみてください。もっと言葉が必要だと思ったら言葉や文を書きたしましょう。

子どものころから宇宙へ行くものを自分で作りたいと思っていました。アメリカの大学生の成功をみて，挑戦が始まりました。

　選んだ言葉や文をつなげながら，要約をする。ノートなどに書かせずに，要約したものを話させる。次時で本格的に要約をするので，本時では大事な言葉や文を書きたすことが目標となる。詰まりながらでもいいので，何度も繰り返すことで，だんだんと要約したものの全体像が見えてくる。

風船でうちゅうへ

7/8時間

準備物：なし

● 口で要約してから、ノートに書かせる

　子どもたちにとって、要約はとても難しい学習です。しかも、ノートに要約を書かせると、要約したものを修正するのをとても嫌がります。そこで、ノートに要約した文を書かせる前に、何度も要約したものを話させることが有効です。前時に選んだ文や言葉を見ながら、要約したものを何度も話すことで、少しずつ要約の全体像が見えてきます。その後に、ノートに書かせると、スムーズに書くことができます。

　要約を話させる時に、時間を決めると分量を調整することができます。人は1分で400字程度話をします。400字にまとめさせたいなら1分、800字にまとめさせたいなら2分、というように時間を計ることで大体の文量を決めることができます。

◆ノートに要約を書こう
・四〇〇〜八〇〇字
・書けたらペアで見せ合い、アドバイスをもらおう

❶ 前時のノートを振り返る

前時に、自分の興味に沿って大事な言葉や文をノートに書きました。振り返りましょう。

　前時のノートを振り返りながら、自分が興味をもったことと、自分が選んだ言葉や文を確認する。改めて見て、書きたす必要があるなら書きたさせる。

❷ 1分間の要約をする

1分間で要約をしましょう。特に大事だと思うものにしるしを付けておきましょう。

1号機は25個の風船にカメラを付けたものでしたが、失敗しました。2号機では大きな一つの風船に…

　1分間（400字程度）の要約をする。特に大事だと思う言葉と文にしるしを付けさせる。要約は、口頭で話させる。何度か自分で練習し、しばらくしたらペアやグループで聞き合いをする。「〇〇が分かりにくい」などのアドバイスを交流すれば、よりよい要約になる。

| 本時の目標 | ・「風船でうちゅうへ」を読み，興味をもったことに沿って要約することができる。 | 本時の評価 | ・「風船でうちゅうへ」を読み，興味をもったことに沿って要約している。 |

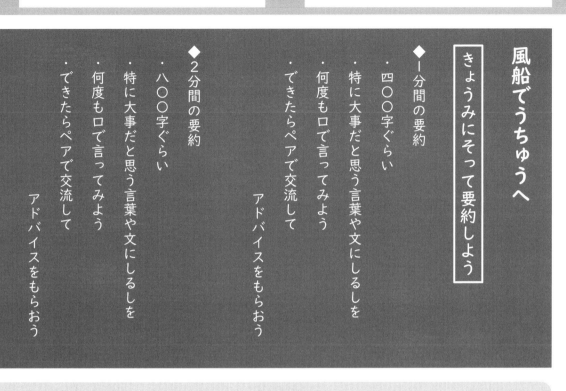

風船でうちゅうへ

きょうみにそって要約しよう

◆1分間の要約
・四〇〇字ぐらい
・特に大事だと思う言葉や文にしるしを
・何度も口で言ってみよう
・できたらペアで交流してアドバイスをもらおう

◆2分間の要約
・八〇〇字ぐらい
・特に大事だと思う言葉や文にしるしを
・何度も口で言ってみよう
・できたらペアで交流してアドバイスをもらおう

❸2分間の要約をする

時間を倍の2分間にします。言葉をたせますね。必要だと思うものをたしてみましょう。

1号機は25個の風船にカメラを付けたものでしたが，揺れた映像で，音もありました。そこで2号機では…

次に，2分間（800字程度）の要約をする。時間が増えるので，情報をたすことができる。1分間の時と同じように，何度か自分で練習し，しばらくしたらペアやグループで聞き合いをする。自分が要約で使った言葉にはチェックを入れさせておくと，次にノートに書かせる時の参考になる。

❹要約をノートに書く

それでは要約したものをノートに書いてみましょう。400～800字でまとめてみましょう。

最後にノートに書かせる。何度も口頭で要約しているので，スムーズに書くことができる。書けたら，自分で読み返したり，友達と交流したりしながら校正をする。必要なら赤鉛筆などで書きたしておけばよい。次時に清書をする。

風船でうちゅうへ

8／8時間　準備物：なし

●例文を提示して，紹介文を書かせる

　本時は，前時に書いた要約を使って，紹介する文章を書く時間になります。紹介する文章は，3段落構成です。1段落は，話の内容の紹介。2段落は，興味をもったことの要約。3段落は，感想になります。段落構成を提示することで，多くの子どもたちは書きやすくなります。しかし，それだけでは書けない子も少なくありません。そこで，教師が書いたものや他のクラスの子どもたちが書いたものを提示することがとても有効です。タブレットなどでいくつかの紹介文を自由に見られるようにします。実際に例文を見ると，文章の書き出しや終わり方を参考にすることができます。初めは参考にしている子も，途中から自分で書くようになります。少しつまずいた時に参考になるものがある方が，大人も子どもも文を書きやすくなるものです。

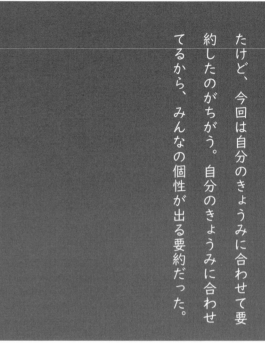

たけど、今回は自分のきょうみに合わせて要約したのがちがう。自分のきょうみに合わせてるから、みんなの個性が出る要約だった。

❶紹介文の型を確認する

教科書 p.111の例文を見ましょう。紹介する文章は3段落の構成です。各段落には何が書かれていますか。

1段落は，話の内容の紹介。2段落は，興味をもったことの要約。3段落は，感想です。

　紹介文の型を確認する。
1段落…話の内容の紹介
2段落…興味をもったことの要約
3段落…感想
　この型で文章を書くことを伝える。

❷紹介文を書く

それでは紹介する文章を書きましょう。

　前時に，2段落の要約は書いているので，1段落と3段落を書き，清書をする。教師が書いたものや他のクラスの子どもたちが書いたものを提示すると，すべての子が書きやすくなる。

| 本時の目標 | ・「風船でうちゅうへ」を読み，興味をもったところを中心に要約して紹介する文章を書くことができる。 | 本時の評価 | ・「風船でうちゅうへ」を読み，興味をもったところを中心に要約して紹介する文章を書いている。 |

風船でうちゅうへ

しょうかい文を書き交流しよう

◆しょうかい文の型
1段落……話の内容の紹介
2段落……興味をもったことの要約
3段落……感想

◆しょうかい文を交流しよう
・同じ文章を読んだのに、興味をもったところとか、要約することがちがうのがおもしろい
・風船ごとに要約する人と、大きなまとまりごとに要約する人がいた

◆単元をふり返って
・みんなきょうみをもつところがちがう
・前の単元では、筆者が伝えたいことを要約し

---

❸書いたものを交流する

グループで書いたものを交流して，友達と自分の文章を比べてみましょう。

同じ文章を読んだのに，興味をもつところとか，要約することが違うのが面白いと思いました。

書いたものを交流する。ペアやグループで交流させる。交流する時に、「自分と同じところと違うところを見付けよう」などと声をかけておき、交流後に感じたことを発表させる。本単元では、自他の違いに気付くことも目標なので、友達の感じ方のよさについて交流させたい。

❹単元を振り返る

これまで8時間「風船でうちゅうへ」を学習してきました。単元を振り返ってどのようなことを学びましたか。

私は，岩谷さんに興味をもったんだけど，実験に興味をもった人もいて，みんなの興味は違うんだと思いました。

最後に、これまでのノートなどを見ながら単元を振り返る。教科書p.112の「たいせつ」を読みながら、単元で学んだことを整理する。

言葉について考えよう

つながりに気をつけよう　　4時間

① 単元目標・評価

- 主語と述語との関係，修飾と被修飾との関係，指示する語句と接続する語句の役割について理解することができる。（知識及び技能(1)カ）
- 間違いを正したり，相手や目的を意識した表現になっているかを確かめたりして，文や文章を整えることができる。（思考力，判断力，表現力等B(1)エ）
- 言葉がもつよさに気付くとともに，幅広く読書をし，国語を大切にして，思いや考えを伝え合おうとする。（学びに向かう力，人間性等）

知識・技能	主語と述語との関係，修飾と被修飾との関係，指示する語句と接続する語句の役割について理解している。（(1)カ）
思考・判断・表現	「書くこと」において，間違いを正したり，相手や目的を意識した表現になっているかを確かめたりして，文や文章を整えている。（B(1)エ）
主体的に学習に取り組む態度	進んで主語と述語との関係，修飾と被修飾との関係等について理解し，これまでの学習を生かして，つながりに気を付けて文章を書こうとしている。

② 単元のポイント

教材の特徴

　中学年になると，複雑な内容を書いたり，話したりする場面が増えてくる。内容が複雑になると，文章が長くなり，主語と述語の関係や修飾語の範囲が曖昧になることが多い。本単元では，主語や述語，修飾語，一文の長さに着目して，相手に伝わりやすい書き方，話し方について考える。

　本単元では，①主語と述語の対応，②修飾語と被修飾語の関係，③内容のまとまりごとに一文を短く書くことの三つのポイントを学習する。授業では，「例文を見て問題点を見付け，修正方法を考え，練習問題を解く」という流れで進める。本単元の内容は，何度も何度も繰り返し練習することで，確実に身に付く。そこで，授業では，練習問題を解くことを大切にしたい。様々な伝わりにくい文章に出会い，修正する体験を積み重ねることで，主語や述語，修飾語などの誤った関係性に，違和感をもつことができるようになる。違和感を感じることができるようになると，日常でも主語や述語，修飾語の関係を意識して会話をすることができる。

208　つながりに気をつけよう

3 学習指導計画（全4時間）

次	時	目標	学習活動
一	1	• 主語と述語の対応から，文の分かりやすさについて考えることができる。	○主語と述語の関係に注意して書き直す。 • 単元の目標「推敲確認表を作ろう」を確認する。 • 例文の間違いを見付け，書き直す。 • 練習問題を解く。
	2	• 修飾語と被修飾語の関係から，文の分かりやすさについて考えることができる。	○修飾語と読点に注意して書き直す。 • 例文の問題点について考える。 • 書き直す。 • 練習問題を解く。
	3	• 一文の長さによる文の分かりやすさについて考えることができる。	○一文を短くして，注意して書き直す。 • 例文の問題点について考える。 • 書き直す。 • 練習問題を解く。
	4	• 文章を分かりやすくするポイントを意識して，例文を分かりやすい文に書き換えることができる。	○練習問題を解く。 • これまでに学習したことをまとめる。 • 総合練習問題を解く。 • 考えたものを交流する。

推敲確認表を作る

　子どもたちにとって，文章を推敲する活動は難しいものです。今を一生懸命に生きる子どもたちにとって，過去を振り返り，修正すること自体が煩わしいのかもしれません。しかし，今後，文章を書き，推敲し，よりよい文章に仕上げていく活動は増えていきます。本単元では，推敲するポイントを明らかにすることが目標です。推敲するポイントをまとめた表を作っておくことで，今後の推敲の場面で提示することができます。

　本単元で扱う話を分かりやすく伝えるためのポイントは三つあります。一つは，主語と述語の関係。二つ目は，修飾語と読点。三つめは，一文を短くすること。これらのポイントは，文章を書いた時だけではなく，話をする時にも注意すべきことになります。ねじれのない文を書いたり，伝わりやすいように一文を短く話したりすることは，日常的に意識していくことで，確実に子どもたちに身に付きます。日々，教師は子どもと話をする場面が多くあります。ついつい「この子はこういうことが言いたいのだろう」と教師が子どもの思いを汲み取って話を聞いてしまいます。しかし，日常的に本単元で学習した観点で，日々の会話の誤りを指摘することで子どもたちの力は付いていきます。伝わりやすい書き方・話し方には，教師の丁寧な指導が大切になります。

つながりに気をつけよう

1/4時間　準備物：なし

●間違えないための方法を考える

　文が複雑になると，主語と述語の関係がねじれることは，よくあります。主語と述語がねじれないためには，主語と述語のみを抜き出し，対応を確認することが有効です。「この映画の1番感動する場面は，これまでずっと探していたお母さんに駅で偶然再会し，二人で涙を流します」という文を例にとります。主語と述語を抜き出すと「感動する場面は，涙を流します」になり，ねじれていることに気が付きます。主語と述語を抜き出すことで，どんなに複雑な文でも，シンプルに考えることができます。問題を解きながら，主語と述語を抜き出す練習を積み重ねることで，分かりやすい文を書く力が付いていきます。

> ひみつ① 主語と述語を対応させる
>
> ◆練習問題
> ※主語を変えずに文を直しましょう
> ① 私の夢は，小説家になりたいです。
> ② 先生は，ぼくに友達の大切さを学んだ。
> ③ 私の午後の予定は，友達と宿題をします。

❶教科書 p.116の文章を読む

今からある文章を読みます。分かりにくいところがいくつかあります。全部見付けられますか？ それでは読みます。「冬の夜空を…」

分かりにくいところが三つあったよ。

今日から，分かりやすい文を書くための秘密を学習します。

　単元の導入として，教科書 p.116の「冬の夜空を…」という文章を読み，分かりにくいところを探させる。多くの子どもは，内容に目がいくために，文のおかしさに気が付かないだろう。「実はこの中に，三つのおかしさがありました。これを見付けるための勉強をするよ」などと，子どもの学習意欲を喚起させる。

❷例文を読み，おかしい点を見付ける

まず一つ目の秘密です。
「ぼくの目標は，医者になって人を助けます。」
分かりにくいところはどこですか？

主語と述語の関係がおかしいと思います。

　例文を提示し，おかしいところを見付けさせる。「主語」と「述語」に着目させることがポイントとなる。主語と述語は2年生で学習した（2年下 p.29「主語と述語に　気をつけよう」）。主語と述語の理解が曖昧な子どもには，「主語は『誰が（は）』『何が（は）』，述語は『どうする』『どんなだ』『なんだ』のことだよ」などと，確認をする。

本時の目標	・主語と述語の対応から，文の分かりやすさについて考えることができる。	本時の評価	・主語と述語の対応から，文の分かりやすさについて考えている。

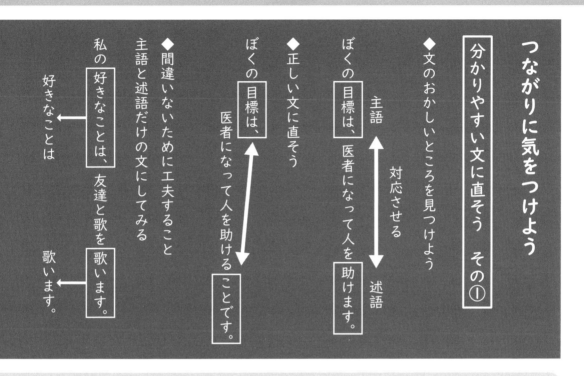

❸正しい文に直す

主語をそのままにして，文を直してみましょう。

文末を変えたらいいね。

どうすれば，このような間違いをしないで済みますか？

主語と述語だけの文章にしてみて，対応しているか考えればいいと思います。

　正しい文に直させる。主語と述語が対応していることを確認する。
【例】
ぼくの目標は，医者になって人を助けることです。
ぼくは，医者になって人を助けることが目標です。
　また，「間違えない方法」を考えさせる。主語と述語だけを書き出し，対応しているか確認することで間違いを見付けられることを押さえる。

❹練習問題を解く

それでは，いくつか練習問題を解いてみましょう。

　最後に，練習問題を解く。一つずつ，主語と述語の関係を確認する。
　時間があれば，子どもたちに問題を作らせてもよい。わざと主語と述語が対応していない文を考えさせる。そして，その答えも書かせる。作った問題を友達と交流することで，様々な問題に触れることができる。

2/4時間 つながりに気をつけよう

準備物：なし

●問題を考える

　本単元で学習する主語と述語の関係や，修飾語と被修飾語の関係は，分かりやすい表現のためにはとても重要な学習となります。本時では，確実に習得させるために，問題作りに取り組みます。問題を作るためには，わざと分かりにくい文章を作らなければなりません。分かりにくい文章を作ることで，主語と述語の関係や修飾語と被修飾語の関係をより深く理解することができます。

　また，自分で問題を作り，友達と交流することで，多くの問題を解くことができます。何度も問題を解くことで，理解を深め，今後の誤りをなくすことができます。

　問題作りは，出題者側に立場を変えることで深い理解をすることにつながります。確実に子どもたちに習得させたいことがある時には，とても有効な方法です。

> ◆練習問題
> ※二通りの文にしてみましょう
> ①女の子は笑顔でテレビを見るぼくを見た。
> ②ぼくは兄と母に勉強を教えてもらいます。
>
> ひみつ② 修飾語がかかる言葉を明らかにする

❶例文の分かりにくいところを見付ける

「ぼくは全力で走る弟をおうえんした。」この文の分かりにくいところはどこでしょうか？

うーん。そんなに分かりにくくないけどなぁ。

では，全力なのは誰ですか？

ぼく？ 弟？ どっちだろう。

　例文を提示し，分かりにくいところを考えさせる。分かりにくいところに気付かない場合は，「全力なのは誰ですか」と問う。クラスで「ぼく」と「弟」の二つに意見が分かれるので，そう考えた理由を交流する。「全力で」という修飾語が，「走る」か「応援する」のどちらにかかるかによって読み方が変わることを確認する。

❷正しい文に直す

それでは，「ぼく」が全力であることが分かるように，また，「弟」が全力であることが分かるように，文を直しましょう。どうすれば直ると思いますか？

読点を打つか，言葉の順番を並び替えればいいと思います。

それでは，直してみましょう。

　正しい文に直させる。「全力で」が，ぼくにかかる場合と，弟にかかる場合をそれぞれ書かせる。考える前に，読点を打ったり語順を並び替えたりすることで，正しい文章に直せることを確認する。
【例】◆兄が全力の場合：ぼくは全力で，走る弟をおうえんした。／ぼくは走る弟を全力でおうえんした。◆弟が全力の場合：ぼくは，全力で走る弟をおうえんした。／全力で走る弟をぼくはおうえんした。

本時の目標	・修飾語と被修飾語の関係から、文の分かりやすさについて考えることができる。	本時の評価	・修飾語と被修飾語の関係から、文の分かりやすさについて考えている。

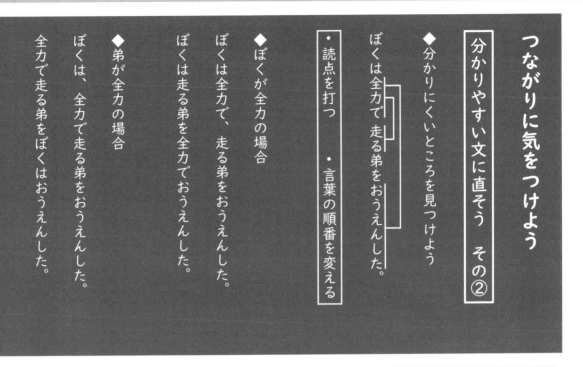

つながりに気をつけよう
分かりやすい文に直そう その②

◆分かりにくいところを見つけよう

ぼくは　全力で　走る弟を　おうえんした。

・読点を打つ
・言葉の順番を変える

◆ぼくが全力の場合
ぼくは全力で、走る弟をおうえんした。
ぼくは走る弟を全力でおうえんした。

◆弟が全力の場合
ぼくは、全力で走る弟をおうえんした。
全力で走る弟をぼくはおうえんした。

---

❸ 練習問題を解く

　それでは、いくつか練習問題を解いてみましょう。同じように、それぞれの意味が分かる二つの文にしてみましょう。

　練習問題を解く。修飾する内容が2通りあるのでそれぞれ考えさせる。分かりにくい子には、読点を打ったり、語順を並び替えたりすることで、正しい文章に直せることを思い出させる。

❹ 問題を考える

　今度は、問題を作ってみましょう。できたら、友達と交流しましょう。

　修飾語を考えてから文を作ると作りやすいよ。

　最後に、子どもたちに問題を作らせる。修飾語をいくつか提示すると作りやすい。前時の主語と述語の関係の授業の時に、問題作りをしていなければ、併せてここで作らせる。作った問題を班やペアで交流する。いろいろな問題を解くことで習熟を図る。

3/4時間 つながりに気をつけよう

準備物：なし

●練習問題を解く

本時は，「つながりに気をつけよう」という単元の3時間目になります。この3時間の授業は，共通して，最後に練習問題を解く活動を設定しています。本単元は，今後，文章を推敲する時の重要な観点になります。

しかし，推敲はとても難しいものです。子どもが，文章に出合った時に「分かりにくいな」と感じなければ，自分の力で推敲することはできません。子どもたちに，文章に対する違和感を感じる力を育むことが大切です。そのような力を育むには，たくさんの文章に出合い，それを修正する体験を積み重ねることが大切です。本単元でも，練習問題を解くことで，何度か推敲する体験を積み重ねました。今後も，作文指導などの時に，定期的に本単元で学んだ観点をもとに推敲することで，確実に子どもたちの力として定着していきます。

ひみつ③　内容のまとまりごとに一文を短く書く

○主語を明確にする
○つなぎ言葉を使う
○主語が同じときは一文にまとめる

◆練習問題

今日は，とてもあたたかく気持ちよい日で，公園には，花見をしながらお弁当を食べている家族がたくさんいたが，私は花粉症なので，家の中でお昼ご飯を食べた。

❶例文の分かりにくいところを見付ける

この例文の分かりにくいところはどこですか？

文が長くて，分かりにくいです。

主語が誰なのかが分かりにくいです。

みなさんもこのような分かりにくいお話をしてしまうことがありますか？

教科書pp.114-115①の文章を提示し，分かりにくいところを考えさせる。一文が長く，主語と述語の関係が分かりにくいことに気付かせる。日々の会話では，このようなことがよくある。自分たちの日々の会話の中でも同じようなことがあることに気付かせたい。

❷正しい文に直す

分かりやすい文に直してみましょう。直すポイントは何でしょうか？

一文を短くしたら分かりやすいね。

それでは，直してみましょう。

正しい文に直すためのポイントを考えさせる。内容の切れ目で文を切り，一文を短くすることや主語を明確にすること，つなぎ言葉を使うことを確認する。そして，文章を書き直させて交流する。交流では，1人の子どもの修正を取り上げ，工夫した点などを発表させる。

板書例の「主語が同じときは一文にまとめる」は，4コマ同様の学習の後に確認する。

本時の目標	・一文の長さによる文の分かりやすさについて考えることができる。	本時の評価	・一文の長さによる文の分かりやすさについて考えている。

つながりに気をつけよう
分かりやすい文に直そう　その③

◆分かりにくいところを見つけよう

＊pp.114-115本文①

- 一文が長い
- 主語が分かりにくい

＊子どもの解答を書いていく。もしくは、p.115本文②

＊p.116本文3〜10行目

◆直すポイント
- ○一文を短くする
- ○内容の切れ目で文を切る

---

❸二つ目の例文の問題点を考える

もう一つ文を提示します。一文を短くしました。どうでしょうか？

それはそれで、逆に分かりにくいです。

そうですね。主語が同じ時は、一文にまとめたほうが分かりやすい時がありますね。

　二つ目の例文として、教科書p.115②の文章を提示し、分かりにくいところを考えさせる。一文を短くすると分かりやすくなるが、短くしすぎるとかえって分かりにくくなることがある。同じ主語の文章は、ある程度まとめて文を書くことで分かりやすくなることを確認する。

❹練習問題を解く

分かりやすく文章を直すポイントを見付けました。これらを使って、練習問題を解きましょう。

　最後に、文章を直すポイントを確認し、練習問題を解く。
【解答例】
今日は、とてもあたたかく気持ちよい日だった。公園には、花見をしながらお弁当を食べている家族がたくさんいた。しかし、私は花粉症なので、家の中でお昼ご飯を食べた。

4 つながりに気をつけよう

4時間　準備物：なし

●直したところを交流する

本時は，これまでの学びを活用して，文章を書き直す学習が中心となります。同じような分かりにくい箇所に気付いていても，書き直し方は多岐に渡ります。書き直した文章を交流する時には，「『シリウスは』という主語が続けて何度も出てきたので，主語をまとめました」などと，自分がそのように書き直した理由も併せて発表させることが大切です。書き直した理由を交流することで，分かりやすい文章を書くポイントを何度も確認することができます。

●単元を振り返る

本時は，単元のまとめの授業となります。4時間を通して自分が学んできたことを振り返ることで，学習内容を確実に定着させることができます。

◆単元をふり返って
○主語を意識して文章を書きたい
○文章を見直すポイントが分かった
○日ごろから意識したい

球から約八十一兆三千億キロメートルもはなれたところにあることも知った。ぼくは姉と父にお願いして，望遠鏡を買ってもらうつもりだ。

ら約八十一兆三千億キロメートルもはなれたところにあることを知りました。ぼくは姉と，父にお願いして望遠鏡を買ってもらうつもりです。

❶分かりやすい文にする方法を振り返る

これまで，分かりやすい文にする三つのポイントを学習しました。どんなポイントがありましたか？

主語と述語の関係を確認することと，修飾語がかかる言葉を明らかにすることです。

一文を内容ごとに短くまとめることです。

これまでの文章を分かりやすくするポイントを振り返る。ポイントは大きく分けて三つある。
①主語と述語の対応。
②修飾語と被修飾語の関係。
③内容のまとまりごとに一文を短く書く。
　それぞれの授業の板書や例文などを示して，これらのポイントを思い出させる。

❷例文を直す

教科書のp.116の文章を，分かりやすい文章に書き換えましょう。

4コマ同様に，文章を分かりやすくするポイントを見ながら，教科書p.116の文章を直させる。文章を直したところに線を引かせ，なぜそのように書き換えたのかを併せて書かせておくと，後の交流がしやすくなる。

| 本時の目標 | ・文章を分かりやすくするポイントを意識して、例文を分かりやすい文に書き換えることができる。 | 本時の評価 | ・文章を分かりやすくするポイントを意識して、例文を分かりやすい文に書き換えている。 |

つながりに気をつけよう

分かりやすい文に直そう その④

◆直すポイント
○主語と述語を対応させる
○修飾語がかかる言葉を明らかにする
○一文を短くする
○内容の切れ目で文を切る
○主語を明確にする
○つなぎ言葉を使う
○主語が同じときは一文にまとめる

教科書一一六ページ
冬の夜空を観察して感じたことは、夏よりも明るい星が多く見えることです。特に青白く光るシリウスが気になり、姉と調べたところ、シリウスは太陽と同じく自ら光る星で、シリウスは夜空で最も明るく見える星だということが分かり、シリウスは地球か

書き直した文例
冬の夜空を観察して感じたことは、夏よりも明るい星が多く見えることです。特に、青白く光るシリウスが気になり、姉と調べました。シリウスは太陽と同じく自ら光り、夜空で最も明るく見える星だということが分かりました。また、地球か

---

❸直した文を交流する

それでは、書き換えたものを交流しましょう。

冬の夜空を観察して感じたことは、夏よりも明るい星が多く見えることです。特に、青白く光るシリウスが気になり、姉と調べました。…

書き直した文章を交流する。班やペアで交流してもよいし、代表の１人に発表させてもよい。書き直した結果とともに、そのように書き直した理由を発表させることが重要である。分かりにくさを感じた箇所が同じでも、文の書き直し方は様々である。それぞれのよさを確認しながら交流する。

❹単元を振り返る

これまでの学習を振り返りましょう。

これまで、あまり考えずに話をしたり、文を書いてきたと思います。これからは、主語を意識して、一文を短く話すようにしたいと思います。

これからも、推敲する時や文章を書いたり、話したりする時に活用しましょう。

最後に単元を振り返る。４時間の授業のノートや板書を振り返りながら、分かったことや考えたこと、感じたことを書かせ、交流する。文章を推敲する時、文章を書く時、話をする時に意識することが大切であることを確認する。

第4時 217

言葉を選んで詩を書き，友達と読み合おう

心が動いたことを言葉に

7時間

① 単元目標・評価

- 様子や行動，気持ちや性格を表す語句の量を増し，話や文章の中で使い，語彙を豊かにすることができる。（知識及び技能(1)オ）
- 主語と述語との関係，修飾と被修飾との関係，指示する語句と接続する語句の役割，段落の役割について理解することができる。（知識及び技能(1)カ）
- 書こうとしたことが明確になっているかなど，文章に対する感想や意見を伝え合い，自分の文章のよいところを見付けることができる。（思考力，判断力，表現力B(1)オ）
- 言葉がもつよさに気付くとともに，幅広く読書をし，国語を大切にして，思いや考えを伝え合おうとする。（学びに向かう力，人間性等）

知識・技能	様子や行動，気持ちや性格を表す語句の量を増し，話や文章の中で使い，語彙を豊かにしている。（(1)オ） 主語と述語との関係，修飾と被修飾との関係，指示する語句と接続する語句の役割，段落の役割について理解している。（(1)カ）
思考・判断・表現	「書くこと」において，書こうとしたことが明確になっているかなど，文章に対する感想や意見を伝え合い，自分の文章のよいところを見付けている。（B(1)オ）
主体的に学習に取り組む態度	進んで心が動いたことを言葉にして書いた詩を読み合い，これまでの学習を生かして，自分の詩のよいところを見付けようとしている。

② 単元のポイント

言語活動

　これまでの詩の学習は，詩人の作品を読み，優れた表現を見付けたり，音読で音の響きやリズムを楽しんだりしてきた。本単元では，書き手として「詩の創作」に挑戦する。テーマは「心が動いたこと」。まず，これまでの自分を振り返り，心が動いたことを思い出す。子どもたちは，日々，様々な経験を通して心が動いている。しかし，その自分を振り返ることは少ない。自分を振り返りながら，その経験に言葉を当てはめていくプロセスに価値がある。詩の創作は，選りすぐった短い言葉の中に自分の思いや考えを表現する。今まで読んできた優れた詩の表現を生かしながら，一つ一つの言葉にこだわって表現する楽しさを体験してほしい。

218　心が動いたことを言葉に

3 学習指導計画（全7時間）

次	時	目標	学習活動
一	1	・様々な詩を読み，詩の技法について振り返ることができる。	○これまでに学習した詩を思い出す。 ○お気に入りの詩を探す。 ○使われている技法を見付ける。 ○単元の計画を確認する。
	2	・経験したことなどから詩に書く題材を選び，表現したいことを明確にすることができる。	○写真を見せる。 ○これまでのことを思い出す。 ○思い出したことを交流する。 ○心が動いた出来事ベスト3を決める。
二	3	・心が動いた出来事を思い出し，作文を書くことができる。	○詩を書くテーマを決める。 ○本時の学習内容を確認する。 ○五感を使ったイメージマップを書く。 ○作文を書く。
	4	・前時に書いた作文を参考にしながら，詩を書くことができる。	○作文の中から使いたいことを選ぶ。 ○詩の構成について確認する。 ○詩の構成について考える。 ○詩を書く。
	5	・詩の技法を活用して，詩をよりよく工夫することができる。	○自分の書いた詩を確認する。 ○詩の技法を使って修正する。 ○修正した詩を音読する。 ○詩を完成させる。
	6	・自分が作った詩を清書し，詩に合った絵を描くことができる。	○完成した詩を音読する。 ○清書する。 ○絵を描くために確認をする。 ○詩に合う絵を描く。
	7	・詩を読み合い，観点に沿って感想を伝え合うことができる。	○めあてを確認する。 ○お互い読み合い感想を伝え合う。 ○おすすめの作品を紹介し合う。 ○単元を振り返る。

創作の難しさ

　創作は，子どもたちにとってとても難しい活動です。クラスの中には，全く手が進まない子もいることでしょう。しかし，詩の創作は，自分の思いや考えを言葉にのせて表現する活動なので，自己開示のためにも大切な活動です。子どもたちが難しさを感じる理由の一つに，経験不足があります。創作した経験が少ないと，なかなかできません。逆に考えると，何度も経験しているとできるようになります。本単元だけでなく，何度も経験させることが大切です。

心が動いたことを言葉に

1／7時間　準備物：タブレット

●詩の技法を振り返る

　詩には様々な表現技法があります。表現技法を明確にして提示することで，子どもたちは使う技法を選択することができます。技法を使うと，自分の思いをより表現しやすくなることがあります。よく使われる技法は下の通りです。
- 擬音（音や声を聞こえるまま表現したもの）
- よびかけ（おーい太陽よ　など）
- 体言止め（しずんだ太陽　など）
- 反復法（同じ言葉や文型を繰り返す）
- 倒置法（言葉の前後の順を入れ替える）
- 直喩・比喩（〜みたいな，〜のような　など）
- 暗喩・比喩（「ような」を使わない比喩）
- 擬人法・比喩（人以外のものを人に例える）
- 省略法（言葉を省いて余韻を残すもの）
- 対句法（青い空，赤い太陽　など）

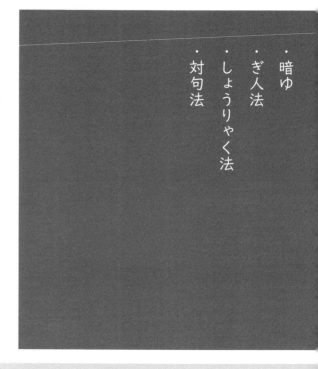

・暗ゆ
・ぎ人法
・しょうりゃく法
・対句法

❶これまでに学習した詩を思い出す

みなさんは，これまでにどんな詩を学習しましたか。

金子みすゞさんの「私と小鳥とすずと」が心に残っています。

　本単元では詩を学習するので，これまでに学習した詩を振り返ることから授業を始める。子どもたちが覚えている詩があれば，それを電子黒板などで提示し，みんなで音読してみるとよい。あまり詩を思い出せない場合は，教師からこれまでに学習した詩を提示すればよい。

❷お気に入りの詩を探そう

それでは，タブレットを使って，お気に入りの詩を見付けてみましょう。

前に勉強した工藤直子さんの詩を探してみよう。

見付けたものは，タブレットを使って共有しましょう。

　1人1台端末を使って，お気に入りの詩を探させる。この後に，詩の表現技法を振り返る学習をするので，多様な詩が見付かるとよい。「自分だけの詩集を作ろう」の学習で見付けたものから選んでもよい。クラスの実態により，短い時間で見付けることが難しい場合は，宿題などで事前に詩を探しておくと授業はスムーズになる。

本時の目標
- 様々な詩を読み，詩の技法について振り返ることができる。

本時の評価
- 様々な詩を読み，詩の技法について振り返っている。

心が動いたことを言葉に

お気に入りの詩から表現技法を見つけよう

◆ これまでに学習した詩
- どきん
- わたしと小鳥とすずと
- ふしぎ
- おれはかまきり
- 春のうた
- 夕日がせなかをおしてくる

◆ 詩の表現技法
- ぎ音
- よびかけ
- 体言止め
- 反復法
- とう置法
- 直ゆ

❸ 使われている技法を見付けよう

みなさんが見付けた詩には，様々な技法が使われています。どんな技法が使われているか見付けてみましょう。

○○さんの選んだ詩には，擬人法が使われています。

子どもたちが見付けた詩の中から，表現技法を見付けさせる。ただ，詩の表現技法を明らかにすることが目的なので，「知っている詩の表現技法はあるかな」などと聞くと，多くの技法が明らかになる。あまり子どもたちが見付けられない場合は，教師が表現技法を提示し，その表現技法が使われている詩を見付ける活動に変えてもよい。

❹ 単元の計画を確認する

教科書 p.118 の「マラソン大会」という詩を読みます。

今回は，みなさんに，「心が動いたこと」を詩に書き表してもらおうと思います。

子どもたちがイメージしやすいように，教科書 p.118 の「マラソン大会」という詩を音読する。そして，みんなの心が動いたことを詩に書き表すことが，本単元の目標であることを伝える。「みんなの心が動いた時はどんな時でしたか。次回の授業で聞くから思い出しておいてくださいね」などと次時の予告を行う。

第 1 時　221

2/7時間 心が動いたことを言葉に

準備物：なし

●写真を見せる

本時では，これまでに心が動いたことを振り返ることから授業を始めます。子どもたちに，「心が動いたことはありますか」と聞いても，なかなか思い出せません。そこで有効なのが1学期からの写真を見せることです。運動会の練習や遠足，校内行事などで撮りためた写真をムービーなどにまとめて見せることで，子どもたちはその時の自分の気持ちを思い出すことができます。

●題材をたくさん集める

題材を決めるには，たくさんのアイデアを出した後に選ぶと決めやすくなります。初めから題材になるものを作ろうと気負うと手が進まず創作意欲も下がってしまいます。まずは，題材例にかかわる出来事についてたくさん思い出して書いていくことから始めましょう。

◆心が動いた出来事ベスト3を決める

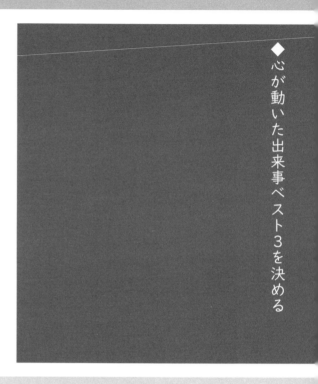

❶写真を見せる

今日は，1学期からの写真をムービーにまとめてきました。それを見て，これまでにあったことを振り返りましょう。

子どもたちがこれまでの出来事を振り返るためには，写真を提示するのが効果的である。運動会や学習発表会などで使用した音楽をつけて，ムービーを作ると思い出しやすい。行事だけでなく，休み時間や放課後などの写真も入れると，幅広く思い出すことができるようになる。

❷これまでのことを思い出す

今日は，これまでに「心が動いたこと」を振り返りたいと思います。ノートに書きましょう。キーワードなども書きたすと分かりやすいですね。

私は運動会の練習が一番の思い出。

一番心が動いたのは，弟が産まれたことかな。

ノートにマインドマップを書きながら，「心が動いたこと」を思い出させる。例えば，「運動会のダンス」であれば，「はっぴ」「腰を低く」「目線」などと，思い出した出来事を書く時に，その出来事に関連するキーワードを書きたすと，後々の詩を作る時のヒントになるので，できるだけ書かせるとよい。

| 本時の目標 | ・経験したことなどから詩に書く題材を選び，表現したいことを明確にすることができる。 | 本時の評価 | ・経験したことなどから詩に書く題材を選び，表現したいことを明確にしている。 |

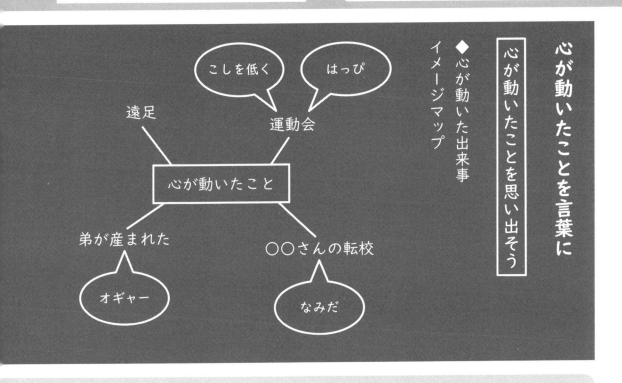

❸思い出したことを交流する

それではみんなで交流しましょう。「私もそうだな」と思ったものがあれば，自分のノートに書きたしましょう。

○○さんの言う通り，遠足は心が動かされたな。

　思い出したことを，全体で共有する。友達の発表を聞いて，さらに思い出すことも多いので，「友達の発表から共感できるものがあれば，書き加えること」などと伝えるとよい。発表する時に，「どんな風に心が動いたの？」と問い返すことで，よりイメージをふくらませることができる。

❹心が動いた出来事ベスト３を決める

それでは，ノートに書いたものから，自分の心が動いた出来事ベスト３を選びましょう。

　最後に，心が動いた出来事ベスト３を決める。次時に，その三つのうちから詩を創作するものを選ばせる。詩を書く時に，書きやすい出来事と書きにくい出来事があるので，三つ選ぶことで詩を作りやすくすることができる。

3/7時間　心が動いたことを言葉に

準備物：原稿用紙

●作文を書く

本単元では，心が動いたことを詩に書き表します。詩にするためには，出来事をくわしく思い出すことと，その時の様子や心情を言葉にしなくてはいけません。「さあ，詩を書こう！」と伝えたところで，子どもたちにとって豊かな言葉を見付けることは，とても難しいことです。そこで，その出来事の作文を書きます。作文を書くことで，子どもたちはその出来事を時系列に思い出し，出来事の様子やその時の心情を言葉に書き表すことができます。詩を作る時には，その作文の中の言葉をつなぎ合わせて作ります。また，詩を作る時には，五感で感じたことを使うとよい詩になります。そのために，作文を書く前に，五感を意識したイメージマップを書くことが有効です。

◆作文を書こう

❶詩を書くテーマを決める

前時に，心が動いた出来事ベスト3を決めましたね。今日は，詩を書くために，その中から一つを選びましょう。

ぼくは弟が産まれたことを詩に書こう。

前時には，心が動いた出来事ベスト3を決めている。その中から，詩にするものを一つ選ばせる。しっかりと思い出せるもの，自分が体験したこと，五感を使って振り返ることができることなどを中心に選ばせると，詩を書きやすくなる。

❷本時の学習内容を確認する

詩を書く前に，出来事をしっかりと思い出してもらいます。まずは，五感を使って，イメージマップを書きながら思い出します。その後に，400字程度の作文を書いてもらいます。

本時の学習内容を伝える。本時では，まず五感を使ってイメージマップを書きながら出来事を振り返る。その後に，400字程度の作文を書くことを伝える。

本時の目標	・心が動いた出来事を思い出し，作文を書くことができる。	本時の評価	・心が動いた出来事を思い出し，作文を書いている。

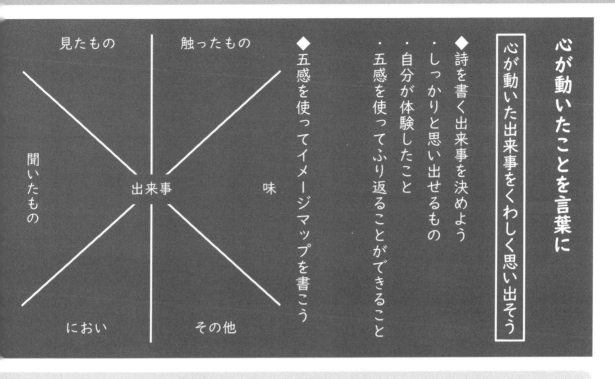

❸五感を使ったイメージマップを書く

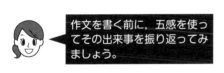

　五感を使ってイメージマップを書く。イメージマップには，見たもの・聞いたもの・触ったもの・味・におい・その他の六つのエリアを用意し，それぞれ思い出したことを書き加えていく。聞いたものは「ちゃぷちゃぷ」などの擬音で表したり，においや見たものなどは，「○○みたい」などと比喩を使って書かせておくと，詩を書きやすくなる。

❹作文を書く

　最後に，作文を書かせる。作文を書くことで，その出来事を時系列で整理することができ，次時に詩を書く時に，自分がどの場面を中心に書き表すか決めやすくなる。しかし，子どもたちが作文を書くことが難しい場合は，作文を書かずに，イメージマップから詩を創作することもできる。子どもたちの状況に応じて柔軟に対応することができる。

第3時　225

4/7時間 心が動いたことを言葉に

準備物：なし

●まずは「書けた！」という達成感を

初めから表現技法を使ったり，言葉の吟味をしたりする活動を入れてしまうと，子どもたちは「詩は難しい」というイメージをもちます。「詩は自由で楽しいものだ」と感じさせるには，まず「書けた！」達成感を味わうことが必要です。本時では，前時に書いた言葉をつなげるだけで完成とします。これなら，子どもたちはあっと言う間に完成させることができます。簡単に完成させてしまうと，子どもたちに「もうちょっとよくしたいな」という気持ちが芽生えてきます。このタイミングで，言葉の並び替えや書き加え・書き直しの試行錯誤の方法を伝えます。すると子どもたちは，よりよくすることを楽しみ始めます。スモールステップを心がけ，楽しい詩の学習を進めていきましょう。

> 子どもが書いた詩を掲示する。

❶作文の中から使いたいことを選ぶ

前時に，心が動いた出来事のイメージマップと作文と書きました。作文を読み返し，詩に使いたいと思う言葉に線を引きましょう。

私が見た景色も詩に使いたいな。

感情を表す言葉は使いたくないなぁ。

本時では「詩が作れた」という達成感が大切だ。質は問わない。そこで，前時に書いた心が動いた出来事の作文とイメージマップの中から，使えそうな言葉を見付けさせる。その言葉をつなぐことで詩を作ることができる。子どもたちが，「これなら詩を書くことができそう」という思いをもてるものにしたい。

❷詩の構成について確認する

教科書のp.118の「マラソン大会」という詩を見てみましょう。この詩は，2連の詩です。1連目にはマラソン大会でしんどい時のこと，2連目にはマラソン大会でがんばろうとする気持ちを書いています。詩は，題名と文で構成しています。行がいくつか集まると，連になります。

教科書p.118の「マラソン大会」という詩を一緒に読みながら，下のような詩の構成について確認する。

- 詩は，題名と短い文で構成されている
- いくつかの文のまとまりを連という
- 詩には，その詩を伝えている話者が設定される
- 連を工夫することで，話者の心情を表現できる

| 本時の目標 | ・前時に書いた作文を参考にしながら，詩を書くことができる。 | 本時の評価 | ・前時に書いた作文を参考にしながら，詩を書いている。 |

心が動いたことを言葉に

作文を参考にして詩を書こう

◆作文から使いたい言葉を見つけよう
・ひゆ表現
・擬音語
・イメージマップの言葉

◆詩の構成
・題名
・連の数
・連の内容
・行の数

◆詩を書こう

＊p.118「マラソン大会」の詩

❸詩の構成について考える

連の数，行の数，どんな詩にしたいかを考えましょう。

ぼくは，3連の詩にしよう。1連目は〇〇の時，2連目は……

詩の構成について考える。特に，連を意識させる。「1連目には〇〇のこと」「2連目には△△のこと」などと各連に書き表したいことを決めておくと，詩を書きやすくなる。

❹詩を書く

それでは詩を書きましょう。

作文の言葉をつなぎ合わせると詩が完成することを伝え，詩を書かせる。次時に工夫をさせるため，本時では簡単でもいいので詩を書かせる。完成したら，題名を考える。詩が完成すると，多くの子どもたちには，さらによくしたい気持ちが芽生える。次時に工夫を考えることを伝え，次時への意欲につなげたい。

第4時　227

5/7時間 心が動いたことを言葉に

準備物：なし

●声に出すことで分かること

　個人で何度も見返して，試行錯誤をした作品でも声に出して読むことで分かることがあります。例えば，言葉の響きやリズムは，声に出して音読するのと，頭の中でイメージするのとではズレを感じることがあります。そのズレから新たなイメージやフレーズが生まれることもあるでしょう。しかし，個人作業している中では，なかなか声を出して読み返すことはできません。そこで，教師が「声に出して読み返す場面」を設定するとよいでしょう。全員を起立させ，できたところまでを声に出して何度も読ませます。響きを確認することもできますし，声を出すことで体や頭もリセットでき，集中力も高まります。作品の完成に近付いたら，①思いが伝わるか，②表現技法が使えているかなど，観点を明確にして読み返すと見直しの効果も高まります。

◆最後のチェック！
① 思いが伝わるか
② 表現技法が使えているか

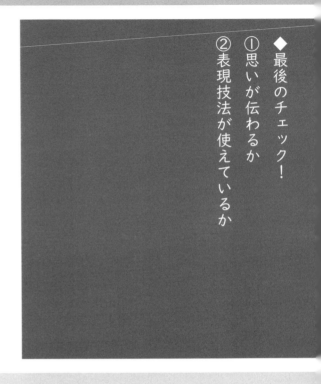

❶ 自分の書いた詩を確認する

前時に詩を書きましたね。今日は，詩の表現技法を活用して，よりよくしていきます。前時に書いた詩を，音読しましょう。

私は，運動会の時の心が動いたことを詩にしたんだ。

　前時に書いた詩を振り返り，本時では詩の技法を活用して，よりよい詩を完成させることを子どもたちと共有する。まずは，自分が書いた詩を音読する。1人で音読させてもよいし，ペアで読み合ってもよい。音読することで，リズム感などを感じることができ，修正するポイントを見付けることができる。

❷ 詩の技法を使って修正する

単元の1時間目に，詩の技法を学習しました。それを使って，詩をよりよく工夫しましょう。

ぼくは，連と連の対句を使って表現しよう。

　単元の1時間目に学習した詩の表現技法を確認する。その後，その表現技法を活用して，詩を修正する。「これらのうち，二つ以上使いましょう」などときまりと作ってもよい。対句や反復法などは，連など詩の全体を使って工夫することになるので難しい。擬音や比喩など，子どもたちになじみ深いものから使わせるとよい。

本時の目標	・詩の技法を活用して，詩をよりよく工夫することができる。	本時の評価	・詩の技法を活用して，詩をよりよく工夫している。

心が動いたことを言葉に　表現技法を使って詩を完成させよう

◆詩の表現技法
- ぎ音
- よびかけ
- 体言止め
- 反復法
- とう置法
- 直ゆ
- 暗ゆ
- ぎ人法
- しょうりゃく法
- 対句法

❸修正した詩を音読する

それでは，作った詩を音読しましょう。音読することで気付くこともあります。気がついたことがあれば，修正してよりよい詩を完成させましょう。

音読してみると，リズムが悪いなぁ。言葉を変えてみようかな。

　詩の表現技法を使って手直しした詩を音読させる。何度も何度も音読することで，違和感や自分の思いと違うところに気付くことがある。気付いたところは修正させる。完成に近付いてきたら，①思いが伝わるか，②表現技法が使えているかの観点に沿って読み返す。

❹詩を完成させる

それでは，完成した詩をノートに記録しておきましょう。

　最後に，完成した詩をノートに記録させておく。次時に清書をするので，本時では記録としての記載だけでよい。時間に余裕があるなら，班やペアで音読を聞き合ってもよい。アドバイスをもらってさらに工夫することができる。

第5時　229

心が動いたことを言葉に

6/7時間

準備物：黒板掲示用資料，画用紙（八つ切り），色鉛筆

●詩に合った絵を描く

本時では，詩の清書をします。清書は，時間をかけて丁寧な字できれいに書くようにしましょう。次に，その詩に合った絵を描きます。今回の詩は，「心が動いたこと」がテーマです。詩で伝えたい自分の心に合う絵を描くことで，よりよい作品になります。また，完成した作品は，よい掲示物になります。教室の後ろなどに掲示し，参観などに来る保護者にも見てもらうことができます。子どもたちそれぞれの心が動いたことを，保護者と共有することは，とても大切なことです。

●見本を見せる

子どもたちに清書をさせる前に，他のクラスの子の作品や昨年度の子の作品，教師が作った作品を提示すると，子どもたちはイメージをもって取り組みやすくなります。

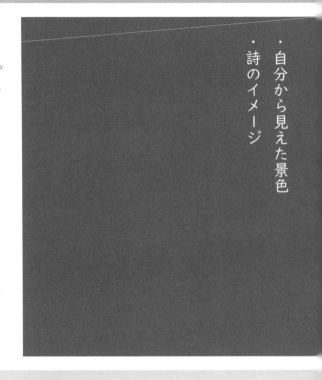

・自分から見えた景色
・詩のイメージ

❶完成した詩を音読する

前時は詩を完成させましたね。今日は，詩を清書します。画用紙に詩を書き，絵を描いて完成させます。まずは，自分が作った詩を音読しましょう。

まず，前時に完成させた詩を音読させる。何度も音読させておくと言葉を覚えるので，清書の時のミスが減る。1人で音読させたり，ペアで聞き合ったりしながら，何度も音読させたい。また，他のクラスの子の作品や教師が作った作品を提示するとイメージをもたせやすい。

❷清書する

それでは，画用紙に清書をします。ゆっくりと丁寧に書きましょう。

最後だから，ゆっくりときれいに書こう。

次に清書をさせる。紙は八つ切り画用紙ぐらいの大きさがちょうどよい。その後に絵を描くので，絵を描くスペースを確保することを伝える。清書は，静かに落ち着いてさせたい。学級の雰囲気次第では，適当に書いてしまう子が出てくる。緊張感をもって書かせる場とする。

本時の目標	・自分が作った詩を清書し、詩に合った絵を描くことができる。	本時の評価	・自分が作った詩を清書し、詩に合った絵を描いている。

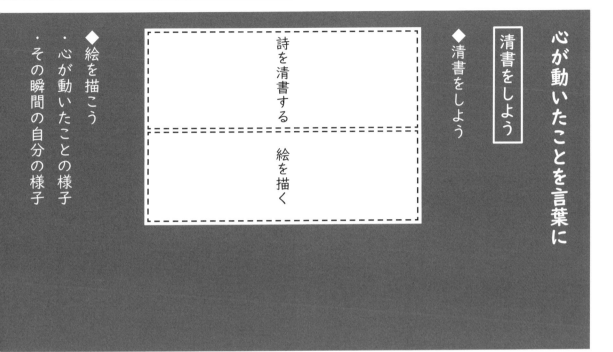

心が動いたことを言葉に

清書をしよう

◆清書をしよう

詩を清書する

絵を描く

◆絵を描こう
・心が動いたことの様子
・その瞬間の自分の様子

❸絵を描くために確認をする

詩の下に、詩に合わせた絵を描きます。どんな絵を描けばいいでしょうか？

心が動いたことの詩だから、一番心が動いた瞬間の絵かな。

心が動いた時に私の目に見えた景色かな。

　絵を描いて完成させるが、その前に、どのような絵を描くとよいか考えさせる。心が動いたことの様子を絵に書いてもいいし、その瞬間の自分を描いてもよいし、自分から見えた景色を描いてもよい。詩のイメージを抽象化したような絵でもよい。みんなで意見を交流することで、これから描く絵のイメージをもたせる場としたい。

❹詩に合う絵を描く

それでは、絵描いて、「心が動いた時の詩」を完成させましょう。

　最後に絵を描いて完成させる。色鉛筆などで色を塗らせる。最後まで丁寧に書くように声をかけたい。

第6時　231

心が動いたことを言葉に

7／7時間

準備物：タブレット，プロジェクターまたは電子黒板，付箋

● ICTを活用しよう

作品を交流する際はICTを上手に活用しましょう。全体交流では，おすすめされた作品の写真を撮りプロジェクターや電子黒板に提示すると，一度に全体で共有することが可能です。1人1台端末で，作品を写真に撮ったり，スライドを作成したりして交流することもできます。

●付箋を渡す時は一言添える

付箋を使うとたくさん交流をする楽しさが味わえますが，数を優先するあまりかかわりの質が下がることがあります。そこで，読んだ感想を付箋に書いて渡す時は書いたことをもとに一言添えるよう指導しましょう。「くり返しの工夫がよかったです」「○○の言葉がおもしろかったです」程度で構いません。わずかな時間ではありますが，大切なコミュニケーションの場面です。

◆単元をふり返ろう

❶めあてを確認する

今日は，完成した作品を読み合い，友達の工夫を見付けましょう。どんなところに注意して，交流したらいいでしょうか。

詩の表現技法に注意してみたいな。

めあてを確認した後，本時の流れを説明する。感想は，いくつかの観点を示し，その中から選んで書かせるとよい。詩の工夫については，詩の表現技法など，これまでの学習を振り返る。また，読み手としての心遣いについても確認しておきたい。

❷お互いに読み合い，感想を伝え合う

それでは，ペアで交流をします。感想を付箋に書いて渡しましょう。

心に残った言葉は△△です。○○さんに聞いてみたいんだけど……

ありがとう。その出来事はね……

ペアを作ってお互いの詩を読み合う。教室を移動しながら，自由に交流をさせる。読み終わったら付箋に感想を書いて渡す。その際は，必ず一言添えて渡すようにさせたい。また，「聞きたいことを伝えよう」とするとやりとりが生まれるので，より交流の質が高まる。

本時の目標	・詩を読み合い，観点に沿って感想を伝え合うことができる。	本時の評価	・詩を読み合い，観点に沿って感想を伝え合っている。

心が動いたことを言葉に

作った詩を交流しよう

◆詩を交流する観点
○思ったこと
○心にのこった言葉
○おもしろいと思ったところ
○まねしたいと思ったところ
○見つけた工夫
・表現技法
・言葉の順番
○聞いてみたいこと
・詩の内容について
・詩の作り方について

❸おすすめの作品を紹介し合う

おすすめの作品を紹介します。交流した中から，おすすめの作品の写真をタブレットで撮ってきてください。
おすすめの理由を教えてください。

ぼくは，○○さんの詩がおすすめです。理由は，連と連のつながりが……

後半は，全体で作品を鑑賞する。おすすめの作品とその理由について全体で共有する。❷の交流の中からおすすめの作品を一つ選び，タブレットで写真を撮る。撮った写真は，プロジェクターや電子黒板で提示して，選んだ理由などを交流する。

❹単元を振り返る

単元を振り返って，学んだことや感想を交流しましょう。

ノートに単元の振り返りや感想を書く。振り返りを書く時には，教科書p.119の「ふりかえろう」や「たいせつ」を子どもたちと一緒に読んでから書かせるとよい。

第7時 233

調べて分かったことを話そう

調べて話そう，生活調査隊

8時間

1 単元目標・評価

- 理由付けや発表の仕方など，伝え方を工夫しながら発表することができる。（知識及び技能(1)イ・オ・キ(2)ア）
- 調査するテーマや質問を話し合って決め，集めた結果をまとめて，考えたことを報告することができる。（思考力，判断力，表現力等 A(1)ア・イ・ウ(2)ア）
- 言葉がもつよさに気付くとともに，幅広く読書をし，国語を大切にして，思いや考えを伝え合おうとする。（学びに向かう力，人間性等）

知識・技能	理由付けや発表の仕方など，伝え方を工夫しながら発表している。（(1)イ・オ・キ(2)ア）
思考・判断・表現	「話すこと・聞くこと」において，調査するテーマや質問を話し合って決め，集めた結果をまとめて，考えたことを報告している。（A(1)ア・イ・ウ(2)ア）
主体的に学習に取り組む態度	調査や結果を熱心に話し合いながらまとめ，結果から考えたことを伝え合おうとしている。

2 単元のポイント

教材の特徴

　生活に関する疑問をグループで調査してクラス全体の場で発表する学習活動である。また，調査した結果を，資料を使って，分かったことや考えたことが伝わるように話すことも学習活動として示している。個人の調査活動ではなく，グループで調査することが特徴で，「書くこと」ではなく「話すこと・聞くこと」を活動の中心として，4年生教科書は位置付けている。

　学習活動の前半は，調べたいことを選ばせたり，回答を予想しながらアンケートを作ったり，アンケート結果を整理して発表する資料を作ったり，グループ発表に向けて協力しながら話し合って進めていくことが示されている。

　学習活動の後半は，調べたことをグループで発表することが示されている。クラス全体の場で発表する際の，伝えたいことが分かりやすいような発表原稿の例や，効果的な伝え方，資料の見せ方など，伝えたい相手を意識して工夫することが示されている。

　本単元は，相手を意識しながら活動することが大切である。

3 学習指導計画（全8時間）

次	時	目標	学習活動
一	1	・自分たちが知りたいことを広げ，学習の見通しをもち，自分が知りたいことややってみたいことをノートに書くことができる。	・生活調査隊として，どんなテーマがあるか，自分たちが知りたいことを広げていく。 ・テーマから，さらに聞いてみたいことを考える。 ・学習の流れから，学習の見通しをもち，自分が知りたいことややってみたいことをノートに書く。
	2	・テーマと調べたい質問を話し合って決め，どんな回答が出てくるか，予想を立てることができる。	・テーマと調べたい質問について話し合うことを確認する。 ・テーマと調べたい質問を話し合って決める。 ・三つの質問からどんな回答が出てくるか，話し合って予想を立てる。
	3	・教科書の見本から，アンケート，発表原稿，発表資料の工夫について考え，自分が大事だと思ったことを話し合い，ノートに書くことができる。	・見本から，アンケートの工夫について考える。 ・見本から，発表原稿の工夫について考える。 ・見本から，発表資料の工夫について考える。 ・自分が大事だと思ったことを話し合い，ノートに書く。
	4	・班で話し合いながら，交代でアンケートを作り，予想や調査しようとしたきっかけを話し合ってまとめることができる。	・アンケートを作る流れを押さえる。 ・話し合いながら，交代でアンケートを作る。 ・結果について班で話し合って予想し，記録する。 ・調査しようとしたきっかけを話し合って決める。
	5	・自分たちのアンケートを配付し，アンケート結果と予想を比べ，話し合い，発表で伝えたいこととしてまとめることができる。	・自分たちのアンケートを配付する。 ・他の班のアンケートに回答する。 ・返ってきたアンケートをまとめ，結果を出す。 ・結果と予想を比べ，話し合ったことから発表で伝えたいことをまとめる。 ・発表の資料を作る準備をする。
	6	・発表資料を作り，発表の練習をすることができる。	・発表資料を作る役割と流れを確認する。 ・発表資料を作る。 ・発表の練習をする。
	7	・相手に伝わるよう考えながら，調査したことを発表することができる。	・相手に伝わるように発表の練習をする。 ・調査したことを発表する。 ・伝わったことから，質問や感想を返す。 ・よかった発表の仕方を振り返る。
	8	・調査したことの発表から，それぞれの発表の内容や学習について振り返り，思ったことを話し合うことができる。	・相手に伝わるように発表の練習をする。 ・調査したことを発表し，質問や感想を返す。 ・それぞれの発表の内容について振り返る。 ・学習を振り返り，思ったことを話し合う。

単元について　235

調べて話そう，生活調査隊

準備物：黒板掲示用資料

● 何を知りたいのか，3観点から広げよう

「家のこと」「学校のこと」の2観点から，自分の生活を思い出させ，他の子がどう違うのか，知りたいことをクラス全体の場でどんどん出し合わせていきましょう。また，「その他」のことからも，自分が知りたいことをどんどん出させましょう。どんな種類の質問があるのかも，簡単に触れておくと，次回の学習につながります。

● 知りたいことやってみたいことを書こう

今回の学習は，班で話し合う活動が中心です。班のメンバーとどんな活動をやってみたいのか，ノートに書かせましょう。また，集団でやる活動なので，個人の思いがすべて通るわけではありません。自主学習なども活用させ，集団と個人を使い分けさせながら活動させていきましょう。

◇ 学習の流れから考えよう
調べて話そう、生活調査隊

知りたいことやってみたいことをノートに書こう

- 調べたいことを広げよう
- 知りたいことをまとめよう
- アンケートを作ろう
- アンケートを取って結果を整理しよう
- 発表する資料を作ろう
- アンケート結果を発表しよう
- 感じたことを伝え合おう
- 学習をふり返ろう

❶ 調べたいことを広げる

イマドキの4年生がどんな生活を送っているのか，みんなは調査員として活動します。「家のこと」で，調べたいことは何でしょうか？

朝ごはんは，パンかごはんか知りたいです。

なるほど。他にも，「家のこと」で，調べたいことはありますか？

今回の単元「調べて話そう，生活調査隊」として，今回の学習では「家のこと」「学校のこと」「その他」の観点から，知りたい，調べたいことについてテーマをどんどん広げさせていく。まずは，様々なテーマを出させることがねらいなので，同じテーマについては，次回以降，班で話し合いながら考えていくことを伝える。また，様々な質問の仕方があることにも触れる。

❷ さらに聞きたいことを話し合う

いっぱい出てきましたね。じゃあ，次は，一つのテーマで，さらに詳しく聞いてみたいことを隣の人と話し合いましょう。

朝ごはんのことなら，いつも同じかどうか，知りたいな。

話し合えましたか？また時間を取るので，他のテーマでも考えてみましょう。

たくさんのテーマが出てきたら，その中で一つのテーマを仮に選ばせ，さらに詳しくどんなことが質問できるのか，隣の子と話し合わせる。

話し合わせた後，クラス全体で確認し，どのテーマでどんな質問ができるのか，一つのテーマでどのくらいたくさんの質問を作ることができるのか，共有し，これからの活動の見通しをもたせる。

本時の目標	本時の評価
・自分たちが知りたいことを広げ，学習の見通しをもち，自分が知りたいことややってみたいことをノートに書くことができる。	・自分たちが知りたいことを広げ，学習の見通しをもち，自分が知りたいことややってみたいことをノートに書いている。

調べて話そう，生活調査隊

学習の流れを知り，調べたいことを広げよう

◇イマドキの小学四年生の生活を調査！
調べたいこと

家のこと
① 朝ごはんはパンか，ごはんか？
② いつも何時に起きているか？
③ 夕食は，何時から食べるのか？
④ 一番好きな夕食のメニューは？
⑤ シャンプーの種類は？
⑥ 兄弟はいるのかどうか？
⑦ ペットを飼っているかどうか？
⑧ おこづかいはもらっているのか？

学校のこと
① 好きな教科は？
② 休み時間，何してる？
③ 一番好きな給食のメニューは？
④ 図書室で一番おすすめの本は？
⑤ クラスで一番好きな夕食のメニューは？
⑥ 体育をするのは，体育館と運動場，どっちが好きか？
⑦ 国語と算数，どっちの学習が好きか？
⑧ クラスで一番の思い出は何か？

その他
① 好きなキャラクターは何か？
② はやっている外遊びは何か？
③ 一人で料理をしたことがあるのかどうか？
④ 旅行に行ってみたい場所はどこか？
⑤ 夏休みと冬休み，どっちが好きか？
⑥ 好きな食べ物は？
⑦ 好きなテレビ番組は？
⑧ 好きなものは最初に食べるか？最後まで残しておくか？

◇さらに聞いてみたいこと
となりの人と考えよう

❸ 学習の流れを確認する

今回の学習では，こんな流れで，考えていきますよ。教科書の流れも参考にしましょう。

へぇ～。アンケートも作るんだ～。

次回の学習で，班で一つテーマを決めて話し合いながら進めていきますよ。

今回の単元の進め方を教科書をもとに学習カードを順番に並べながら確認する。特に，「班活動であること」「テーマを決めて三つの質問のアンケートを作ること」「アンケート結果を発表すること」を必ず伝え，活動の見通しをもたせる。活動の見通しとともに，自分が知りたいことややってみたいことを考えさせながら確認させる。

❹ 自分がしたいことをノートに書く

さあ，どんなことをやってみたいですか？ 知りたいこと，やってみたいことをノートに書きましょう。

ぼくは，アンケートや資料作りをがんばりたいな。

班のテーマが違うものになったら，ぜひ自主学習でもがんばってほしいです。

最後に，今回の学習をもとに，自分が知りたいことやこれからやってみたいことをノートに書かせる。子どもたちの学びに向かう姿勢を重視しながら，この後，班での話し合い活動になるので，自分が調べたいテーマが班での活動になるとは限らないことも伝える。そして，その場合，自主学習など，個人での調査活動もすすめ，意欲をもって，次回の活動に向かわせていく。

調べて話そう，生活調査隊

2/8時間

準備物：黒板掲示用資料

●教師の見本をもとに話し合おう

　今回の学習では，調べたいテーマを決め，どんな質問がしたいかを考えさせていきます。話し合いがしっかりと進むよう，何を考えるのか，教師が見本を見せましょう。また，この質問では，多くの人が回答できないようになってしまっているといった悪い見本を示すことも，時には大事です。

●回答を予想させながら質問を考えよう

　前回の学習をもとに，質問の仕方について，話し合う前に示しておきます。そのうえで，自分たちの質問に，小学４年生が回答しやすいかどうか考えさせながら，質問を決めさせていきましょう。また，どんな回答が出てくるのか予想させながら，アンケートの取り方についても考えさせておきましょう。

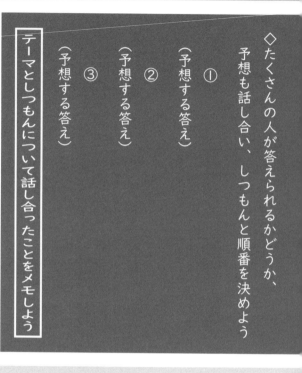

◇たくさんの人が答えられるかどうか，予想も話し合い，しつもんと順番を決めよう
① （予想する答え）
② （予想する答え）
③ （予想する答え）

テーマとしつもんについて話し合ったことをメモしよう

❶テーマと質問を決める見本を見る

今日は，班でテーマと質問を決めます。まず，先生の見本を見ましょう。先生は，「将来の夢」をテーマにこんな質問を考えました。

ふーん。なるほどね。

ただ，この質問だと，将来の夢がない人が，その後の質問に答えられません。たくさんの人が参加できる質問にしましょう。

　今回の学習では，班での話し合い活動の中で，調べたいテーマを決め，三つの質問を考えさせていく。話し合いがうまくいくよう，まずは教師の見本をもとに学習の見通しをもたせていく。

　その際，教師の示した板書の質問では，１問目で「いいえ」を示した子たちが，２問目，３問目と回答できない質問になっているので，悪い見本であることも示しておく。

❷テーマを何にするか決める

前回書いたものをもとにして，まず，どんなテーマにするか，班で話し合いましょう。

どうしても一つにまとまらない場合は，自主学習も使って調べていきましょう。
みんなで考えたいのはどれでしょう？

　前回の学習でそれぞれのノートに書いた調べたいことをもとに，班で調べていきたいテーマを話し合わせていく。どうしても一つにまとまらない場合には，その後の三つの質問も考えさせながら決定させ，それでも一つにまとまらない場合には，自主学習での個人学習で調査していくこともすすめていく。話し合い活動が中心なので，個人の決定だけですべてが進まないことも示しておく。

本時の目標	・テーマと調べたい質問を話し合って決め，どんな回答が出てくるか，予想を立てることができる。	本時の評価	・テーマと調べたい質問を話し合って決め，どんな回答が出てくるか，予想を立てている。

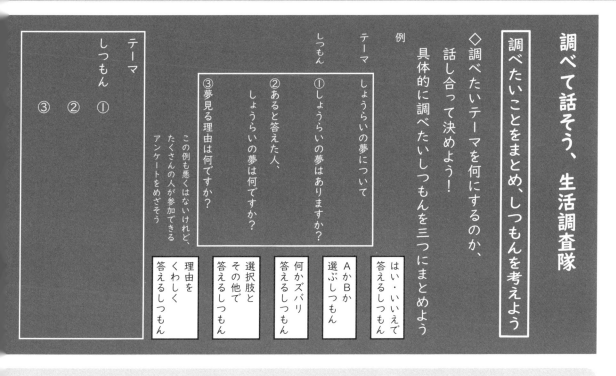

❸三つの質問を話し合いから考える

テーマが決まったら，次は質問を考えます。色々な質問の仕方がありますよ。たくさんの人が答えられるのはどれでしょう？

何か答える質問はみんな答えられます。

確かに。でも，まとめる時に大変かもしれません。予想やまとめ方も考えながら，三つの質問を話し合って考えましょう。

　テーマが決まったら，テーマをもとに三つの質問を考えさせていく。様々な質問を考え，話し合うことができるよう，どんな質問ができるのかについては，選択肢をあらかじめ示しておく。
　単元の最後に発表させるので，発表につながるよう，三つの質問から，どんなことを調べ，そして，報告していくのか，予想やまとめ方も考えさせながら話し合わせていく。

❹質問の答えも話し合って予想する

質問が決まってきたら，クラスの子たちの答えも予想していきましょう。順番も考えていきましょうね。

どの順番がいいかなあ。

テーマと質問について，話し合ったことをノートにメモしていきましょう。

　それぞれの班の三つの質問が大体決まってきたら，いったん話し合いを止めて前を向かせ，次の指示をしていく。今度はその質問の回答を予想させながら，質問を出す順番も話し合いで決めさせていく。質問の内容や順番は，その後のアンケート作成や報告資料作成につながる活動なので，話し合いが途中であっても，話し合ったことをノートにメモさせておく。

③ 8時間 調べて話そう，生活調査隊

準備物：黒板掲示用資料

●教科書の見本を参考にしよう

　実際に活動させていく前に，教科書の見本を参考に，大事なところを押さえておきましょう。「アンケート」「発表原稿」「発表資料」の例を見せることで，最後は発表につなげるといった活動の見通しも見えてきます。教科書の見本をもとに，もう一度話し合わせ，自分たちの調査の計画を立て直しさせましょう。

●発表原稿は構成から押さえよう

　特に，「初め」に問いを入れること，「中」に予想と比べてどうだったか伝えること，「終わり」にメッセージとして聞いている人に呼びかけを入れることなどは押さえ，これからの活動の中で，班で話し合って考えてもらうことを伝えておきましょう。

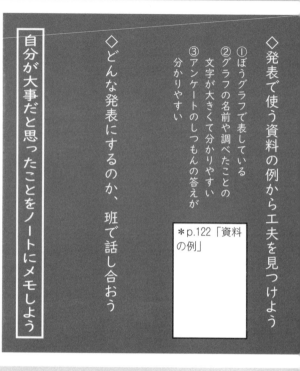

◇発表で使う資料の例から工夫を見つけよう
①ぼうグラフで表している
②グラフの名前や調べたことの文字が大きくて分かりやすい
③アンケートのしつもんの答えが分かりやすい

◇どんな発表にするのか，班で話し合おう

自分が大事だと思ったことをノートにメモしよう

＊p.122「資料の例」

❶アンケートの工夫を見付ける

今日は，教科書の例を見本に，アンケートと発表の仕方の工夫について考えていきます。まず，アンケートはどうですか？

記号に○を付けるようになっているところがいいです。

本当ですね！　まねしてもいいですね。他にも，工夫はありますか？　班で話し合いましょう。

　今回の学習では，教科書の見本をもとに，アンケートの作成と発表の仕方について工夫を見付けさせ，学習の見通しをもたせていく。まず，アンケートの工夫を見付ける活動として，気付いたことを発表させていく。クラス全体から，一つ見付けさせてから，それを見本に班で話し合わせていく。その後，全体で確認し，確認後に自分たちの班のアンケートについても少し話し合わせる。

❷構成ごとに発表原稿を確認する

次は，発表原稿を見ていきますよ。まず，「初め」のところには，何が書かれていますか？

紹介や問いが書かれています。

はい。みんなの班の調査では，どんな「初め」にしましょうか？　また，班で話し合っていきますよ。

　次は，発表原稿の見本から工夫を見付けさせる。発表原稿では，文章を「初め」「中」「終わり」に分けて，それぞれの部分に何が書かれているのか，確認する。特に，「初め」の「問い」や「アンケートを作ったきっかけ」，「中」の「予想通りかどうか」，「終わり」の「呼びかけ」に注目させ，これからの話し合いで考えていくことをここで示しておく。

240　調べて話そう，生活調査隊

| 本時の目標 | ・教科書の見本から，アンケート，発表原稿，発表資料の工夫について考え，自分が大事だと思ったことを話し合い，ノートに書くことができる。 | 本時の評価 | ・教科書の見本から，アンケート，発表原稿，発表資料の工夫について考え，自分が大事だと思ったことを話し合い，ノートに書いている。 |

調べて話そう、生活調査隊

アンケートと発表の方法を知ろう

◇アンケートの工夫を見つけよう

① 問い一・問い二としつもんが分かりやすい
② 調査の名前と作った班の名前が書いてある
③ 記号に○をつけるようになっている
④ その他で書くところがある
⑤ 最大三つまで書けるようになっている

＊p.121「放課後のすごし方についてのアンケート」

◇発表の例から工夫を見つけよう

初め
① 調査のしょうかい
② 問い
③ アンケートを作ったきっかけ

中
① 「まず」「次に」と順番が分かりやすい
② 「最も多い」「二番目と多い順にしょうかいしている
③ 「予想どおり」など、自分の考えを入れている

終わり
① まとめ
② 「〜してみませんか」と呼びかけている
③ 終わりの言葉を入れている

＊p.123「発表の例」

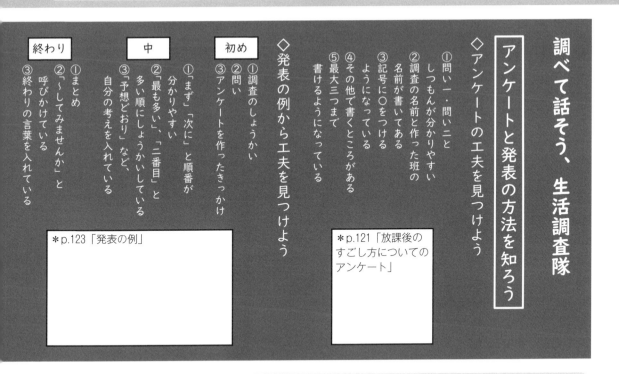

❸発表で使う資料を確認する

今度は，発表で使う資料です。どんな工夫がありますか？

棒グラフで表しています。

文字が大きくて分かりやすい。

教室全体から分かるように，紙いっぱいに大きな字で書きましょう。

その後，発表で使う資料の見本から工夫を見付けさせる。教科書の見本は一つしかないが，質問ごとに資料を作成することを示しておく。また，工夫として，文字が大きいことや分かりやすいことを押さえ，自分たちの班で作成する時には，何よりも見やすくて分かりやすいよう，大きな字で紙いっぱいに資料を作成することを必ず伝えておく。

❹どんな発表にするのか話し合う

さあ，どんなところが大事なのか，班で話し合います。
まずは，アンケートからどうぞ。

発表の資料についても話し合えましたね。それでは，自分が大事だと思ったことをノートに書きましょう。

「アンケート」「発表原稿」「発表資料」の工夫について，確認することができたら，最後に，自分たちの班がそれぞれを作成する際に，どのような工夫をするのか，項目ごとに班で話し合わせておく。次回の学習は，アンケートを作成する学習なので，アンケートの内容を修正する必要があるかどうかも，ここで話し合わせておくことが望ましい。

第3時 241

調べて話そう，生活調査隊

8時間

準備物：黒板掲示用資料，Ａ４サイズ程度の白紙（アンケートを書く用紙）

● アンケートは全員の力で作りあげよう

　本単元は，話し合いながら決めて作っていく活動です。だからこそ，アンケートは１人の力に任せず，話し合って内容を決めさせていきましょう。また，項目ごとに，書く子を交代させることで，何を書くのかについて，話し合いに合意が必要になってきます。話し合う時間と書く時間を分け，話し合う時間を十分に確保しましょう。

● 調査しようと思ったきっかけを話し合おう

　教科書の「放課後のすごし方」を見本に，教科書とは別に，どんなきっかけが思い付くか，クラス全体の場で考えを出し合わせましょう。そして，出てきた考えを参考に，自分たちのテーマを決めるきっかけについて，話し合って決めさせていきましょう。

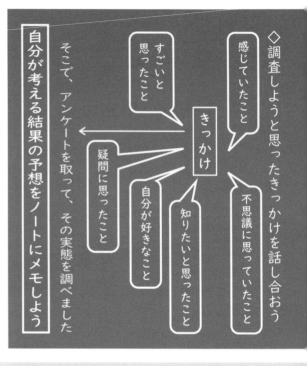

❶ 交代で活動する流れを確認する

「今日は，実際に話し合いながらアンケートを作っていきますよ。こんな流れで作っていきます。」

「話し合って，作っていくんだ。」

「１人が全部書くのではなく，話し合ってから，班の全員が交代で作っていきますよ。」

　今回の学習では，話し合いながらアンケートを作成させていく。アンケート作成を「題名」から「終わりの言葉」まで，五つの項目に分け，誰がどの部分を書くのか，役割分担させる。１人でアンケートを作成した方が簡単な作業ではあるが，今回の学習は話し合いが中心の活動なので，作成前に班で話し合わせ，決定したことをアンケートに交代で書かせる。

❷ 質問ごとに話し合う

「まずは，題名と名前です。３分ごとにアンケートを書くよう声かけします。何か質問はありますか？」

「すぐに決まったら書いてもいいですか？」

「話し合いですぐに決まったら，次の話し合いを先にしましょうね。それでは，題名を話し合いましょう。」

　流れを示したら，話し合いの時間としてそれぞれ３分程度の時間を設定することを告げる。個人の意見だけでなく，話し合いで全員の合意を図ることがねらいだからである。すぐに合意が取れた場合には，次の項目の話し合いを先に進めさせておく。どんどん決まっていく班については，最後の「調査のきっかけ」について，教科書を見本に，話し合う時間をたくさん取らせていく。

本時の目標	本時の評価
・班で話し合いながら，交代でアンケートを作り，予想や調査しようとしたきっかけを話し合ってまとめることができる。	・班で話し合いながら，交代でアンケートを作り，予想や調査しようとしたきっかけを話し合ってまとめている。

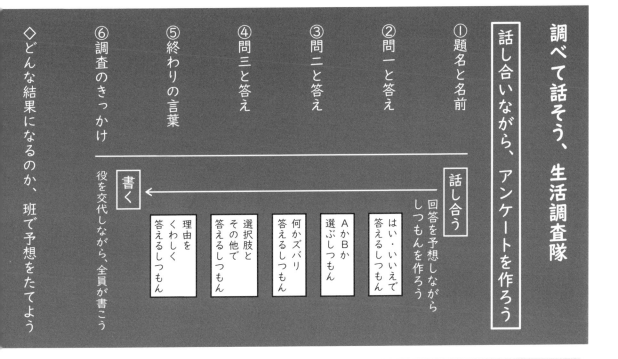

❸ 結果を予想し，アンケートを完成する

 アンケートができましたね。どんな結果になるのか，もう一度班で予想をたてて記録しておきましょう。

 予想を記録したら，アンケートを先生に提出しましょう。どんな結果が出るか楽しみですね。

　アンケート用紙が完成したら，自分たちの考えた三つの質問が，それぞれどんな結果になるのか，もう一度班で話し合わせ，結果の予想をノートに記録させておく。そうすることで，アンケートの結果が出た際に，自分たちの予想と同じなのかどうか確認することができ，それも踏まえながら報告につなげることができるからである。発表をゴールにアンケートを取らせていく。

❹ 調査のきっかけを話し合う

 アンケートを取る前に，どうしてこの調査にしたのですか？どんなきっかけが考えられますか？

みんなどうしてるのか，不思議に思ったから。

 教科書の発表原稿ももとにして，調査のきっかけは何か話し合いましょうね。

　アンケートを取る前に，調査のきっかけについてもそれぞれの班で話し合わせ，決めさせておきたい。参考になるよう，教科書の「放課後のすごし方」を見本に，そのテーマを決めたきっかけをクラス全体で考え，たくさんの意見を出させていく。それをもとに，自分たちの班の調査テーマについても，アンケートを取るきっかけを考えさせていく。

調べて話そう，生活調査隊

8時間

準備物：黒板掲示用資料，前時のアンケート用紙をクラスの人数分印刷したもの，A3程度の白紙（アンケート集計用）

●仕事を役割分担しよう

今回の学習では，自分たちが作ったアンケートを配り，他のアンケートに回答し，返ってきたアンケートの結果をまとめていく活動です。前半と後半に仕事を分けて活動させていきましょう。また，個人で調査したアンケートもこの機会に配付させ，自主学習などで発揮させていきましょう。

●結果から考えたことを話し合おう

アンケートで出てきた結果が，自分たちの予想と同じだったかどうか，確認させて話し合わせましょう。その後，話し合ったことから，クラスの仲間たちに伝えたいことを考えさせましょう。そして，呼びかける文末表現の例を教師が示し，伝えたいことが発表につながる言葉になるよう話し合わせましょう。

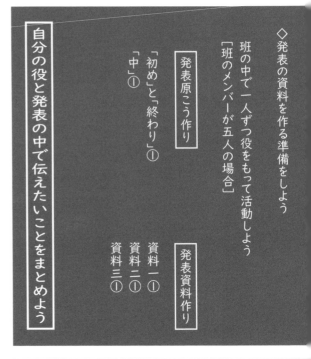

◇発表の資料を作る準備をしよう

班の中で一人ずつ役をもって活動しよう
[班のメンバーが五人の場合]

発表原こう作り
「初め」と「終わり」①
「中」①

発表資料作り
資料一①
資料二①
資料三①

自分の役と発表の中で伝えたいことをまとめよう

❶分担して活動する流れを確認する

今日は，他の班のアンケートに答えながら自分の班のアンケートをまとめていきますよ。こんな流れです。

前半と後半に分かれるんだ。

自分の自主学習用のアンケートがある人は，後半仕事の人になりましょう。

今回の学習では，前回の学習で完成させたアンケートを他の班に配って回答してもらう。そして，返ってきたアンケートから結果をまとめ，話し合わせていく。まず，班のメンバーが「前半の仕事」と「後半の仕事」に分かれて仕事をすることを示し，その活動内容について流れを示しておく。また，結果が出たら，予想と比べさせたり伝えたいことを考えさせたりする流れも示す。

❷分担しながら活動する

前半，後半，仕事が決まったかな。それでは，活動を始めましょう。

前半仕事の人
集計用紙を作る

後半仕事の人
アンケートを配る

アンケートを配ったら，どんどん他の班のアンケートに答えて渡していきましょうね。

役割分担が決まったら，それぞれ活動させていく。自主学習用として，個人調査のアンケートを作っている子についてもこの機会に配らせ，回答してもらう。

集計用紙の作成については，白紙を用意し，前半の仕事の子たちで話し合わせて自由に作成させていく。アンケートを配り終わった子たちは，他の班のアンケートに答えていく。

| 本時の目標 | ・自分たちのアンケートを配付し，アンケート結果と予想を比べ，話し合い，発表で伝えたいこととしてまとめることができる。 | 本時の評価 | ・自分たちのアンケートを配付し，アンケート結果と予想を比べ，話し合い，発表で伝えたいこととしてまとめている。 |

調べて話そう、生活調査隊

アンケートを取って、結果を整理しよう

	前半仕事の人	後半仕事の人
前半	①アンケート集計用紙を作る ②しつもんごとにアンケートを集計する	①自分の班のアンケートを他の班に配る ②他の班のアンケートに答える
後半	①他の班のアンケートに答える	①前半のアンケートの集計を確認する ②残りのアンケートをまとめる
結果が出たら	①アンケートで出てきた結果を予想していた結果とくらべて話し合う ②話し合ったことから、伝えたいことを考えてまとめる	

◇まとめた伝えたいことから、発表を聞いてくれる人たちに呼びかける文を考えよう
「─してみませんか。」「─は、いかがでしょうか。」「─してみましょうか。」など

---

❸ 結果から呼びかける文を考える

さあ，結果はどうでしたか？ 予想と同じかどうか，班で話し合いましょう。

発表の時に伝えたいことを考えて，呼びかける文になるよう，話し合ってまとめていきましょう。

　アンケートの結果が出たら，その結果が自分たちの予想と比べて同じだったかどうか確認させる。比べた結果，自分たちはどう考えたのか，話し合わせたりクラスのみんなに伝えたいことは何かを考えさせる。そして，発表に向け，聞いてくれる人たちに呼びかける文を考えさせる。呼びかける文の文末表現については，教師の方から例を示し，考えさせる。

❹ 発表の資料を作る仕事の分担をする

次回は，発表原稿と資料を作ります。こんな仕事がありますよ。

私は，発表資料を作りたいな。

班の全員が役割をもって仕事ができるよう，話し合って役を決めましょうね。

　最後に，次回の学習である発表資料の作成に向けて，資料を作る役割分担をさせておく。班の中で，全員が役割をもって活動できるよう，班の人数が5人の場合の例を示し，誰がどの役をするのか話し合わせ，決めさせておく。役が決まったら，次回の学習に向け，自分のする仕事はどんなことが大事なのか，伝えたいことをメモさせておく。

第5時　245

6 8時間 調べて話そう，生活調査隊

準備物：黒板掲示用資料，前時のアンケート結果，原稿用紙（発表原稿用），マスの入った模造紙（発表資料用）

●役割と流れの確認，完成後の指示も伝えよう

それぞれの役割で大事なことを教師から示しましょう。活動の流れとともに，完成後の流れも示したりしましょう。他の班の進捗状況が分かるようにしておくと，刺激になって活動が活発になります。子どもたちが集中して活動できるよう，場を設定しておきましょう。

●スモールステップを示し，発表練習をしよう

今回の学習では，4観点を示しました。一つずつ順番に観点を示し，それぞれ短時間で打ち合わせさせていきましょう。また，最後の「伝え方の工夫」についても様々な観点があるので，発表で何を1番伝えたいのか考えさせながら，一つずつ工夫が入るよう短時間で何度も練習させていきましょう。

発表に向けて，自分が工夫したいことを書こう

◇発表の練習をしよう
□だれが，どの部分を話すかを決めよう
□それぞれの立ち位置を決めよう
□資料を出すタイミングを確認しよう
□声の大きさや速さ，動作を入れるなど，伝え方に工夫を入れよう

---

❶役割と流れを確認する

今日は，前回決めた仕事に分かれて，発表の準備をしていきます。大事なことは，「伝えたいこと」と「分かりやすさ」です。

どんな風に書こうかな。

それぞれの仕事に分かれる前に，それぞれの仕事について，確認が必要だと思うことを話しましょう。

今回の学習では，発表に向け，それぞれ役をもって発表資料を作成させていく。「伝えたいこと」と「分かりやすさ」として，教師から簡単なポイントを示す。それをもとに，仕事に分かれる前に，それぞれの仕事について大事なことを話し合わせ，確認させておく。特に，発表資料作りについては，鉛筆で下書きさせ，仲間に確認させた後にペン入れをするよう指示する。

❷完成後の活動の流れを確認する

こんな流れで，それぞれ仕事をします。完成した班は，先生に教えてね。何か，質問はありますか？

発表の練習は，どこでやったらいいですか？

早くできた班は，1列の立ち位置を決めて，壁の方を向いて発表練習をしましょう。

それぞれの活動に分かれる前に，自分の資料が完成した後の流れについても示しておく。自分の担当が終わったら，仲間の作った資料を確認させていく。作成が活発になるよう，完成した班には印も付けさせ，発表の練習をするよう流れを示しておく。発表の練習は，メンバーが1列に並んで立ち位置を決めさせ，壁の方を向かせて練習させていく。

本時の目標	・発表資料を作り，発表の練習をすることができる。	本時の評価	・発表資料を作り，発表の練習をしている。

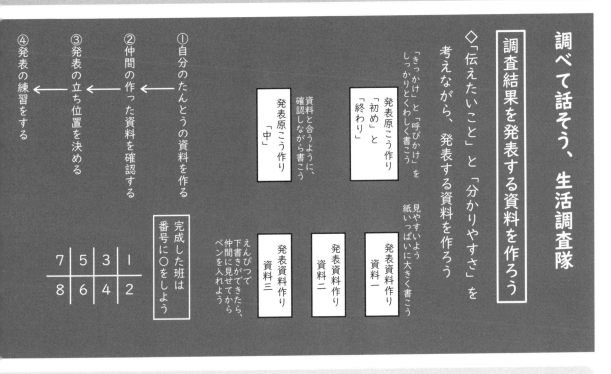

❸ 分担して発表資料を作る

それでは，発表資料を作っていきましょう。

発表資料を作っていく

机間指導する

棒グラフを作るのですね。もっと紙いっぱいに大きく書きましょう。

子どもたちに発表資料を作らせている際に，教師は机間指導を行う。特に，それぞれの班の発表資料が小さく書かれていないかどうか，早めに確認しておく。小さくまとまったものを見付けた際には，早い段階で大きく直すよう指示を入れていきたい。各班，発表資料は三つと決まっているので，それぞれ班の資料が軌道に乗っているかどうか，教師が簡単にメモしておくとよい。

❹ 班ごとに発表の練習をする

それでは，いったん手を止めましょう。
それぞれの用意がどこまでできているか班で確認してください。

班で確認をする

次回は，発表していきますよ。途中の班も誰がどの部分を話すのか，先に決めておきましょう。

発表資料ができあがってきたら，それぞれの活動の手をいったん止めて前を向かせ，次回の学習である発表に向けて，発表練習の流れを示して班ごとに確認する。役割と立ち位置，資料を出すタイミング，伝え方について，観点ごとに話し合わせながら練習させる。
発表についても，どの子も一度は発言できるように役割分担させておく。

調べて話そう，生活調査隊

7/8時間

準備物：黒板掲示用資料，前時までに作成した発表資料

● **発表前に，もう一度その場で練習しよう**

発表本番の時間も，いきなり発表させるのではなく，何度か練習させてから本番に臨ませましょう。前回示した伝え方の工夫だけでなく，「間」や「目線」など，教師が見本を見せながら，新たな工夫を提示し，その観点からも練習させましょう。

● **発表が好きになる交流をしよう**

1回限りの発表には，どうしても緊張が伴います。本番でがんばって発表した後に，悪いところを見付けられたり，答えきれない質問をされたりしたらどんな気持ちになるでしょうか。そこで，よかったところを見付けさせたり，答えきれない質問にはクラス全体で考えられたりするような場を設定しておきましょう。また，発表前に，発表への心の準備をさせる場の設定もとても大事です。

◇ 前半の発表をふり返ろう

発表が上手だった人が，何と言うか予想しよう

□ みんなの前で発表するとき，どんなことに気をつけていたか
□ 自分の考えが伝わるように，どんな話し方の工夫をしていたか

次の発表に向けて，自分が工夫したいことを考えよう

❶ 発表の観点を意識して練習する

今日は，とうとう発表していきます。相手に伝わるよう，二つのことを意識しましょう。発表前に，一斉に練習してみましょうか。

発表の練習をする

がんばっていますね。間や目線については，先生も見本を見せましょう。その後，もう1回練習してみましょう。

今回の学習から，自分たちが調査したことを発表させていく。いきなり発表をさせるのではなく，相手に伝わることを意識した発表する時の観点を示し，練習もさせておく。特に，間や目線については，教師が見本を示し，「問い」や「伝えたいこと」など，強調したいところに入れておくと効果的であることを示し，もう一度簡単な打ち合わせと練習をさせる。

❷ 発表と質問・感想の流れを知る

今日は，四つの班が発表します。発表の後，質問や感想を返しましょう。質問はありますか？

もし，質問に答えられなかったらどうしたらよいですか？

発表した人たちが答えられなかった質問は，その質問の答えをクラスみんなで考えていきましょう。

そして，発表する順番とともに，発表と質問・感想の流れを示しておく。45分ですべての班を発表させてしまうと間延びすることもあるので，今回は半分の班だけ発表させ，残りの班は次回に発表させることを示す。

発表した子どもたちが，損をした気持ちにならないよう，よかったところを見付けさせたり，答えきれない質問には，クラス全体で考えさせたりしていく。

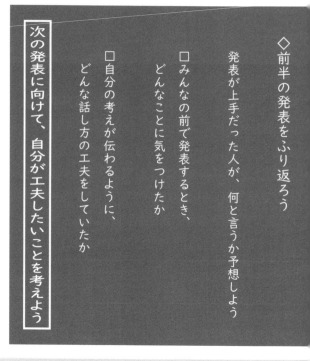

本時の目標	・相手に伝わるよう考えながら，調査したことを発表することができる。	本時の評価	・相手に伝わるよう考えながら，調査したことを発表している。

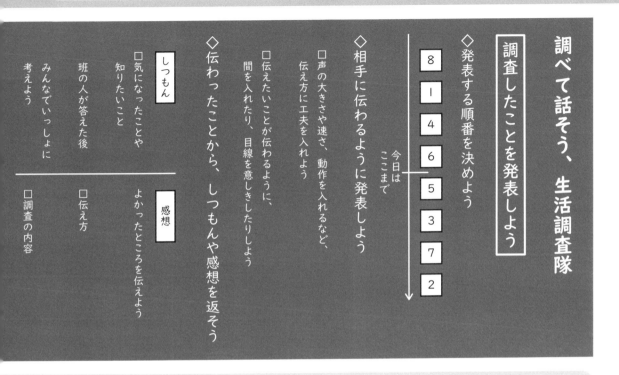

調べて話そう、生活調査隊

調査したことを発表しよう

◇発表する順番を決めよう
8 / 1 / 4 / 6 / 5 / 3 / 7 / 2
今日はここまで

◇相手に伝わるように発表しよう
□声の大きさや速さ、動作を入れるなど、伝え方に工夫を入れよう
□伝えたいことが伝わるように、間を入れたり、目線を意しきしたりしよう

◇伝わったことから、しつもんや感想を返そう

【しつもん】
□気になったことや知りたいこと
□班の人が答えた後みんなでいっしょに考えよう

【感想】
よかったところを伝えよう
□伝え方
□調査の内容

❸調査したことを発表する

それでは，最初の班は，発表する場所に立ちましょう。
次の班も予約の場所で待ちましょうね。
質問はありますか？

発表の位置につく

それでは，最初の発表です。どうぞ！

発表がスムーズに行えるよう，次に発表する班も予約の場所で待たせおく。そうすることで，子どもたちは，早い段階から発表する心の準備をするようになる。
発表が終わったら，質問や感想を出させていく。発表のよかったところを見付けた子を教師がほめ，よかったところを見付けられるように価値付けしておくとよい。

❹前半の発表から振り返る

今日の発表がすべて終わりました。どの子もがんばっていましたね。特に発表が上手だった人は誰ですか？

山田さんが上手かったです。

確かに。上手でしたね。
何を大事にして発表したのか聞く前に，山田さんが何と答えるか，予想してみましょう。

前半の発表が終わったら，発表が上手だった子たちが何に気を付けて発表していたのか考えさせる。発表が上手だった子は誰か見付けさせ，その子が気を付けていたことは何だと思うか聞いていた子たちに発言させてから，上手だった子に発言させる。予想と本人の発言が同じでなくても，尊敬する気持ちが伝わるので，たくさんのよさを見付けさせていきたい。

第7時 249

8 調べて話そう，生活調査隊

8/8時間

準備物：黒板掲示用資料，前時までに作成した発表資料

●発表から振り返ろう

発表が上手だった子は，何に気を付けて発表しようとしていたのか，聞いていた子たちに予想させてから，本人に話をさせましょう。

また，前半・後半の発表から振り返り，「考えさせられた調査発表」はどれか，「面白かった調査発表」はどれかなども交流させ，内容についても振り返らせましょう。

●最後に，班で振り返りをさせ，労おう

本単元は，個人での活動の方が，個人のやりたいことができる学習活動です。しかし，話し合いながら作っていくことに，本単元の価値があります。仲間とともに協力できたことをほめ，決めていく難しさや大切さを押さえ，子どもたちの普段の生活につなげていきましょう。

◇学習をふり返ろう

学習をふり返り、活動の中であなたが大事だと思ったことを書こう

- 調べたいことを広げよう
- 知りたいことをまとめよう
- アンケートを作ろう
- アンケートを取って結果を整理しよう
- 発表する資料を作ろう
- アンケート結果を発表しよう
- 感じたことを伝え合おう
- 学習をふり返ろう

❶発表の流れを確認する

今日は，後半の班の発表です。相手に伝わるように発表しましょう。終わった班も一緒に，一度だけ一斉に発表の練習をしましょう。

発表の練習をする

それでは，最初の班は，発表する場所に立ちましょう。次の班も予約の場所で待ちましょうね。質問はありますか？

今回の学習は，まだ発表していない後半の班に発表させていく。前回の学習で示したうまく伝えるための観点や発表後に質問や感想を返す流れを簡単に示していく。

そして，いきなり発表させるのではなく，その場で発表の練習を一斉にさせてから，本番の発表に臨ませていく。すでに発表した前半の班も，前回の発表をふまえて，一緒に練習の活動をさせる。

❷調査したことを発表する

今日は2回目なので，終わった班の人の中から，先生の代わりに司会をしてもらいます。質問や感想を聞いてくださいね。

最初の発表です。どうぞ！

発表する

ありがとうございました。誰か，質問がある人はいませんか？

前回の学習と同じ活動の流れなので，前回発表した子どもたちの中から，教師の代わりに司会をしたい子がいるかどうかを募り，司会をさせる。司会者は，発表後に質問や感想を募り，発表を進めていく。すべての発表が終わったら，教師は司会の子を労い，前半同様，発表が上手だった子が何に気を付けて発表していたのか，周りの子に発言させてよさを見付けさせる。

本時の目標	・調査したことの発表から、それぞれの発表の内容や学習について振り返り、思ったことを話し合うことができる。	本時の評価	・調査したことの発表から、それぞれの発表の内容や学習について振り返り、思ったことを話し合っている。

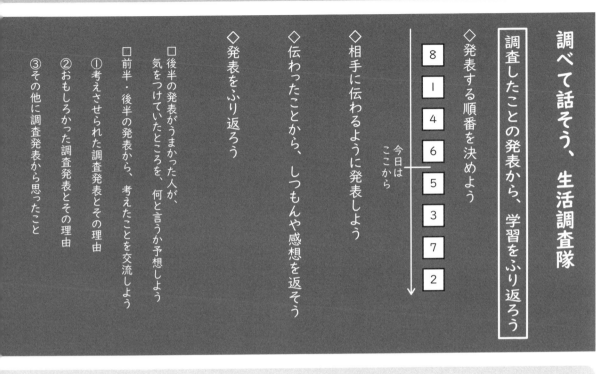

❸調査発表を振り返る

さあ、すべての発表が終わりました。考えさせられた発表はどれでしたか？班の人と話してみましょう。

私は、1班の発表に考えさせられました。まさか、外遊びが好きな人がこんなに少なかったなんて！

なるほど。そう思ったんですね。今の意見について、どうですか？

前半・後半の発表内容を振り返り、考えたことを発表させていく。「考えさせられた調査発表」や「面白かった調査発表」など、それぞれの観点からどう考えたのか、「調査結果」や「呼びかけ」を振り返らせながら、紹介させる。
意見が出てきたら、その意見に対して、同じ気持ちなのか、それとも反対なのか、子どもたちそれぞれの立場を聞く。

❹学習の流れを振り返る

みなさんは、生活調査隊としてこんな活動をしてきました。大事だと思ったことは何ですか？

知りたいと思ったことは、調べられるんだと思いました。

本当ですね。その他にも、あなたが大事だと思ったことをノートに書いてたくさん教えてくださいね。

今回が単元最後の学習なので、学習カードから今までの学習を振り返らせていく。そして、活動の中で、自分が大事だと思ったことをノートに書かせる。活動の最後に、仲間とともに話し合いながら今回の学習で協力できたことを評価し、その難しさや大切さについて価値付けておく。子どもたちの普段の生活につながるよう、働きかけていきたい。

読んで考えたことを，友達と伝え合おう

スワンレイクのほとりで

7時間

1 単元目標・評価

- 様子や行動，気持ちや性格を表す語句の量を増し，話や文章の中で使い，語彙を豊かにすることができる。（知識及び技能(1)オ）
- 登場人物の気持ちの変化を叙述を基に捉え，場面の移り変わりと結び付けて具体的に想像することができる。（思考力，判断力，表現力等 C(1)イ・エ）
- 言葉がもつよさに気付くとともに，幅広く読書をし，国語を大切にして，思いや考えを伝え合おうとする。（学びに向かう力，人間性等）

知識・技能	様子や行動，気持ちや性格を表す語句の量を増し，話や文章の中で使い，語彙を豊かにしている。((1)オ)
思考・判断・表現	「読むこと」において，登場人物の気持ちの変化を叙述を基に捉え，場面の移り変わりと結び付けて具体的に想像している。(C(1)イ・エ)
主体的に学習に取り組む態度	初読で自分が考えたことを軸に学習を進め，物語の中で「わたし」が強く感じたことについて粘り強く考えて文章にまとめようとしている。

2 単元のポイント

教材の特徴

　学習者と同じ小学校４年生である「わたし」が「一年間をふり返って，いちばん心に残っていること」について作文に書こうとする物語である。「初め」と「終わり」に額縁構造があり，一人称視点の「わたし」が，「中」にある「夏休みに行ったアメリカでの出来事」を振り返って語る形で物語が展開されている。「アメリカでの出来事」には，アメリカにはいろんな人が住んでいること，差別や偏見をこえて，みんな同じ人間であること，言葉でつながる喜びについて描かれている。一人称視点での物語であるため，「わたし」が見たことや聞いたこと，感じたことなどが自分事のようにとらえやすい反面，「わたし」はアメリカでどうしてそう感じたのか，その理由を説明していないという特徴が見られる。「わたし」にとって初めての海外旅行であったことから，「わたし」が日本で生活する中で当たり前だと思っていたことを想像させることで，「わたし」の驚きや発見が自分事のように理解しやすくなるだろう。

252　スワンレイクのほとりで

3 学習指導計画（全7時間）

次	時	目標	学習活動
一	1	• 教材文を読んで自分なりの問いを立て，学習の見通しをもつことができる。	• 物語を初読し，「わたし」が強く印象に残ったアメリカでの出来事は何か考える。 • 場面番号を確認して物語の大筋を理解する。 • 物語に出てくる「わたし」はどんな人か考える。
	2	• 教材文を読んだ自分なりの問いを交流し，登場人物の気持ちについて叙述をもとにとらえることができる。	• 自分の考えを交流し，それぞれの場面に何が書かれているか物語の大体を理解する。 • アメリカでの出来事はいくつのまとまりに分かれるか考える。 • 「わたし」の気持ちはどう変わっていったのか考える。
二	3	• 登場人物の気持ちの変化について，場面の移り変わりと結び付けて具体的に想像することができる。	• 2～4場面を読み，「わたし」がアメリカで見たこと感じたことをまとめる。 • アメリカでの出来事をもとに，「わたし」がそれまでの日本での生活で当たり前だと思っていたことを想像する。 • アメリカでの出来事から，共通することは何か考える。
	4	• 登場人物の気持ちの変化について，場面の移り変わりと結び付けて具体的に想像することができる。	• 3場面と5場面を比べ，どうして「わたし」は不安になったのか考える。 • 「わたし」から見たグレンはどんな人か考える。 • アメリカには，初めての人と握手をする文化があることを知る。
	5	• 登場人物の気持ちの変化について，場面の移り変わりと結び付けて具体的に想像することができる。	• 7～9場面を読み，何を話したらいいか分からなかった「わたし」がどう変わっていったのかまとめる。 • 会話のやりとりから「わたし」の何が変わったのか考える。
三	6	• 登場人物の気持ちの変化について，場面の移り変わりと結び付けて具体的に想像したことをまとめることができる。	• アメリカでの出来事から「歌」の何が変わったのか話し合う。 • 「わたし」は何を伝えようとしたのか，考えたことをまとめる。
	7	• 物語を読んで考えたことを伝え合い，自分が考えたことや一人一人の感じ方の違いから気付いたことをまとめることができる。	• 「わたし」が伝えようとしたことは何か伝え合う。 • 題名の意味について考える。 • 学習を振り返り，自分が考えたことをまとめる。

単元について　253

スワンレイクのほとりで

1/7時間　準備物：なし

● 初読から問いをもたせよう

　物語は，「わたし」が「4年生の一年間をふり返って，いちばん心に残っていること」をテーマに作文を書く時に，夏休みに行ったアメリカの旅行を思い出すところから始まります。どうして「わたし」の心に残ったのか，初読だからこそ一人一人に考えさせ，その後の学習を通して自分の考えが深まったことをまとめさせていきましょう。

● 「わたし」はどんな人物なのか考えさせよう

　一人称視点でこの物語を語る「わたし」は，学習者と同じ小学4年生ですが，どうして自分がそんな気持ちになったのか，直接説明したりしないところがあります。「わたし」がどんな気持ちになったのか想像するためには，まず「わたし」はどんな人なのか，設定を確かめて押さえましょう。

物語に出てくる「わたし」は、どんな人か？
①小学四年生の女の子（名前は「歌」）
↓
②夏にアメリカの小さな村に旅行
↓
生まれて初めての海外旅行
③気持ちがゆれ動く
↓アメリカに来てからはおどろきと発見の連続
④今の気持ちをいつかグレンに伝えたい

「わたし」が強く感じたことは何なのか、考えを深めながら学習を進めていこう

❶ 初読から問いをもつ

この物語は，「わたし」が「いちばん心に残っていること」と言われて，ある出来事を思い出す物語です。

ふーん。どんな出来事があったんだろう？　○○

先生が今から読むから，何が1番心に残ったのか，考えながら聞きましょうね。

　今回の教材は，「4年生の一年間をふり返って，いちばん心に残っていること」を思い出すという物語なので，何が1番心に残ったのか考えながら読んでいく。子どもたちも同じ4年生なので，自分にとってこの1年間で1番心に残ったことを考えさせてから，登場人物を自分と比べながら聞かせるとよい。教師が条件を絞って物語に出合わせ，その後の子どもたちの交流を有意義なものにさせたい。

❷ 場面を確認し，理由を考える

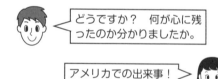
どうですか？　何が心に残ったのか分かりましたか。

アメリカでの出来事！

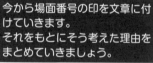
今から場面番号の印を文章に付けていきます。
それをもとにそう考えた理由をまとめていきましょう。

　場面番号を共有し，その後の学習に使えるようにする。「中」に書かれている「アメリカでの出来事」から，何が「わたし」の心に1番強く残ったのか考えさせていく。場面番号をもとに自分の考えをもたせるのは，それぞれの場面に何が書かれているのか，物語の大体を押さえることがねらいである。複数の場面にまたがる場合には，複数にした理由を詳しく書けるよう指示していく。

| 本時の目標 | ・教材文を読んで自分なりの問いを立て，学習の見通しをもつことができる。 | 本時の評価 | ・教材文を読んで自分なりの問いを立て，学習の見通しをもっている |

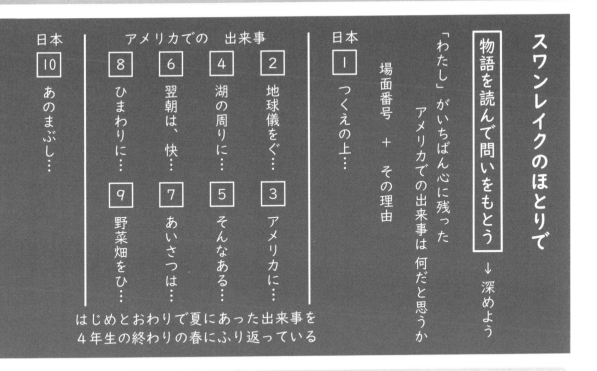

❸登場人物の設定を考える

物語に出てくる「わたし」は，どんな人でしたか。

私と同じ4年生だったよ。

夏のアメリカ旅行は，生まれて初めての海外旅行だったんだって。

たくさん出てきましたね。それぞれは，みんなと比べてどう違いますか。

　登場人物の「わたし」についても，どのような人物なのか最初に考えさせておく必要がある。そして，今回のアメリカ旅行が生まれて初めての海外旅行であったこと，アメリカに来てからはおどろきと発見の連続だったことを必ず押さえておく。子どもたちの中には，海外旅行は当たり前で，海外の文化に慣れ親しんでいる子もいるだろう。「わたし」の見方・考え方を揃える必要がある。

❹学習の見通しをたてる

あれ？ 1場面はアメリカじゃなくて，日本のことなのですね。

10場面も日本だよ。アメリカのことを思い出しているよ。

「わたし」が強く感じたことは何なのか，今日考えたことが学習の中でどう変わっていくのか，まとめていきましょう。

　1場面・10場面は，4年生の終わりの春で，日本から夏のアメリカ旅行のことを振り返っているという構造を押さえておく。
　最初の学習で自分が考えた「いちばん心に残っていること」が，学習を進める中で話したり聞いたり考えたりしながらどう変わっていくのか，子どもたち一人一人の考えの深まりが学習のねらいであることを示し，学習の見通しをもたせる。

2/7時間 スワンレイクのほとりで

準備物：なし

● 問いを交流させ，物語の大体をつかませよう

　前時でそれぞれが考えた「わたし」が「アメリカでいちばん心に残っていること」は何かについて交流させましょう。交流させることで，それぞれの場面にはどんなことが書かれているのか，友達の発表を聞いて子どもたちが物語の大体を押さえることができるよう板書でまとめていきましょう。

● 「中」がどうまとまるか考えさせよう

　それぞれの場面について書かれていることがまとまってきたら，「中」はいくつに分かれるのか考えさせましょう。前半・後半で分かれるという意見や前半はさらに細かく分かれるという意見が出てくると思います。どうしてそう考えたのか，理由とともに交流させて，「中」には何が書かれているのか考えを深めさせていきましょう。

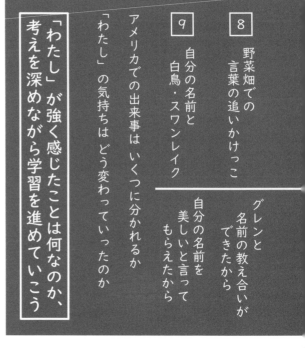

「わたし」が強く感じたことは何なのか，考えを深めながら学習を進めていこう

| 8 | 野菜畑での言葉の追いかけっこ | グレンと名前の教え合いができたから |
| 9 | 自分の名前と白鳥・スワンレイク | 自分の名前を美しいと言ってもらえたから |

「わたし」の気持ちはどう変わっていったのか
アメリカでの出来事はいくつに分かれるか

❶ 前時で考えたことを発表する

前回の学習で考えたことを今日は発表していきましょう。2場面だと考えた人はいますか。

私は2場面だと思います。1場面にも湖のことが書かれていたし，大きな青い湖でびっくりしたと思う。

確かに，書いてありましたね。他にも，2場面だと考えた人はいませんか。

　前回の学習で子どもたちそれぞれが考えた「いちばん心に残っていること」を交流させていく。
　その際に，友達との考えの違いに触れることもねらいの一つであるが，それ以上に，今後の学習に生かすために，それぞれの場面には何が書かれているのか，物語の大体を押さえることが今回の一番のねらいなので，子どもたちの考えを2場面から順番に集めて板書をまとめていく。

❷ 場面から物語の大体を押さえる

5場面だと考えた人はいないようですね。この場面には何が書かれていますか。

5場面は明日のバーベキューのことを考えているけれど，その後仲良くなるから5場面は違うと思うな。

確かに，そういう場面でしたね。

　「中」の後半は，グレンとの出会いや交流が展開されているので，明日のバーベキューのことを「わたし」が不安に思う5場面が「アメリカでいちばん心に残っていること」だと考える子はいないだろう。その際に，どうしてこの場面が「いちばん心に残ったこと」だと考えた子がいないのか，選ばれなかった理由を発表させることで，その場面の内容もまとめることができる。

本時の目標	・教材文を読んだ自分なりの問いを交流し，登場人物の気持ちについて叙述をもとにとらえることができる。	本時の評価	・教材文を読んだ自分なりの問いを交流し，登場人物の気持ちについて叙述をもとにとらえている。

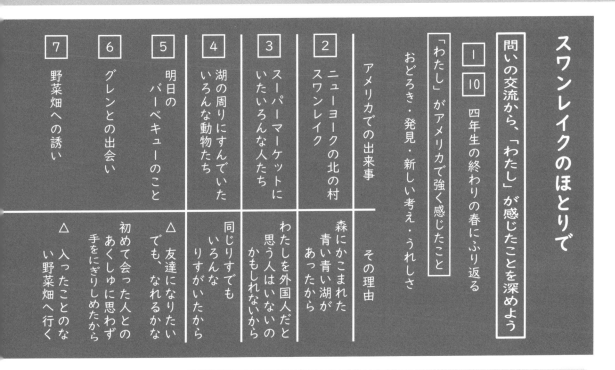

❸ いくつのまとまりになるか考える

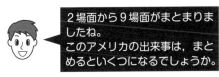

２場面から９場面をまとめることができたら，「中」はいくつのまとまりになるのか，場面のつながりを考えさせていく。

前半と後半に分かれるという意見や，前半は一つ一つの場面が独立しているという意見，２場面は特別だという意見が出てくるであろう。意見を一つにまとめることよりも，理由を交流し合い，物語の理解を深めることがねらいである。

❹ 「わたし」の気持ちの変化も考える

「中」の流れが板書で見渡せるようになっているので，「わたし」の気持ちの変化についても意見を出させていく。

「中」の後半では，３場面に書かれていた「おどろきと発見の連続」という気持ち以外のものが「わたし」の中に生まれてきていることを押さえておくとよい。次回の学習から，「わたし」が何を感じて考えたのか詳しく学習していく。

3/7時間 スワンレイクのほとりで

準備物：なし

●叙述をもとに想像させよう

「わたし」がアメリカで見たことは、海外の文化に慣れている子どもにとっては当たり前に思うこともあるでしょう。しかし、この物語の「わたし」にとっては今回が初めての海外旅行なのです。「わたし」が日本での生活でそれが当たり前だと思っていたことを、叙述をもとに想像させると、「わたし」の気持ちが分かるようになるでしょう。

●場面から共通することは何か考えさよう

「中」の前半の場面は、「自然」「人々」「動物たち」とそれぞれ独立した内容ではありますが、それぞれアメリカの多種多様さを表現しています。共通することは何か考えさせながら、「違いがあるということ」とともに「それが当たり前であること」を押さえておきましょう。

> アメリカで見たこと感じたことから共通することは何だろう
> ① いろんな人種の人たちみんなが同じ、アメリカ人
> ② ちがうことがあっても気にしていない
> ③ 生まれて初めての海外旅行にきた「わたし」もみんなとちがうとは、思われていない
> ↓そう感じた「わたし」は、何を思ったのか
>
> **「わたし」が強く感じたことは何なのか、考えを深めながら学習を進めていこう**

❶場面ごとに何を見たのか押さえる

「わたし」がアメリカで何を見たのか場面ごとにまとめてみましょう。

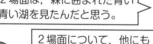
2場面は、森に囲まれた青い青い湖を見たんだと思う。

2場面について、他にもありますか。
じゃあ、3場面では何を見ましたか。

「わたし」が語るという一人称視点の物語なので、それぞれの場面で「わたし」が何を見たのか、文章から見付けさせていく。それぞれの場面で書かれていることをもとに、湖、スーパーマーケット、森などの規模が日本とどう違うのか示したり、「わたし」はどんな様子を見てそう感じたのか、それがどのくらいだったのか、具体的に想像できるように教師が声をかけたりするとよい。

❷どうして強く感じたことなのか考える

2場面から4場面がまとまりましたね。
あれ？ 日本にもいろんな人がいるのにどうして「わたし」はそのことにおどろいたのでしょうか。

「わたし」にとっては初めての海外旅行だったから。

日本とは比べものにならないくらいアメリカはすごかったんじゃないかな。

それぞれの場面への理解がまとまった後に、考えの揺さぶりを仕掛けていく。「アメリカにはいろんな人が住んでいる」という言葉から、それが日本でも見られることを示し、「わたし」がアメリカでそう感じた価値について考えさせていく。

「わたし」にとって生まれて初めての海外旅行だったことや、「人種のるつぼ」と言われる多種多様な文化について説明する必要がある。

| 本時の目標 | ・登場人物の気持ちの変化について，場面の移り変わりと結び付けて具体的に想像することができる。 | 本時の評価 | ・登場人物の気持ちの変化について，場面の移り変わりと結び付けて具体的に想像している。 |

スワンレイクのほとりで

それまでの「わたし」と比べながらアメリカでの出来事から「わたし」が強く感じたことをそうぞうしよう

夏休みにアメリカに行ったことは「わたし」にとって生まれて初めての海外旅行

2	アメリカで見たこと感じたこと	日本での生活でそれが当たり前だと思っていたこと
	森にかこまれた青い青い湖 スワンレイク・白鳥の湖	周りに自然がないわけではないが、これほど自然ゆたかではない
3	アメリカにはいろんな人が住んでいるはだの色、かみの色、目の色、人それぞれちがう	周りにいる多くの人は日本人ばかり はだ、かみ、目の色、同じで気にしたことがない
4	英語ではない言葉を話している人たちもいるわたし達はここでは外国人だけど、そう思っている人はいないのかも知れない	日本語ではない言葉は少し変な感じ 外国人もいるけど、外国人だと思ってせっしている
	湖の周りの森にもいろんな動物たちがすんでいた 同じりすでもいろんなりす	動物園にはいろんなりすがいるけれど、いっしょにすんでいるとは感じていない

❸日本との違いについて想像する

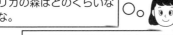

「わたし」にとって初めての海外旅行だったことを押さえ，日本に住んでいた「わたし」がそれまで当たり前だと思っていたことについて，それぞれの場面に書かれていることをもとに想像させていく。「同じりすでも、いろんなりすがいる」という言葉については，日本でも動物園にはいろんなりすがいることを示し，揺さぶりをかけることで，森に住む動物たちの自由さを想像させる。

❹共通することは何か考える

最後に，それぞれの場面に共通していることについて考えさせていく。みんな違うが同じだということ，外から来た「わたし」も違うとは思われていないことについて，「わたし」が何を思ったのか想像させ，肯定よりも否定よりも強い「おどろきと発見」であることを押さえておく。

「わたし」の気持ちに対して，子どもたちそれぞれは共感するかどうかも交流させるとよい。

4/7時間 スワンレイクのほとりで

準備物：なし

● **他の場面と比べさせながら想像させよう**

「中」の後半は、グレンとのかかわりを中心に物語が展開されています。3場面で「アメリカにはいろんな人が住んでいる」と理解した「わたし」なのに、どうして5場面で人とかかわることを不安に思ったのか理由を考えさせていきましょう。それにより、「わたし」にとってアメリカで初めての人との新しいかかわりであることが分かります。

● **「わたし」が見た相手について想像させよう**

グレンは車いすに乗っている男の子です。治るケガなのか、ずっと車いすなのか、物語には描かれていません。「わたし」も、そのことを気にする描写がありません。押さえるのは、「アメリカにはいろんな人が住んでいる」。ハンディキャップがあったとしても偏見をもってはいないのです。

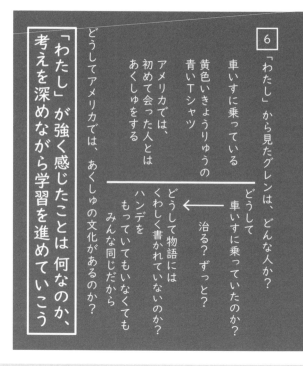

「わたし」が強く感じたことは何なのか、考えを深めながら学習を進めていこう

6
- 「わたし」から見たグレンは、どんな人か？
  - どうして車いすに乗っていたのか？
    - 治る？ずっと？
  - 黄色いきょうりゅうの青いTシャツ
  - アメリカでは、初めて会った人とはあくしゅをする
    - どうして物語にはくわしく書かれていないのか？
    - ハンデをもっていてもいなくてもみんな同じだから
  - どうしてアメリカでは、あくしゅの文化があるのか？

❶ 情景描写について考える

今日は、アメリカでの出来事の後半について考えていきます。5場面の「雨」や「晴れ」は、何を表していますか。

「わたし」の気持ちが不安だったけど元気になったのかな。

このような表現を情景描写といいます。
でも、どうして「わたし」は不安になったのでしょうか。

❷ 3場面と5場面について比べる

明日同じくらいの年の子に会うから不安だったんじゃないかな？

あれ？　3場面で「わたし」は「アメリカにはいろんな人がいる」って思ったのでしたね。どうしてそれが分かっているのに、「わたし」は不安になったのでしょうか。

分かっているけど、仲良くなれるか不安なんじゃないかな。

「中」の後半は、グレンとの出会いや交流について描かれている。「わたし」の気持ちの移り変わりをとらえるためには、まず5場面の情景描写から考えさせるとよい。「雨」→「やむ」→「快晴」といった表現が「わたし」の気持ちとつながっていることを押さえ、不安な気持ちがあった「わたし」について、何を思っていたのか文章から見付けさせていく。

「同じくらいの子も来ること」や「友達になりたいけど、なれるかな」という言葉から、3場面の言葉を押さえ、「わたし」はもう「アメリカにはいろんな人が住んでいる」ということを知っているのだから不安になる必要はないのではないかと揺さぶりをかけていく。そうすることで、新しい人と「わたし」が英語で深くかかわることへの不安を想像させることができる。

| 本時の目標 | ・登場人物の気持ちの変化について，場面の移り変わりと結び付けて具体的に想像することができる。 | 本時の評価 | ・登場人物の気持ちの変化について，場面の移り変わりと結び付けて具体的に想像している。 |

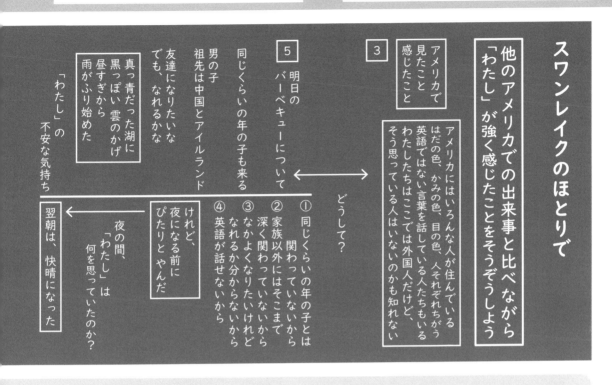

❸気持ちの移り変わりを想像する

「わたし」の不安について理解した後に，その後の「わたし」の気持ちの移り変わりについて想像させていく。ここで押さえておくのは，雨は朝やんだのではなく，「夜になる前に，ぴたりとやんだ」という言葉である。不安が消えた「わたし」が，夜の間に何を思っていたのか，次の日が快晴に変わるまで何をしていたのか，物語に直接描かれていない「わたし」の様子について想像させたい。

❹登場人物の設定から考える

グレンは車いすに乗っていますね。治るのでしょうか。ずっと車いすなのでしょうか。物語にはくわしく書いていませんね。

どうして書いてないんだろう？

「わたし」もその後，車いすのことを気にしたりしていませんね。アメリカであった出来事と何か関係があるのでしょうか。

6場面の「わたし」からグレンの様子として，車いすに乗っていることが一番に見えているはずなのに，その表現について「わたし」も物語も特別に扱っていない。どうして特別ではないのか，物語に描かれているアメリカでの出来事と関係付けて考えさせていく。また，敵意がないことや武器を持っていないことから始まるアメリカの握手の文化についても紹介しておくとよい。

第4時　261

5 スワンレイクのほとりで

（7時間）

準備物：なし

● 聞いたこと感じたことから考えをもたせよう

7場面から9場面までの「わたし」とグレンのやりとりは，ダッシュを使って日本語表記されていますが，すべて英語での会話です。それぞれ小学4年生のやりとりらしい簡単な英会話なので，実際にはどんな風に聞いたのか味わうことで，「わたし」の気持ちが実感できるようになります。

● やりとりがどう変わったのか考えさせよう

7場面でグレンと何を話したらいいのか分からなくなった「わたし」は，野菜畑とスワンレイクのほとりでのやりとりの中で少しずつできることが増えていっています。やりとりがどう変わっていったのか，どんな気持ちになったのか，やりとりの中で「わたし」が分かったことなどについて話し合わせていきましょう。

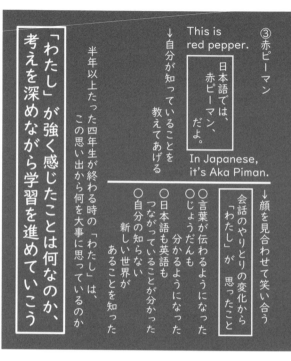

「わたし」が強く感じたことは何なのか，考えを深めながら学習を進めていこう

半年以上たった四年生が終わる時の「わたし」は，この思い出から何を大事に思っているのか

↓ 自分が知っていることを教えてあげる

③ 赤ピーマン

日本語では、赤ピーマン、だよ。

This is red pepper.

In Japanese, it's Aka Piman.

会話のやりとりの変化から「わたし」が思ったこと

↓ 顔を見合わせて笑い合う

○言葉が伝わるようになった
○じょうだんも分かるようになった
○日本語も英語もつながっていることが分かった
○自分の知らない新しい世界があることを知った

❶「わたし」の行動の変化を押さえる

7場面の「わたし」は，何を話したらいいのか分からなくて，だまってしまいましたね。8場面はどうなっていますか。

仲よく話をしてる。

8場面9場面で会話がどう変わっていったのか一つずつ見ていきましょう。

❷ 会話のやりとりを想像する

「ねえ，ウタ」の前に，―（ダッシュ）が付いているのはどうしてでしょうか。

本当は，英語で話しているけど，分かりやすいように日本語で書いてる。

―（ダッシュ）には，そんな役割もあるのですね。実際にはどんな会話だったのでしょうか。

6場面でグレンと握手をした「わたし」であるが，7場面で「わたし」が何を話したらいいのか分からなくてだまってしまったことを押さえておく。そうすることで，7場面から8場面9場面と物語が展開される中で，どう会話のやりとりや人物関係が変わっていったのか押さえることができる。会話しているそれぞれの表現から「わたし」の成長について考えさせていく。

会話のやりとりから，「わたし」の成長を考えさせていく際には，「―（ダッシュ）」の付いている文章について着目させ，「―（ダッシュ）」が何を表しているのか押さえる必要がある。

それらの会話文は，簡単な英語に戻すことができるので，英語での表現も紹介することで，実際に聞いた内容から「わたし」が感じたり考えたりしたことについて想像することができる。

| 本時の目標 | ・登場人物の気持ちの変化について，場面の移り変わりと結び付けて具体的に想像することができる。 | 本時の評価 | ・登場人物の気持ちの変化について，場面の移り変わりと結び付けて具体的に想像している。 |

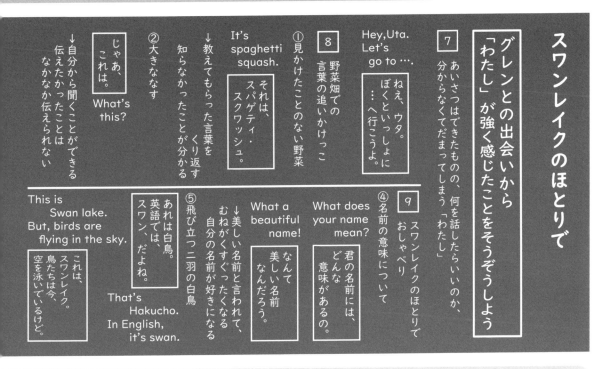

❸やりとりの変化を考える

会話のやりとりは，どう変化していますか。

最初は聞くだけだったけど，話して意味が分かるようになってる。

会話のやりとりの変化から「わたし」は何を思ったのでしょうか。

　8場面と9場面の会話のやりとりについて押さえることができたら，会話のやりとりがどう変化しているのか考えさせていく。
　そして，会話のやりとりが深まっていくことで，「わたし」は何を思ったのか，想像させていく。どうして自分の名前が好きになったのか，笑い合った時に何を思っていたのか，「わたし」の気持ちについて更に深く考えさせたい。

❹現在の「わたし」の立場から想像する

英語だけど，グレンの言っていることが分かってうれしいと思ってると思う。

人とつながるって楽しいことだと思ったんじゃないかな？

いろいろ出てきましたね。そんな出来事があってから，春まで半年以上経っていますね。「わたし」が今も大事に思っていることはどれでしょうか。

　会話のやりとりから「わたし」が思ったことについて意見がたくさん出てきた中で，この思い出から半年以上経った「わたし」が，今でも大事に思っていることはどれなのか，出てきた意見から選ばせていく。
　そうすることで，次回の学習で行う10場面の「わたし」の立場から「アメリカでの出来事」について考える学習につなげていく。

第5時　263

6/7時間 スワンレイクのほとりで

準備物：なし

●登場人物の変容について考えさせよう

物語全体を通しての登場人物の変化を「変容」と言います。「中」に書かれていたアメリカでの出来事を振り返り，「わたし」の何が変わったのか考えさせましょう。ここでは「わたし」と言わず，名前の「歌」と示す方が，登場人物のことを客観的にとらえることができるようになります。

●伝えようとしたことをまとめさせよう

「歌」の何が変わったのか話し合う中で考えたことをもとに，4年生の最後の作文として「歌」は何を伝えようとしたのか，自分の考えをまとめさせていきましょう。最後は自分の言葉で詳しくまとめることができるように，初読から考えていった「歌」が強く感じたことの理由を踏まえて書くように学習を振り返らせていきましょう。

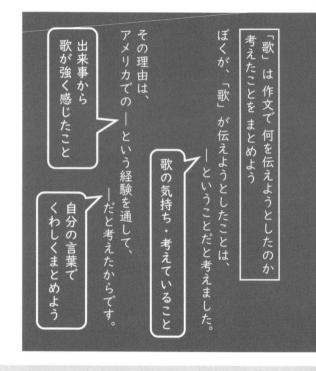

「歌」は作文で何を伝えようとしたのか考えたことをまとめよう

ぼくが，「歌」が伝えようとしたことは，——ということだと考えました。

その理由は，アメリカでの——という経験を通して，——だと考えたからです。

歌の気持ち・考えていること

出来事から歌が強く感じたこと

自分の言葉でくわしくまとめよう

❶アメリカでの出来事を振り返る

今日は，4年生の終わりの春の「わたし」，「歌」について考えます。
アメリカ旅行では，他にもいろんなことがあったのだろうけど，この六つの出来事が特別なのはどうしてでしょうか。

いろんな人やことに出会えたところかな？

今回は夏休みの出来事を振り返る「歌」の気持ちについて考える。「中」の六つの出来事を振り返り，この旅行ではこれ以外にもきっと出来事があっただろうけれど，どうしてこの六つの出来事が「歌」にとって特別なのか考えさせていく。

今回の学習から，登場人物について客観的に考えさていくので，「わたし」ではなく「歌」と子どもたちに示すとよい。

❷変容したことは何か話し合う

アメリカでの出来事があったおかげで，「歌」は何が変わったのでしょうか。

みんな同じだけど，様々な人がいることを知った。

様々な人がいるけれど，みんな同じだということを知った。

「けれど」の前と後が違うだけで，伝わり方がちがいますね。

「歌」の何が変わったのか意見を出させていく。「みんな同じだけど，様々な人がいることを知った」「様々な人がいるけれど，みんな同じだということを知った」のように，逆接のつなぎ言葉となる「でも」「けれど」「しかし」などには，後の言葉を強調する働きがあることを示すとよい。「同じ」と「様々」，どちらの方がこの物語の中で強いのか，話し合わせていくと考えが深まるだろう。

| 本時の目標 | ・登場人物の気持ちの変化について、場面の移り変わりと結び付けて具体的に想像したことをまとめることができる。 | 本時の評価 | ・登場人物の気持ちの変化について、場面の移り変わりと結び付けて具体的に想像したことをまとめている。 |

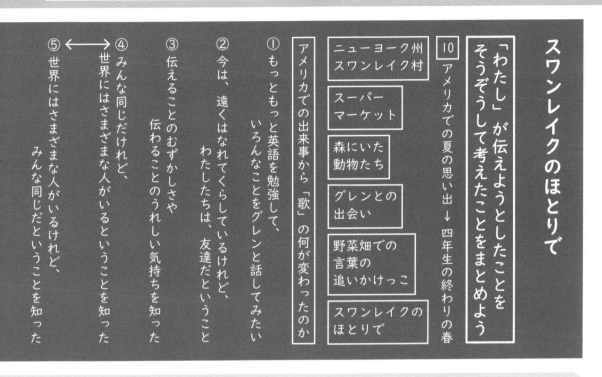

板書例:
スワンレイクのほとりで

10 アメリカでの夏の思い出 → 四年生の終わりの春

「わたし」が伝えようとしたことをそうぞうして考えたことをまとめよう

- ニューヨーク州スワンレイク村
- スーパーマーケット
- 森にいた動物たち
- グレンとの出会い
- 野菜畑での言葉の追いかけっこ
- スワンレイクのほとりで

アメリカでの出来事から「歌」の何が変わったのか

① もっともっと英語を勉強して、いろんなことをグレンと話してみたい
② 今は、遠くはなれてくらしているけれど、わたしたちは、友達だということ
③ 伝えることのむずかしさや伝わることのうれしい気持ちを知った
④ みんな同じだけれど、世界にはさまざまな人がいるということを知った
⑤ ←→ 世界にはさまざまな人がいるけれど、みんな同じだということを知った

❸現在の「歌」の立場から想像する

1場面では、どう言葉にしようか迷っていた「歌」は、アメリカでの出来事から何を伝えようとしたのでしょうか。

言葉が伝わることの喜び、かな。

こんな型で、文章をまとめていきますよ。明日は考えたことを伝え合いましょうね。

❹自分の考えを詳しくまとめる

「―だと考えたからです。」のところは、自分の言葉で特に詳しくまとめていきましょうね。

どんな風にまとめていこうかな。

今日考えたことだけではなくて、最初の考えから変わったことも伝えられたらすごいですね。1時間目のノートから見ていきましょう！

　この物語は、「歌」が「一年間でいちばん心に残っていること」を振り返って原稿用紙に書こうとする物語である。アメリカの出来事から、「歌」は何を伝えようとしたのか、自分の考えをまとめさせていく。
　次回の学習では、今回の学習をもとに発表したり考えを伝え合ったりするので、今回は考えをまとめる型を示し、伝える準備をさせていく。

　今回の学習だけでなく、子どもたちはこれまでに「わたし」が「いちばん心に残っていること」は何か、考えてまとめてきている。自分の考えをまとめる際には、自分のこれまでのノートの見返しをさせて、自分の考えがどう変わったのか、どうして変わったのかなど、自分が学んだ成果が詳しく相手に伝わることができるように考えをまとめさせていくとよい。

第6時 265

7 スワンレイクのほとりで

7/7時間　準備物：なし

● 一人一人が考えたことを伝え合わせよう

　前回の学習で一人一人がまとめていった自分の考えを発表させていきます。友達の考えを「納得」「発見」「付けたし」「質問」の観点から聞き，「発表から新しく考えたこと」として伝え合わせていきましょう。そして，自分の考えが広がったのか，深まったのか，振り返らせていきましょう。

● 題名の意味について考えさせよう

　学習の最後に，どうしてこの題名なのか，今までの学習を総動員させて話し合わせていきましょう。「スワンレイクのほとりで」という言葉は，9場面に出てくる言葉です。9場面の出来事が物語全体にどうかかわっていくのか，「ほとりで」とはどんな意味なのか，空に飛び立っていった白鳥は何を表しているのか，物語と結び付けて考えさせていきましょう。

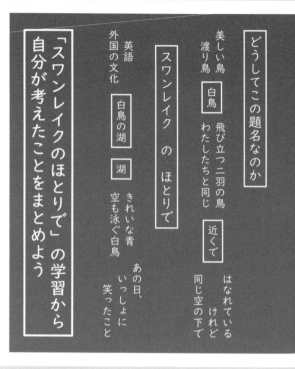

❶ 見通しをもって考えを発表し合う

　今日は，前回の学習でまとめた考えを発表してから，新しく考えたことを伝え合います。こんな流れです。

　同じ考えの人，いるかな？

　どうしてかな？と思ったことは質問して聞いてみましょうね。それでは，順番にどうぞ。

　今回は，前回の学習でまとめた自分の考えを発表し合う学習である。発表し合った後には，友達の話を聞いて子どもたちが新たに考えたことを伝え合っていく。活動を充実させるためには，どんな流れで進めていくのか示したり，友達の話を聞いてどんな考えが生まれてきたのか，「納得」「発見」「付けたし」「質問」の観点を示したりするなど，活動の見通しをもたせる必要がある。

❷ 新しく考えたことを伝え合う

　友達の発表を聞いて，新しく考えたことは何ですか。

　私が○○さんの話を聞いて発見したことは，白鳥が空に飛び立ったことで，アメリカと日本がつながったということです。どうしてかというと……

　私の考えをよく聞いてくれてありがとう。つなげて話してくれる人はいませんか？

　考えを発表し終わったら，「納得」「発見」「付けたし」「質問」の観点をもとに，考えを伝え合わせていく。自分の意見やその理由とは違う友達の意見を，安易に「反対」と示させるのではなく，「付けたし」や「質問」として交流させることで，相手の考えを受けとめて聞く力が付くよう働きかけていく。教師を介さず，子どもたち同士で伝え合えるような働きかけもあるとよい。

| 本時の目標 | ・物語を読んで考えたことを伝え合い，自分が考えたことや一人一人の感じ方の違いから気付いたことをまとめることができる。 | 本時の評価 | ・物語を読んで考えたことを伝え合い，自分が考えたことや一人一人の感じ方の違いから気付いたことをまとめている。 |

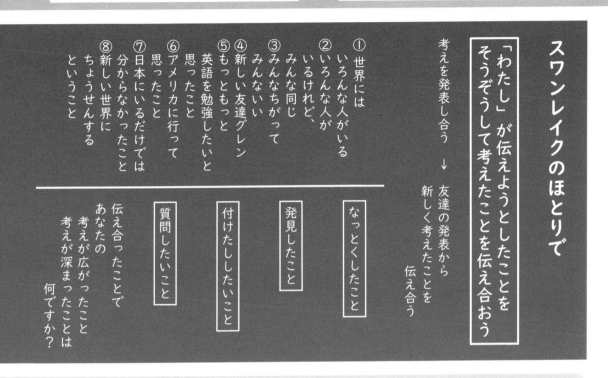

スワンレイクのほとりで

「わたし」が伝えようとしたことをそうぞうして考えたことを伝え合おう

考えを発表し合う → 友達の発表から新しく考えたことを伝え合う

① 世界にはいろんな人がいる
② いろんな人がいるけれど、みんな同じ
③ みんなちがって みんないい
④ 新しい友達グレン
⑤ もっともっと英語を勉強したいと思ったこと
⑥ アメリカに行ってみたいと思ったこと
⑦ 日本にいるだけでは分からなかったこと
⑧ 新しい世界にちょうせんするということ

なっとくしたこと
発見したこと
付けたしたいこと
質問したいこと

伝え合ったことであなたの考えが広がったことや考えが深まったことは何ですか？

❸ 題名の意味について話し合う

いろんな考えが出てきましたね。最後に、どうしてこの題名なのか、みんなの考えを集めて考えましょう。

うーん。難しいな。9場面で最後に笑い合っているから、関係があるんじゃないかな？

空の表現も、何回も出てきたね。

たくさんの意見を交流することができたら，最後に子どもたち全員の考えを総動員させて，題名の意味について学級全体で考えていく。
作者はどうして「スワンレイクのほとりで」という題名にしようと思ったのか，物語との関係やそれぞれの言葉の意味について考えさせていく。「湖」「白鳥」「空」の関係性やそれぞれが何を表しているか考えさせるとよい。

❹ 学習を振り返り，考えをまとめる

最後に、この学習で考えたことをまとめて、先生に教えてくださいね。

最初とはすごく考えが変わったな。

4年生の物語の学習はこれで終わりです。
5年生でもたくさん言葉を使っていろんなことにチャレンジしてください。

今回が最後の物語の学習なので，学習で考えたことを振り返らせ，ノートにまとめさせていく。
特に前回と今回の学習で行ったこの物語を読んで自分が考えたことをもとに，友達の考えを聞いたり伝え合ったりする中で何を考えたのか，「納得」「発見」「付けたし」「質問」の観点から自分が新しく考えたことを文章にしてまとめさせるとよい。

漢字の広場⑥

2時間

1 単元目標・評価

- 3年生までに習った漢字を文や文章の中で書くことができる。（知識及び技能(1)エ）
- 間違いを正したり，相手や目的を意識した表現になっているかを確かめたりして文章を整えることができる。（思考力，判断力，表現力等B(1)エ）
- 言葉がもつよさに気付くとともに，幅広く読書をし，国語を大切にして，思いや考えを伝え合おうとする。（学びに向かう力，人間性等）

知識・技能	3年生までに習った漢字を文や文章の中で書いている。（(1)エ）
思考・判断・表現	「書くこと」において，間違いを正したり，相手や目的を意識した表現になっているかを確かめたりして文章を整えている。（B(1)エ）
主体的に学習に取り組む態度	進んで3年生までに習った漢字を文や文章の中で書いたり，文章を整えたりしようとしている。

2 単元のポイント

教材の特徴

　この教材は，「3年生までに習った漢字」の6回目に当たる。これまでと同様に，自分なりに考えた文章の中で既習の漢字を意識的に使わせることで，3年生までに学習した漢字を使う習慣を身に付けさせ，習った漢字を文や文章の中で使えるようにすることをねらっている。

　これまでに行った全5回と同じように，絵で具体的な生活の場面が表されているので，絵と言葉とを結び付けることで語彙を広げることができるようになっている。今回は，1年間の出来事が描かれており，それを学級新聞の記事にするという形式がとられている。子どもたちにもこの1年間を振り返らせ，同じ出来事の時に起こったことや，その時に感じたことや考えたことを思い出させることで想像を広げさせ，楽しみながら活動に取り組ませるようにしたい。

3 学習指導計画（全2時間）

次	時	目標	学習活動
一	1	• 3年生までに習った漢字を文や文章の中で書き，間違いを正したり，相手や目的を意識した表現になっているかを確かめたりして文章を整えることができる。	○絵の中の漢字を使って学級新聞の記事を書く。 • 漢字の読みを確認した後，絵を見ながら場面の様子を想像させ，絵の中の漢字を使って新聞記事を書かせる。 ○書いた文章を推敲させる。 • 記事を読み返させ，よりよい表現となるよう考えさせる。
	2	• 3年生までに習った漢字を文や文章の中で書き，間違いを正したり，相手や目的を意識した表現になっているかを確かめたりして文章を整えることができる。	○書いた記事を読み合う。 • 前時に書いた記事を交換して読み合わせ，漢字の使い方や記事の書き方についての感想を伝え合わせる。 ○学習を振り返る。 • 新聞記事を書いたり，友達と文章を読み合ったりする中で分かったことを明らかにさせる。

楽しんで活動に取り組ませる

　ここでは，子どもたちが自分なりに考えた文章の中で漢字を使用させます。ただ機械的に漢字を使用するのではなく，絵の場面や自分の経験と結び付けて使用することが語彙を広げることにつながるからです。そのためには，子どもたちに「書きたい！」という気持ちをもたせることが大切で，そこが先生の腕の見せどころとも言えるでしょう。

　児童の実態にもよりますが，例えば，新聞記者になったつもりで絵の中の人物や友達にインタビューをしたらどんな答えが返ってくるかを想像させたり，具体的な読み手（同学年の友達など）を想定させ，読み手にとって面白い記事はどのように書けばよいのかなどを考えさせたりしてはどうでしょうか。学校にある壁新聞やウェブで検索した面白い事例などを紹介することで，子どもたちの想像を広げることができるでしょう。ただし，あくまで文章を書く中で既習の漢字を使わせ，身に付けさせることが大切ですので，イラストや4コマなど，本来の目的から逸れてしまうものは取り上げないほうが無難です。

単元について　269

1/2時間 漢字の広場⑥

準備物：なし

● **楽しく取り組ませる**

自分なりの表現の中で3年生までの漢字を使って書くことが大切です。子どもたちが楽しく記事を書けるように多少話が脱線しても構いませんので，1年間の出来事を振り返り，たくさんの楽しかったエピソードを子どもたちに思い出させましょう。また，具体的な記事を提示し，子どもたちに記事の書き方をイメージさせることも大切です。

● **特別な支援を要する子への配慮**

文章を書くのが苦手で，なかなか記事を書くことができない子については，机間指導でフォローしましょう。5W1Hを尋ねて文章化したものを書かせたり，実際の出来事に関する経験を尋ねたりして，本来の目的である既習の漢字を文や文章の中で使うという学習にスムーズに取り組めるよう手助けをしましょう。

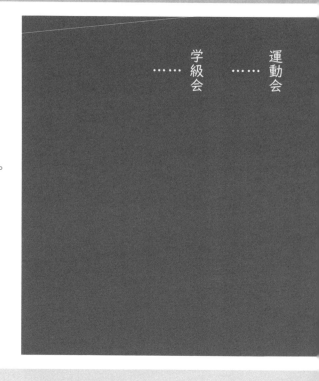

❶漢字の読み方確認とめあてを設定する

「絵の中に書かれている漢字を読みましょう。」

「新学期，進級…」

「今日は，この漢字を使って，1年間の出来事を学級新聞の記事にしましょう。」

声に出して漢字を読ませることで，正確に読めているか確認する。

❷記事の書き方について考える

「どんな書き方をすると，楽しく読んでもらえそうでしょうか？」

「楽しい出来事が書かれていると楽しく読めます。」

「インタビュー形式の記事が面白かったです。」

記事の書き方について，過去に読んだ記事や，これまでに学んだことなどを振り返り，考えさせる。実際の記事を提示したり，教師の方から記事の例を示したりしてもよい。

本時の目標	本時の評価
・3年生までに習った漢字を文や文章の中で書き、間違いを正したり、相手や目的を意識した表現になっているかを確かめたりして文章を整えることができる。	・3年生までに習った漢字を文や文章の中で書き、間違いを正したり、相手や目的を意識した表現になっているかを確かめたりして文章を整えている。

漢字の広場⑥

一年間の出来事を学級新聞の記事にしよう

○どんな記事がいいか
　インタビュー形式
　楽しい出来事
　分かりやすく書く

○気をつけること
　絵の中の漢字を使う
　一文を短くして読みやすくする
　いつ、どこで、だれが、どうした

一年間の出来事
　始業式
　友達と同じクラスでよかった
　……

❸絵を見て1年間の出来事を話し合う

運動会ではどんなことがありましたか？

白組が最後の競技で逆転して優勝しました。

かけっこで1位になれたのが嬉しかったです。

　絵や絵の中の漢字を手がかりにして、1年間の出来事について振り返らせ、記事に書く内容についての想像を広げさせる。

❹絵の漢字を使用して記事を書く

絵の中の漢字を使って、1年間の出来事を記事にしましょう。

内容が分かりやすいように、書き方に気を付けて書きましょう。書き終えたら、読み返して間違いがないか確かめてくださいね。

　振り返った1年間の出来事についての記事を書かせる。その時、絵の中の漢字を使うことと、分かりやすい文章になるように心がけることを確認する。机間指導で各自の進行状況を把握し、文作りを手助けしたり、新たに別の記事を書くように促したりして、学習を支援する。

漢字の広場⑥

2/2時間
準備物：なし

●改善点より，よい点を見付けさせる

　記事を書く時に気を付けたことを確認してから，それがどの程度できているのかを確認させたり，さらによい表現はないのか考えさせたりしながら読み合わせ，感想を伝え合わせます。

　この時間では，今後も漢字を正しく使ったり，よりよい表現になるように工夫したりして文章を書くようにしていきたいという意欲を育てることを目標としています。よって，感想を伝え合わせる際には，改善点よりも，むしろ，よかった点に着目させ，漢字を正しく使えていることや，文章表現が分かりやすかったことなどを具体的に挙げて互いにほめ合うようにするとよいでしょう。

❶振り返りとめあてを設定する

前回は絵の漢字を使って学級新聞を書きましたね。
今日は，書いた記事を読み合って感想を伝え合いましょう。

　前時の学習を振り返らせ，学習した内容を確認するとともに，本時の学習課題を提示する。

❷記事を読み合う時の観点を示す

漢字を正しく使えているか，分かりやすい書き方になっているか，という点に気を付けて読もう。他にはどうかな？

楽しい記事になるように工夫しているか，ということも加えるといいと思います。

　読み合う時の観点を示す。絵の中の漢字を正しく使用していることや，分かりやすい文章表現，興味を引く内容など，記事を書く際に意識したことを想起させ，それに気を付けて読むようにする。

本時の目標	・3年生までに習った漢字を文や文章の中で書き，間違いを正したり，相手や目的を意識した表現になっているかを確かめたりして文章を整えることができる。	本時の評価	・3年生までに習った漢字を文や文章の中で書き，間違いを正したり，相手や目的を意識した表現になっているかを確かめたりして文章を整えている。

漢字の広場⑥

記事を読み合って感想を伝え合おう

○記事を読むときに気をつけること
　漢字を正しく使っているか
　分かりやすく書けているか
　楽しい記事になっているか

　　　　　　←

感想を伝える
※いいところを見つけよう

---

❸記事を読み合い，感想を伝え合う

記事を読み合おう。読んだ後は感想を伝え合いましょう。

運動会の記事を書いたから読んでくれる？

絵の中の漢字が三つも使えたね。白組の子の気持ちもよく分かったよ。

グループで書いた記事を読み合う。確認した観点に気を付けて読ませるとともに，読んだ後は，観点に基づいて感想を述べるようにする。

❹学習を振り返る

学習を通して分かったことや思ったことをノート書いて発表しましょう。

きちんと読み返すことで，より分かりやすい書き方ができるということが分かりました。

正しい漢字で分かりやすく書こうと思いました。

学習を通して分かったことや思ったことをノートに書かせて発表させることで，漢字の正しい使い方やよりよい表現の仕方について進んで考えようとしているか確認する。

四年生をふり返って

1時間

1 単元目標・評価

- 言葉には，考えたことや思ったことを表す働きがあることに気付くことができる。(知識及び技能(1)ア)
- 相手や目的を意識して，経験したことや想像したことなどから書くことを選び，集めた材料を比較したり分類したりして，伝えたいことを明確にすることができる。(思考力，判断力，表現力等B(1)ア)
- 言葉がもつよさに気付くとともに，幅広く読書をし，国語を大切にして，思いや考えを伝え合おうとする。(学びに向かう力，人間性等)

知識・技能	言葉には，考えたことや思ったことを表す働きがあることに気付いている。((1)ア)
思考・判断・表現	「書くこと」において，相手や目的を意識して，経験したことや想像したことなどから書くことを選び，集めた材料を比較したり分類したりして，伝えたいことを明確にしている。(B(1)ア)
主体的に学習に取り組む態度	進んで経験したことなどから書くことを選び，これまでの学習を生かして，1年間の国語科での学びを振り返り，書こうとしている。

2 単元のポイント

言語活動

　本単元では，これまでの学習を振り返り，自分に身に付いたと思う言葉の力を明らかにし，次年度への意欲を高める単元である。自分に身に付いたと思う言葉の力を決め，それがどんな力なのかを説明し，他の場面でどう生かしていきたいかを文章にまとめる。子どもたちが書きやすいように，参考となる文章を提示する。子どもたちは，その文章を参考に書く。参考となる文章は多い方がよい。学年の先生にも書いてもらったり，他の学級の子の文章などを提示し，文章を書かせることで，子どもたちは書きやすくなる。書く内容は，①自分に身に付いた言葉の力，②それはどんな力なのか，③今後，どのような場面で生かしたいかの3点である。書くことで，自らの学びを振り返り，次につなげることができる。

274　四年生をふり返って

3 学習指導計画（全1時間）

次	時	目標	学習活動
一	1	・1年間の学習を振り返り，特に身に付いたと思う言葉の力を書きまとめることができる。	○1年間の国語の授業を振り返る。 ○「『たいせつ』のまとめ」を読む。 ○自分に身に付いた言葉の力を決める。 ○自分に身に付いた言葉の力を書く。

学びの成果

　本単元では，教科書 p.146の「『たいせつ』のまとめ」から，自らに身に付いた力を確認します。子どもたちが，「『たいせつ』のまとめ」に書かれていることを理解できたかどうかが，1年間の学びの大きな成果と言えます。

　例えば，説明する文章のまとめとして「中心となる語や文を使い，分量を考えて，元の文章の組み立てをいかしたり，自分の言葉を用いたりして，短くまとめる」という文があります。この文を，これまでの授業とつなげながらイメージできたのであれば，大きな成果と言えます。まとめの文には，教科特有の抽象的な言葉が使われます。【中心となる語や文】【分量】【文の組み立て】【自分の言葉】【まとめる】それぞれの言葉の意味が分かるためには，その学習をする時に，その言葉を使っていなくてはいけません。授業の中で教師が【中心となる語や文】というフレーズを使わないと，子どもたちはその言葉を理解することができませんし，その言葉を使うことはできません。

　1年間の授業の成果は，子ども自身が学習言語を使うことができるかどうかにかかっています。物語の学習の時に，「ごんの気持ちを考えましょう」とは，多くの教師が発問します。子どもたちは，文章中の言葉を手がかりに，ごんの心情を豊かに想像します。しかし，そこで大切なことは，子どもたちが見付けた言葉を整理し，価値付けることです。「あなたは，ごんの行動から考えることができたね」とか，「あなたは，情景からごんの気持ちを想像することができたね」などと，気持ちを想像する根拠となる言葉には「行動・会話・情景・場面の様子」の表現から考えられることを子どもたちに教えていかないといけません。そうすることで，子どもたちは，次から意図的に，「行動・会話・情景・場面の様子」に着目して読みを深めることができます。

　日々の授業の中で，教科特有の言葉を教師が使い，子どもが自ら使えるようにすることが授業のポイントと言えます。本単元で，子どもたちが「『たいせつ』のまとめ」を読んだ時に，書かれていることを理解できたかが，1年間の学びの成果と言うことができます。

四年生をふり返って

1／1時間

準備物：黒板掲示用資料，上巻の教科書や1年間のノート

●上巻の教科書，これまでのノートも使う

本時では，1年間の国語の授業を振り返ります。そのためには，上巻の教科書や使い終わったノートも必要になります。国語の特徴として，学習した内容と，身に付いた言葉の力は違います。例えば，内容は「ごんぎつね」，身に付いた言葉の力は「情景から心情を読むこと」のようにです。内容を振り返るには，教科書が有効ですが，身に付いた力を振り返るにはノートが有効です。ノートには，授業のまとめや振り返りが書かれていると思います。それらを参考にすれば，自らに身に付いた言葉の力を確認することができます。

●文章を書く

本時では，自らに身に付いた言葉の力を文章に書きます。教師が書いた文章を参考にすると，子どもたちは書きやすくなるので，提示しましょう。

◆作文を書こう
① 身についた力を書く
② その力がどのような力か説明する
③ これからがんばりたいことを書く

> 私は、聞く人に大事なことが伝わるように、資料の見せ方を工夫する力がつきました。
> それは、資料をグラフで示したり、写真を見せたりすることで、自分が伝えたいことを分かりやすく説明する力です。
> 5年生になると、委員会活動など、高学年として人前で話すことがふえると思います。聞く人の気持ちになって、分かりやすく話せるようにこれからもがんばります。

❶ 1年間の国語の授業を振り返る

1年間の国語の授業で心に残った学習はありますか？ ノートを見て振り返ってみましょう。

「ごんぎつね」が切なくて心に残っているな。

私は，要約する学習で苦労したことが心に残っているよ。

1年間の国語の授業を思い出す。ノートや教科書を振り返りながら思い出すとよい。子どもたちは，「ごんぎつね」や「風船でうちゅうへ」などの教材の内容と「要約」「場面のつながり」などの学習内容を混在させながら発表する。教師は，それら2つを整理しながら板書する。

❷ 「『たいせつ』のまとめ」を読む

教科書 pp.146-149の「『たいせつ』のまとめ」には，4年生で学習した内容がまとめられています。読んでみましょう。心に残ったものがあれば丸を付けましょう。

調べて分かったことを整理することが楽しくて心に残ったよ。

「『たいせつ』のまとめ」を読む。「調べて分かったことを整理して」などの抽象的な言葉が多数出てくる。活動までイメージできていないものがあれば，「Xチャートを整理したよね」などの具体的な活動を提示するなど，補足しながら読む。心に残ったものにチェックをさせておくと，次の活動がスムーズになる。

本時の目標	本時の評価
・1年間の学習を振り返り、特に身に付いたと思う言葉の力を書きまとめることができる。	・1年間の学習を振り返り、特に身に付いたと思う言葉の力を書きまとめている。

四年生をふり返って

自分に身についた力をふり返ろう

◆一年間の国語の学習
教材
・ごんぎつね　・白いぼうし
・友情のかべ新聞
・風船でうちゅうへ
・思いやりのデザイン
学習内容
・要約　・人物の気持ちの変化
・感想を比べる
・分かったことを整理する
・理由や例、自分の考え

◆自分に身についた力を決めよう

❸自分に身に付いた言葉の力を決める

「『たいせつ』のまとめ」の中から、1年間で特に自分に身に付いたと思う力を一つ選びましょう。選んだら、班で自分が選んだ理由を交流しましょう。

わたしは、「読む」の物語の登場人物の気持ちの変化について考える力が身に付いたよ。だって「ごんぎつね」の時…

1年間で自分に身に付いたと思うものを一つ選び、教科書 p.144 の「こんな力がついたよ。」の欄に書かせる。書けたら、班で自分が選んだ理由などを交流する。ここで豊かに交流することができれば、次の作文を書く活動がしやすくなる。

❹自分に身に付いた言葉の力を書く

自分に身に付いたと思う力について、作文を書きましょう。

わたしは、「読む」の中心となる語や文を見付けて要約する力が身に付いたよ。

書いたものを交流しましょう。

最後に、自分に身に付いた力について作文を書かせる。教師が書いた見本などを提示すると、子どもたちは書きやすくなる。下のような段落構成を示してもよい。書けたら、グループなどで交流する。

1段落目…身に付いた力を書く
2段落目…その力がどのような力か説明する
3段落目…これからがんばりたいことを書く

言葉から連想を広げて

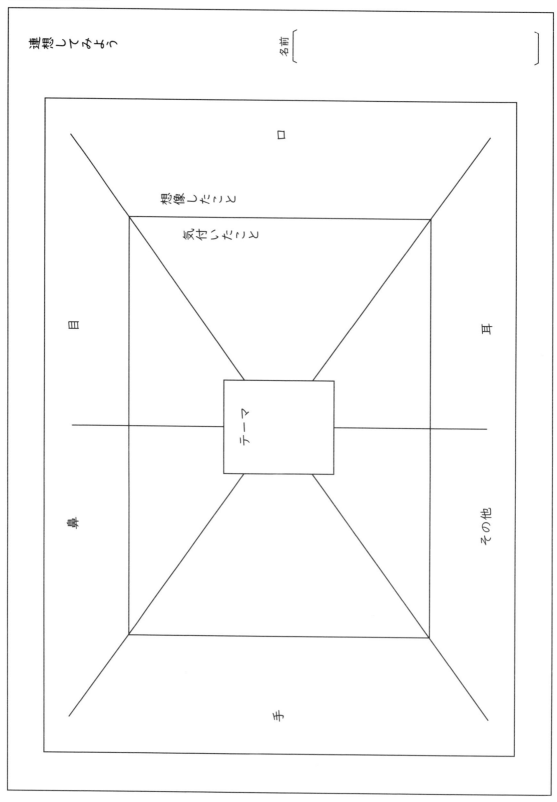

執筆者・執筆箇所一覧

【編著者】

河合　啓志（大阪府池田市立石橋小学校）

第1章1　指導内容と指導上の留意点｜漢字を正しく使おう｜秋の楽しみ｜未来につなぐ工芸品／工芸品のみりょくを伝えよう｜短歌・俳句に親しもう(二)｜友情のかべ新聞｜もしものときにそなえよう｜冬の楽しみ｜言葉から連想を広げて｜漢字の広場⑤｜風船でうちゅうへ｜つながりに気をつけよう｜心が動いたことを言葉に｜四年生をふり返って

【執筆者】（執筆順）

小林　康宏（和歌山信愛大学）

第1章2　資質・能力をはぐくむ学習評価

宍戸　寛昌（立命館中学校・高等学校）

第1章3　国語教師の授業アップデート術

長屋　樹廣（北海道釧路市立中央小学校）

ごんぎつね／［コラム］言葉を分類しよう｜熟語の意味

山埜　善昭（大阪府吹田市立豊津第一小学校）

クラスみんなで決めるには

山本　真司（南山大学附属小学校）

慣用句｜漢字の広場④

星野　克行（大阪教育大学附属天王寺小学校）

自分だけの詩集を作ろう｜調べて話そう，生活調査隊｜スワンレイクのほとりで

水野　晋吾（愛知県一宮市立葉栗北小学校）

漢字の広場⑥

【編著者紹介】

河合　啓志（かわい　ひろし）

静岡県生まれ。大阪教育大学卒業後，大阪府池田市の公立小学校，池田市教育委員会指導主事を経て，現在，大阪府池田市立石橋小学校。

【協力】

国語"夢"塾

〔本文イラスト〕木村美穂

改訂　板書＆イラストでよくわかる
365日の全授業　小学校国語　4年下

2024年8月初版第1刷刊　Ⓒ編著者　河　合　啓　志
　　　　　　　　　　　　　発行者　藤　原　光　政
　　　　　　　　　　　　　発行所　明治図書出版株式会社
　　　　　　　　　　　　　　　　　http://www.meijitosho.co.jp
　　　　　　　　　　　　　（企画）佐藤智恵（校正）nojico
　　　　　　　　　　　　　〒114-0023　東京都北区滝野川7-46-1
　　　　　　　　　　　　　振替00160-5-151318　電話03(5907)6703
　　　　　　　　　　　　　ご注文窓口　電話03(5907)6668
＊検印省略　　　　　　　　組版所　株式会社明昌堂

本書の無断コピーは，著作権・出版権にふれます。ご注意ください。
教材部分は，学校の授業過程での使用に限り，複製することができます。

Printed in Japan　　　　　　　　ISBN978-4-18-462428-3
もれなくクーポンがもらえる！読者アンケートはこちらから
→